Introdução

Em 20 de julho de 2006 a história da Viação Aérea Rio Grandense, que todos nós conhecíamos por Varig, chegou ao fim de modo violento, como seus fundadores previram. Em um leilão à "brasileira"[1], a Volo, uma empresa formada pelo fundo de investimentos "abutre"[2] Mattlin Patterson e pelos "empresários" brasileiros Marco Audi, Marcos Haftel e Luís Gallo, deu o "lance" vitorioso de US$ 24 milhões para arrematar uma companhia que em seus dias de glória tivera um faturamento de R$ 7 bilhões por ano.

Mas, contrariamente ao que aconteceria em qualquer país com uma Justiça que merecesse esse nome, a Volo não comprou a Varig, com seus ativos e passivos; "comprou" apenas a marca "Varig". Deixava, assim, para trás, milhares de trabalhadores sem receber salários e um arremedo de empresa que sequer nome tinha, com dívidas bilionárias junto a empregados, fornecedores e sociedade. Logo, a imprensa passou a chamá-la de "a velha Varig" mas, alguns meses depois, ela ganharia o nome de "Flex".

O Juiz Luiz Roberto Ayoub, da 1ª Vara Empresarial do Rio de Janeiro, um dos executores dessa farsa, não agiu sozinho. Contou com a ajuda não só de credores, mas até dos sindicatos de trabalhadores que diziam lutar pela manutenção do emprego de milhares de "variguianos". Entre os que agiram contra a Varig, orientados pelo Governo Federal, estava o Sindicato Nacional dos Aeronautas (SNA), comandado por Graziella Baggio, uma ex-aeromoça da VASP. Baggio lutou muito para realizar a assembleia que aprovaria a venda da marca "Varig" ao fundo "abutre", mas foi impedida por liminares

---

[1] Leilão à brasileira é aquele onde já se sabe o nome do vencedor e o leilão apenas simula um ato de "legalidade".
[2] Fundos de investimentos abutres percorrem o mundo em busca de empresas de prestígio em dificuldades financeiras que possam controlar com pouco dinheiro, para revendê-las o mais rápido possível com qualquer lucro que possam auferir.

da oposição sindical. O fato do SNA não ter ratificado o Plano de Recuperação Judicial deveria ter inviabilizado o leilão de venda da empresa, mas uma ligação telefônica ao Juiz Ayoub, do então Ministro do Trabalho, Luiz Marinho, fez com que o leilão seguisse adiante de modo absolutamente ilegal.

Única empresa a dar um lance no "leilão", a Volo já controlava a VarigLog, subsidiária da Varig, vendida alguns meses antes para fazer caixa. A despeito das declarações dos empresários de que investiriam na empresa em função de sua "marca valiosa", "tradição", "valor" e "pessoal altamente qualificado", como nos fartamos de ler e ouvir nos jornais da época, o fundo "abutre" Matlin Patterson fez o que está vocacionado a fazer: apenas alguns meses depois passou adiante a marca "Varig" para a Gol Linhas Aéreas com um ágio superior a US$ 300 milhões e o beneplácito do Governo Federal, que intermediou a transação, evidenciando o sucesso de uma operação de negócios também tipicamente brasileira, que poderia muito bem se chamar de "operação trombadinha"[3].

Em abril de 2006, com a crise da Varig ganhando força e cobertura crescente na imprensa, me fiz a pergunta que marcaria este estudo: "Como uma empresa líder por décadas, dona em determinado momento de 100% do mercado aéreo internacional e de mais de 75% do mercado interno de aviação, chegava ao fim de modo tão desastroso, um verdadeiro buraco negro que sugara todo o patrimônio da empresa, dívidas bilionárias, parte do fundo de pensão dos trabalhadores e até cinco meses de salários de milhares de funcionários que insistiam em ir trabalhar a despeito de não receberem um centavo meses a fio?"

As imagens de aeromoças chorando em passeatas pelo Rio de Janeiro e Brasília, pedindo a intervenção do Governo Federal na empresa, algo que a legislação permitia uma vez que companhias aéreas são concessionárias de serviço público, lembravam antigos - e igualmente sinistros - acontecimentos, como o esmagamento da Panair pelos

---

[3] Nas ruas das grandes cidades do Brasil, grupos de meninos se unem para assaltar pessoas. Um trombadinha arranca a bolsa de uma mulher e corre em direção a uma esquina. Assim que desaparece da vista da vítima, ele passa a bolsa a outro trombadinha, que corre em outra direção. Deste modo, se o primeiro trombadinha for reconhecido e preso, não terá mais nas mãos o objeto que poderia comprometê-lo. E o segundo trombadinha, se for pego, poderá sempre alegar que encontrou o objeto jogado na rua. No leilão da Varig, o fundo "abutre" Matlin Patterson fez o papel do primeiro trombadinha. Como a operação de venda da empresa foi ilegal, uma vez que não previu a sucessão de dívidas trabalhistas, a GOL, neste caso o segundo trombadinha, estaria livre para afirmar que comprou apenas uma marca do fundo Matlin Patterson, sem quaisquer dívidas acumuladas.

militares, muito bem radiografado pelo jornalista Daniel Leb Sasaki.[4]

Ao contrário da Panair, cujos principais líderes já desapareceram, boa parte da liderança que comandou a Varig em seus momentos de decadência ainda vive e pode contar o capítulo final de uma história conturbada e marcada por uma sina: a previsão dos fundadores da empresa de que a empresa seria atacada por muitos inimigos, mas principalmente um: o Governo Federal.

Na tentativa de tentar compreender o que aconteceu à Varig, entre abril de 2006 e o início de 2008 entrevistei dezenas de ex-executivos da empresa, sindicalistas, consultores, comandantes aposentados, investidores e empresários que, de um modo ou de outro, fizeram parte não dos momentos de grandeza da empresa, mas de sua dolorosa decadência.

Para a execução deste estudo tive o apoio inestimável de Selene Medeiros, gaúcho, mecânico de voo aposentado da Varig, que me ajudou de modo decisivo enviando-me informações, indo buscar-me no Aeroporto Santos Dumont e na Rodoviária Novo Rio todas as vezes que eu desembarcava por lá, acolhendo-me em sua casa na Ilha do Governador e socorrendo-me em um momento crítico, em abril de 2008, quando ladrões assaltaram o ônibus da Expresso Brasileiro onde eu viajava de madrugada para o Rio de Janeiro e, de armas em punho, levaram carteiras, celular, dinheiro e documentos de todos os 21 passageiros. Além do apoio inestimável de Medeiros, tive o suporte financeiro da e-Press Comunicação, que bancou todos os meus deslocamentos ao longo de dois anos inteiros, além de colocar parte de sua equipe de conteúdo à minha disposição para me apoiar nas pesquisas.

Entre as muitas pessoas que entrevistei nesses dois anos de pesquisa, destaco as seguintes:

Leonardo Souza, Diretor do Sindicato Nacional dos Aeronautas;

José Caetano Lavorato, ex-Presidente do Sindicato Nacional dos Aeronautas;

Miguel Dau, ex-Diretor Operacional da Varig, ex-Presidente da Flex (a empresa

---

[4] Sasaki, D.L. Pouso Forçado, Rio de Janeiro: Record, 2005.

"morta-viva" criada para garantir que os novos controladores da Varig não seriam importunados com as dívidas deixadas pela companhia área) e, hoje, dirigente da Azul;

Ozires Silva, ex-Presidente da Embraer e da Petrobras, que também presidiu o Conselho de Administração da Varig;

Carlos Luiz Martins, ex-Presidente do Conselho de Curadores da Fundação Ruben Berta, que comandou a empresa durante parte de sua crise, renunciando de modo ainda inexplicado quando parecia estar conseguindo obter resultados;

Zoroastro Ferreira Lima, ex-Comandante da Cruzeiro e, mais tarde, da Varig, que hoje preside a Associação dos Aposentados da Varig;

Cláudio Toledo, economista contratado pelo Sindicato Nacional dos Aeronautas e também marido da presidente da entidade, Graziella Baggio;

Manuel Guedes, ex-Presidente da Varig;

Yutaka Imagawa, ex-Presidente da Fundação Ruben Berta e Vice-Presidente do Conselho de Administração da Varig; o homem forte da Varig por quase uma década;

Rubel Thomas, ex-Presidente da Fundação Ruben Berta, do Conselho de Administração e da Varig, o último detentor da "tríplice coroa" na empresa;

Harro Fouquet, ex-Diretor de Planejamento da Varig, contemporâneo de Ruben Berta, iniciou carreira no setor ferroviário, foi convidado a trabalhar na Real Aerovias e passou para a Varig quando esta última incorporou a primeira;

Walterson Caravajal e Walterson Caravajal Jr., pai e filho, o primeiro Vice-Presidente de Administração e Recursos Humanos da Varig e Presidente do Conselho de Administração, o segundo Diretor de Planejamento da empresa, em épocas distintas;

Omar Carneiro da Cunha, ex-Presidente da Varig;

Milton Comerlato, ex-Diretor de Operações da Varig;

Ernesto Zanata, ex-Presidente da Fundação Ruben Berta no auge da crise da empresa;

David Zylbersztajn, ex-Presidente do Conselho de Administração da Varig;

Jacques Green, ex-comandante da Varig;

Nelson Tanure, investidor e autor de uma oferta de compra da Varig no auge da crise da empresa;

Élnio Borges, Presidente da Associação dos Pilotos da Varig (APVAR) e um dos integrantes do que se convencionou chamar da Trabalhadores do Grupo Varig (TGV), um grupo de empregados da empresa, composto majoritariamente de pilotos e comissários, que se associou a consultorias capitaneadas pelo economista Paulo Rabelo de Castro com o objetivo de tomar o controle da empresa;

Comandante Luiz Bassani, piloto aposentado da Varig e editor do site "O Avião";

Luiz Fernando Wellisch, ex-dirigente do Banco Central, ex-Diretor Financeiro da Varig, ex-Secretário de Finanças da Prefeitura de São Paulo;

Arnim Lore, ex-Diretor Financeiro da Varig e gestor da massa falida da Vasp;

Adenias Gonçalves, ex-dirigente da Varig ex-Vice-Presidente da Fundação Ruben Berta e Presidente da Rede Tropical de Hotéis;

Alexandre Silva, ex-funcionário da Varig, que me recebeu ainda como Presidente da General Electric do Brasil, uma das maiores credoras da empresa; hoje ele é Presidente do Conselho de Administração da Câmara Americana de Comércio (AMCHAM);

George Ermakoff, ex-Diretor de Operações da Varig e, hoje, dirigente do Sindicato Nacional das Empresas Aéreas (SNEA);

Ary Nunes, ex-funcionário da Varig, ex-Diretor da Flex e, hoje, Diretor da JetBlue, ao lado de Miguel Dau;

Paulo Ramos, Deputado Estadual pelo PDT, que coordenou Comissão Parlamentar de Inquérito na assembleia Legislativa do Rio de Janeiro tentando investigar a falência da Varig;

Aurélio Capela, Diretor da Flex e, hoje, Presidente da empresa, em substituição a

Miguel Dau;

João Correia, Diretor Executivo da Fundação Ruben Berta;

João Pedro Passos de Souza Leite, Diretor do Sindicato Nacional dos Aeronautas;

Carlos Camacho, Diretor do Sindicato Nacional dos Aeronautas;

Selma Balbino, Presidente do Sindicato Nacional dos Aeroviários;

César Curi, Presidente da Fundação Ruben Berta.

Com a maioria destes, conversei por mais de uma vez.

Além destas pessoas, como o apoio do Comandante Zoroastro Lima e de sua esposa Vera Lúcia Martins Barreto, ex-funcionária do BNDES, recebi considerações por e-mail de 342 funcionários e ex-funcionários da Varig, com opiniões sobre as razões da decadência da empresa, que registro aqui.

Tentei ouvir, também, estas pessoas:

José Dirceu, ex-Ministro da Casa Civil, que defendeu a fusão Varig-TAM como única alternativa para a "recuperação" da Varig. O assessor de Dirceu, Hélio Doyle, afirmou que o ex-ministro, já afastado do Governo Federal em função do escândalo das propinas pagas a deputados para que votassem propostas do Governo Federal, queria falar porque sua posição no episódio da Varig havia sido "mal interpretada" pela imprensa e tratava-se de uma oportunidade para "esclarecer as coisas". Tentamos agendar vários encontros durante as passagens de Dirceu por São Paulo, mas ele nunca "tinha tempo". Um dia, vi uma foto de Dirceu na Folha de S. Paulo tocando um bumbo do grupo Olodum, durante uma visita dele a Salvador. Liguei para Doyle perguntando se tocar bumbo era uma daquelas atividades que mantinham o ex-ministro tão "ocupado". Nesse momento, Doyle assinalou que se eu quisesse algumas respostas, só se enviasse as perguntas por e-mail. Reuni todas as perguntas que fazia sentido fazer a Dirceu naquele momento e as enviei, copiando a mim mesmo no e-mail para registrar a data. Uma tarde, meses depois do envio do e-mail, o assessor de Dirceu me ligou perguntando: "Ele já respondeu seu e-mail?" Diante da negativa, acrescentou: "Então acho que ele não vai responder".

Roberto Teixeira, o advogado, amigo íntimo do Presidente Lula da Silva, que capitaneou o processo de venda da empresa para o fundo "abutre" Matlin Patterson; tentei contatá-lo através de uma jornalista, amiga das filhas do advogado. Depois de várias tentativas, recebi um e-mail informando que ele não poderia falar, pois tinha "um acordo de confidencialidade" que o impedia de se pronunciar sobre a venda da Varig. Meses depois isso se revelou uma mentira, pois ele deu entrevistas para se defender das acusações de Denise Abreu e Milton Zuanazzi, ex-integrantes da Anac.

Alberto Fajerman, ex-Vice-Presidente da Varig, tornou-se Vice-Presidente da TAM após capitanear a operação de compartilhamento de voos, conhecida por "code sharing" que, segundo muitos, foi profundamente lesiva à Varig. A assessoria de imprensa da TAM alegou que ele estava "proibido" pela direção da empresa de falar sobre a Varig. Um dia, por acaso, encontrei-o no Aeroporto Santos Dumont, quando eu acabava de desembarcar na cidade e ele se preparava para deixá-la. Visivelmente pouco à vontade, disse que "ouvira falar de minha pesquisa". Me ofereceu um cartão maltratado, amassado e desbotado, que não fazia jus à sua posição de Vice-Presidente da TAM, aceitando o meu a contragosto. Prometeu que me ligaria após o retorno de uma viagem "importante". Não só não ligou, como não respondeu a ligações nem a e-mails. Transferiu-se da TAM para a GOL e é um dos réus no processo de queda do avião da TAM em São Paulo, onde atuava como Vice-Presidente de Operações.

José Alencar, Vice-Presidente da República, negociador de "soluções" para a crise da Varig; a assessoria nunca respondeu os contatos.

Luiz Carlos Vaini, ex-Contador da Varig; nos encontramos, por acaso, no Congresso dos Contadores do Estado de São Paulo, em 2007; ele pediu que encaminhasse a solicitação de entrevista por e-mail, mas nunca respondeu as mensagens nem as ligações.

Delúbio Soares, tesoureiro da campanha do Presidente Lula da Silva, que, conforme relatos de executivos da empresa, foi pedir dinheiro à Varig em 2003 e 2005, em troca de "ajuda"; ele nunca retornou os contatos.

Graziella Baggio, Presidente do Sindicato Nacional dos Aeronautas, que defendia a intervenção do Governo Federal na Varig, mas passou a apoiar as ações de Roberto Teixeira no que diz respeito à venda da empresa para o fundo "abutre" Matlin Patterson após receber uma ligação do então Ministro do Trabalho, Luiz Marinho, testemunhada por vários diretores do sindicato. Embora mantivéssemos contatos frequentes durante um certo período, quando a e-Press Comunicação assessorou o Sindicato Nacional dos Aeronautas, ela reagiu com indignação ao ler um artigo meu, publicado no jornal Gazeta Mercantil, onde eu apontava o inequívoco interesse do Governo Federal em liquidar a Varig. Ela chegou a agendar a conversa algumas vezes, inclusive a pedido do ex-Presidente do Sindicato dos Aeronautas, José Caetano Lavorato, mas faltou aos encontros.

Luiz Roberto Ayoub, Juiz de Vara Empresarial do Rio de Janeiro, que encaminhou a venda da Varig a uma empresa que não tinha condições legais de comprá-la, "ignorando", inclusive, cláusulas do Plano de Recuperação Judicial da Varig referendado por trabalhadores, governo e credores. Após contatos com sua assessoria, ele pediu para avisar que não podia falar pois o processo seguia em curso. Recentemente, acuado pela crise provocada pelas denúncias de Denise Abreu, ex-Diretora da Agência Nacional de Aviação Civil (ANAC), colocada no cargo por José Dirceu, Ayoub foi a público dizer que "assumia a responsabilidade por erros no processo", que, como veremos, foram muitos e não foram erros, mas negou que tenha "politizado o caso" ou recebido "pressões" para decidir a favor "deste ou daquele".

Gilberto Rigoni, ex-Presidente da Fundação Ruben Berta, que impediu a fusão com a TAM e deixou o comando da empresa poucos dias depois, pois sequer foi recebido pelo Governo Federal, que trabalhava pela fusão. Contatado por telefone, em São Paulo, disse que estava doente, pois não se conformava com o fato de que a Varig havia sido deliberadamente destruída. Pediu tempo para se recuperar. Meses depois, não atendia mais as ligações.

Luciano Coutinho, economista, consultor, que comandara um estudo promovido pelo Banco Fator, que resultaria na fusão Varig-TAM, visando, em última instância, salvar a TAM da falência. Ele chegou a ir a alguns debates sobre o tema no Senado, em Brasília, onde foi humilhado por Paulo Rabello de Castro, da TGV, que revelava saber mais sobre o mercado aéreo do que ele. Falamos diversas vezes, mas ele nunca tinha um horário disponível. Em abril de 2007, quando foi indicado para a presidência do BNDES por Lula da Silva, já não retornou mais ligação nenhuma.

Como você verá, é profundamente injusto afirmar que o único abutre na história da destruição da Varig – e este poderia ser outro título para este livro – é o fundo Matlin Patterson. Há muitos outros pousados sobre os aviões da Varig: executivos da própria empresa que a traíram em troca de cargos na TAM ou no SNEA; empresários, consultores, credores, juízes, sindicalistas, governantes e concorrentes, muitos que, de modo claro e decisivo, atuaram no sentido de destruir a empresa visando seus próprios interesses e relegando à própria sorte milhares de trabalhadores sem salários e outros tantos sem a complementação da aposentadoria para a qual contribuíram com décadas de trabalho.

A.L.

Otto Meyer e Ruben Berta

Claro que não entrevistei Otto Ernst Meyer, oficial da força aérea alemã que chegou ao Brasil em 1921, vindo da Alemanha devastada pelo I Guerra Mundial, e fundou a Varig seis anos depois. Eu tinha nove anos quando ele morreu, em 1966, no mesmo ano em que morreu outra lenda da empresa: Ruben Berta. Mas há ecos de seus pensamentos nos registros da empresa que, penso, é importante resgatar neste momento, pois eles explicam muitas das atitudes dos dirigentes modernos da companhia, evidenciando assim um fenômeno chamado "cultura organizacional".

Muitos não hesitam em afirmar que a figura mais importante da história da Varig foi Ruben Berta, que assumiu o comando da empresa em 1941, com a renúncia de Meyer. Mas muito do que Berta fez foi seguir determinações do fundador da empresa, o que evidencia a importância da visão de Meyer.

Otto Meyer fundou a Varig em 1927, junto a 550 acionistas. Segundo Maria Regina Xausa,[5] "um fato marcante é que a Varig já nasceu como instituição, pois desde sua origem ela se constituiu como empresa de capital aberto, com todas as suas ações subscritas por 550 gaúchos". Passados os anos, esse fenômeno não se tornou menos verdade, pois em 1991 cerca de 3.000 empregados detinham ações da Varig, compradas através de financiamentos promovidos pela Fundação Ruben Berta.

Segundo Xausa, para garantir a sobrevivência da empresa em meio a um cenário incerto, Meyer pediu e conseguiu do Governo do Estado do Rio Grande do Sul isenção de impostos e taxas estaduais por 15 anos. Além disso, buscou tecnologia e apoio de grupos que entendiam do negócio, formalizando um acordo operacional com a Condor-Syndikat,

---

[5] XAUSA, M. Regina. A importância das instituições e o desafio à liderança institucional – o caso Varig, Porto Alegre: UFRGS, 1993, p. 43.

uma companhia aérea alemã que vendeu o primeiro avião à Varig em troca de 21% das ações da empresa.

Mas poucos anos depois, na década dos 30, a empresa já estava metida em uma crise terminal, deixando de operar por seis meses e recuperando-se apenas porque o Governo do Rio Grande do Sul passou a subvencionar a companhia, comprando as ações que a empresa alemã detinha na Varig.

Talvez o momento mais marcante da passagem de Meyer pelo comando da Varig tenha ocorrido em 1941. Com a II Guerra Mundial em curso e a decisão do Governo Getúlio Vargas de declarar guerra ao Eixo (Alemanha, Itália e Japão), a Varig, fundada por muitos investidores alemães, corria o risco de se tornar empresa estatal, pois o governo vinha expropriando companhias pertencentes a empresários com origem nesses países.

Em um gesto ainda pouco compreendido, sobre o qual se fala de modo superficial, Meyer, ele próprio alemão de Hanôver, declarou que renunciava ao comando da empresa, transferindo o poder para Ruben Berta, mas incumbindo-o de uma missão: blindar a companhia dos ataques que viriam no futuro, especialmente do Governo Federal. Os fatos subsequentes mostraram que este gesto de "renúncia" não passou de encenação, pois ele retornou à companhia três anos após o fim da II Grande Guerra, desta vez no Conselho Fiscal, do qual se tornou presidente em 1954 e onde permaneceu até sua morte.

Segundo César Cury, Presidente da Fundação Ruben Berta, o sucessor de Meyer trabalhou com afinco no sentido de cumprir a orientação do fundador da empresa, idealizando a Fundação dos Funcionários da Varig, que tomou forma em 1945. O lema da fundação não deixa dúvidas quanto a seus objetivos: "A Fundação dos Funcionários da Varig visa à perpetuidade do empreendimento e ao bem estar de seus funcionários".

Todos os acionistas da Varig à época, inclusive o Governo do Estado do Rio Grande do Sul, foram "convencidos" a doar suas ações à Fundação, que se tornou assim a única administradora da companhia. Também este detalhe está envolto em névoas. Qualquer um que conheça minimamente o perfil de um investidor, gaúcho ou não, alemão ou brasileiro, sabe que é pouco provável que esses acionistas tenham entregue suas participações na empresa de livre e espontânea vontade, sem uma contrapartida qualquer, apenas porque o "visionário" Berta assim o demandava. Sabemos que a contrapartida existiu e se deu de diversas formas, seja por meio de cargos na organização ou outros acordos cujos registros, se ainda existem, estão em alguma caixa de arquivo morto.

Mais tarde, Berta diria que baseara "sua" ideia de criar a Fundação na doutrina social católica contida na encíclica *Rerum Novarum*, emitida pelo Papa Leão XIII, associada às teorias liberais de Jean-Jacques Rousseau, delineadas em "O Contrato Social".

Pura conversa.

Tratava-se, aqui, de dar conteúdo espiritual e acadêmico a um ato da mais deslavada esperteza: colocar a Varig a salvo dos interesses de um ou outro governo, entregando-a aos "funcionários", em nome dos quais uma "elite organizacional" governaria e governou até o último de seus dias. Esse fato é reconhecido, até, por quem o negava no passado, como o jornalista Mário Albuquerque, assessor de imprensa da Varig nos anos 70 e idealizador do Museu da Varig, hoje em estado de abandono.

Com a morte de Ruben Berta, em 1966, a Fundação dos Funcionários da Varig alterou seu nome para Fundação Ruben Berta, uma alteração sutil, pouco questionada, mas que marca uma ruptura com o passado e elitiza o comando da empresa, que não tem mais que prestar contas aos funcionários, mas apenas a um grupo restrito de pessoas. Com o agravamento da crise de sustentabilidade da companhia, a partir dos anos 90, primeiro com Collor, depois com Fernando Henrique e Lula da Silva, dizia-se que a Fundação Ruben Berta "sabotava toda tentativa de recuperação da Varig".

No entanto, essas tentativas de "recuperação", como veremos, eram todas baseadas em uma premissa que a alma da organização não podia suportar: a transferência do comando da empresa para controladores externos, indicados pelo governo, ou em nome do governo, ou representantes de forças alienígenas, como concorrentes ou credores. Como isso seria possível se fora exatamente para impedir esse acontecimento que a Fundação dos Funcionários da Varig havia sido criada?

O ano de 1966 foi trágico para Varig, que acabara de herdar a Panair, maior companhia área da época, dada de "presente" à empresa pelos militares. Morre Otto Meyer e, poucos meses depois, morre também Ruben Berta, vítima de ataque cardíaco, na mesa de trabalho. Diz a lenda que, mesmo sentindo os primeiros sintomas de que o coração ia mal, Berta seguiu trabalhando enquanto recebia atendimento médico. Autoritário como era, recusou-se a deixar o trabalho para ser atendido em um hospital, o que lhe custou a vida.

O fato de que a Fundação dos Funcionários da Varig era um sistema de proteção contra o Governo Federal pode ser visto no estatuto da instituição que, entre muitas outras coisas, diz que "em caso de dissolução da empresa, o patrimônio da fundação deve ser utilizado para assegurar os compromissos com aqueles que trabalham na empresa".

Esse compromisso foi reafirmado anos após a criação da instituição, quando o próprio Berta, como afirma Xausa, fez a seguinte declaração em uma reunião do Conselho da Fundação:

> "O patrimônio da Fundação dos Funcionários da Varig não poderá ser desapropriado pelo governo, eis que as Fundações gozam de regime especial, subordinadas como estão ao Ministério Público, encarregado de zelar por sua existência". [6]

O modelo de gestão idealizado por Ruben Berta evidencia o caráter autoritário de sua gestão. O Colégio Deliberante, instância máxima de poder da Fundação dos Funcionários da Varig, uma espécie de "congresso nacional", era composto por empregados da empresa escolhidos de um modo peculiar. Xausa relata que somente podiam participar do "congresso" da Varig pessoas com mais de 10 anos de organização, indicadas de modo proporcional entre as diferentes áreas da empresa (para evitar que determinados grupos tomassem o poder) e que fossem escolhidas não por eleição direta entre os funcionários, mas por unção do Colégio Deliberante, totalmente controlado por aqueles que o comandavam. Era algo assim como uma "eleição" no Vaticano onde os cardeais escolhem o papa e o papa nomeia os cardeais.

Não por acaso, por muitas décadas, o Presidente da Fundação dos Funcionários da

---

[6] XAUSA, M. R. Idem, p. 222.

Varig, do Conselho de Administração e da própria Varig eram uma única e mesma pessoa, aquela que detinha o que se convencionou chamar de a "tríplice coroa".

Esta visão esdrúxula da gestão empresarial, idealizada por Berta e saudada por muitos como "visionária", transformou a companhia em um sistema político complexo, feudalizado e lento em suas decisões. Para ascenderem ao Colégio Deliberante, o centro do poder na empresa, as pessoas tinham que ser fiéis a alguém, contar com o apoio de um grupo em troca de determinados compromissos, promover negociações e acordos políticos, tudo isso enquanto o mercado rugia do lado de fora.

Nos documentos que ainda existem nos anais da empresa e onde Berta explica sua "visão" organizacional, ele afirma que o poder em uma empresa deve emanar de convenções, de modo que todos sejam responsáveis pela gestão. Há quem leve isso a sério ainda hoje, a despeito dos fatos. Xausa recolheu um depoimento de um ex-diretor e membro do Conselho de Administração da Varig que, querendo mostrar o quanto Berta era sábio, termina por revelar a verdadeira natureza do líder:

> "Berta comprou a Real Aerovias sem que a diretoria da Varig soubesse, pois ele sabia das perspectivas de mercado e da situação dos concorrentes".[7]

Convenções?
Todos são responsáveis pela gestão?

Berta era um autocrata que decidia sozinho os destinos da empresa e contra o qual alguns funcionários chegaram mesmo a se insurgir, como o Comandante Rubens Bordini[8], que conseguiu obrigar Berta a promover ajustes que resultaram na fragmentação das operações nacional e internacional da companhia. Um exemplo singelo do caráter autoritário de Berta pode ser visto na biografia de Hélio Smidt, seu sobrinho, que assumiu a presidência da Varig no final dos anos 70, com o afastamento de Erik de Carvalho:

> Convocado para a Varig aos 20 anos de idade por seu tio, o

---
[7] Xausa, Ibidem, p. 378
[8] Bordini, R. Vida de aviador. Porto Alegre: AGE, 2000

legendário presidente Ruben Berta - o homem que consolidou internacionalmente a empresa -, Smidt deixou o emprego que tinha na Nestlé, para ganhar um salário de 170 mil-réis - a metade do salário-mínimo na época. Smidt sentiu-se naturalmente tentado a tirar o brevê de piloto. Surpreendido por Berta, foi obrigado a interromper o curso e ainda levou um pito: "Você acha que eu te trouxe aqui para pilotar avião? Pare imediatamente de voar." Aí se encerrou a experiência de Smidt nas cabines de comando.[9]

---

[9] Biografia de Hélio Smidt, publicada no site www.preceitos.com/varig/helio.html, acessado em abril de 2007.

Leonardo Rodrigues de Souza - Diretor do SNA

Abril de 2006.

A história deste estudo começa quando leio um artigo de Rodrigo Marocco, que se intitulava "Diretor do Sindicato Nacional dos Aeronautas", publicado pela Folha de S. Paulo nesse mês. Marocco, que era piloto da Varig, atacava o Governo Federal, defendendo uma intervenção na Varig, como, segundo ele, previa o Código Aeronáutico.

Liguei para o Sindicato Nacional dos Aeronautas, que fica no Rio de Janeiro, atrás do "Comandante Marocco" e eis que a telefonista me informa: "Esse senhor não faz parte do Sindicato". Como não? E o artigo? "Ele mentiu", rebateu a mulher.

Mentiu?

A Folha mentiu?

Dessa forma, em poucos segundos, fui introduzido a um dos mais graves conflitos da história do sindicalismo brasileiro moderno, entre um sindicato de trabalhadores que agia como linha auxiliar das "políticas" do Governo Federal para o setor de aviação e a Associação dos Pilotos da Varig (APVAR), que se articulara com outras associações e consultorias empresariais e de investimentos com o objetivo de tomar o controle da empresa das mãos da Fundação Ruben Berta.

Perguntei então com quem eu poderia falar sobre a crise da Varig e surge Leonardo Rodrigues de Souza, o "Diretor de Formação Sindical". Viajo ao Rio de Janeiro e Souza me recebe em uma segunda-feira pela manhã, na sede do sindicato, que estava em reforma pois a entidade se mudara para um espaço menor em função de uma grave crise financeira. Com o fim da Varig já anunciado, a entidade perdia sua principal base de associados, uma vez que companhias como TAM e Gol "orientam" seus funcionários –

para não dizer outra coisa – a não se associarem ou contribuírem com sindicatos.

A sala onde conversamos tem vista para a Baía da Guanabara e o Pão de Açúcar. A janela estava aberta e um vento intenso circulava por um ambiente cheio de móveis e caixas empilhados. Por três horas Souza defendeu o modelo fundacional da Varig que, segundo ele, apesar dos pesares, fizera com que a empresa "respeitasse os direitos trabalhistas e a própria legislação do setor, algo que não faz parte do cotidiano de empresas como TAM e Gol, orientadas para o lucro a qualquer preço".

O diretor do SNA chama a atenção para um detalhe que os jornais da época costumavam alardear, ou seja, a relação entre funcionários e aviões da Varig, TAM e Gol: enquanto na Varig essa relação era de 201 trabalhadores por avião, na TAM era 88 e na GOL 85.

"Esses números não fazem justiça à diversidade da Varig, que tinha a VarigLog, a Varig Engenharia de Manutenção, uma rede de hotéis, sistemas de reserva de passagens, entre outros negócios, inclusive no setor agrícola. Se olharmos apenas a empresa de transporte de passageiros é possível que a relação funcionários por avião seja semelhante às demais", assinala Souza.

A orientação da Varig para os funcionários, conta o sindicalista, podia ser percebida pelos benefícios que a empresa punha à disposição de seu pessoal, além de respeito às normas da aviação, inclusive em relação a jornada de trabalho de pilotos e comissários; financiamento para a compra de ações, assistência médica e odontológica, passagens gratuitas para aposentados e medicamentos a preços subsidiados.

"Em contrapartida, olhe a TAM e a Gol. Na TAM, o funcionário vai para a rua se chegar atrasado ao trabalho, mesmo que ele ligue avisando que está enrolado no trânsito da cidade. Na Gol, as pessoas têm 15 minutos apenas para almoçar e todos ali estouram a jornada de trabalho", compara.

Segundo Souza, uma das principais responsáveis pela crise da companhia aérea criada por Otto Meyer era a Associação dos Pilotos da Varig (APVAR), comandada, à época, por um ex-piloto da empresa chamado Élnio Borges, um homem de poderosa oratória, que se elegera para a diretoria do SNA junto com Graziella Baggio, mas que rompera com a entidade sindical para empreender a tomada do poder na Varig, uma ideia que os sindicalistas abominavam porque os colocaria na incomoda situação de "patrões".

Ele assinala que a APVAR deflagrara, já em 2002, um movimento que recebera o nome de "Ação Industrial", com o objetivo de tomar o poder na Varig. O movimento implicava, inclusive, em greves violentas que visavam debilitar financeiramente a empresa, tornando-a assim uma presa fácil para a tomada de controle que estava sendo articulada junto a algumas consultorias. Sempre de acordo com Souza, a APVAR conseguira a adesão de outras associações de empregados como a Associação dos Mecânicos de Voo da Varig (AMVVAR), a Associação dos Comissários da Varig (ACVAR) e a Associação dos Tripulantes da Rio Sul (ATR), todas reunidas com o mesmo objetivo, ou seja, não o de conquistar melhorias salariais ou benefícios para os trabalhadores, mas pura e simplesmente assumir o controle da empresa.

Souza levantou-se por um momento porque seu celular começou a tocar pela quinta vez. Ele falou com alguém, provavelmente com um advogado porque falava de audiências, juízes comprados e vendidos, fraudes e negociatas, e desapareceu pela porta rumo à sala de espera me fazendo um sinal para esperar.

Olhei para a Baía da Guanabara, que jazia ali, sob um céu cheio de nuvens e vento forte. Um avião da Varig, que acabara de decolar do aeroporto Santos Dumont, fazia uma curva suave à esquerda, para evitar o Pão de Açúcar, seguindo provavelmente para São Paulo. Quem o visse, assim como eu o via, não imaginaria que aquela companhia enfrentava seus últimos momentos de vida. Revisei as anotações e só naquele momento me lembrei de registrar o dia em que eu estava fazendo a entrevista com Souza. Voltaria a vê-lo muitas outras vezes, tanto no Rio de Janeiro quanto em São Paulo, mas aquela nossa conversa fora, sem dúvida, a mais importante.

Por aqueles dias falava-se, a todo momento, em assembleias de credores, plano de recuperação judicial, TGV, Tanure, Boucinhas, Docas, Abramovich e Sinergy, um argentino dono de grande fortuna, um chileno, TAP, TAM, todos investidores que estavam prontos a dar grandes lances pela Varig que, dizia-se muito, "era extremamente valiosa em função de sua marca e de seu pessoal qualificado". O tempo mostrou que tudo isso não passava de ilusão. Souza reaparece quase dez minutos depois com uma pasta cheia de documentos. Tira dali cópias de contratos e os coloca à minha frente. "Vai lendo", diz ele, com o celular ainda colado ao ouvido direito.

Os documentos são dois contratos. O primeiro formalizava uma parceria entre a Associação dos Tripulantes da Rio Sul (ATR) com uma consultoria chamada GGR Finance, produzido em abril ou maio de 2002, o ano do início da "Ação Industrial" promovida pela APVAR, que objetivava implodir a capacidade de reação econômica da Varig por meio de greves violentas. Segundo o documento, a GGR Finance oferecia serviços de consultoria, negociação e reestruturação financeira, que dizia serem sua "especialidade".

Por meio de uma breve análise da "situação da Varig", o documento alertava: "As tentativas de contato com a direção da empresa têm sido frustrantes e até é possível admitir-se que está em curso uma estratégia de descarte da empresa, o que contraria os interesses da comunidade Varig".

A GGR Finance oferecia-se para realizar um amplo levantamento da situação financeira da empresa, coletando todos os "dados que fosse possível coletar". Além disso, afirmava que iria analisar essas informações, "especialmente dos mecanismos de transferência de valor da Varig para outras unidades de negócio"[10]. Essa análise permitiria, afinal, "elaborar uma estratégia conjugada em três níveis: político, jurídico e de opinião pública". Em seguida, o plano permitiria a elaboração de uma "ação de saneamento preliminar". Mas qual o objetivo? É aqui que as coisas ficavam bastante claras: "negociar a adesão ao plano dos principais credores e fornecedores do Grupo Varig, bem como de potenciais investidores".

Na segunda fase do plano, a GGR Finance se comprometia a "negociar os termos da reestruturação financeira [da Varig] com os credores, fornecedores e investidores, seja sob a forma de conversão de dívida em capital, aporte de novos recursos ou repactuação das condições de financiamentos, cuidando também das negociações com o Governo Federal e da implementação final do plano".

Várias perguntas brilharam em minha mente enquanto lia aquele documento. A primeira: "Por que esta consultoria estava apresentando este projeto de reestruturação

---

[10] Uma ação articulada pela direção da Varig já há alguns anos, como veremos em outras entrevistas.

das dívidas da Varig não à direção da empresa, mas a uma associação de trabalhadores?" Alguém escrevera a caneta que aquela mesma proposta havia sido encaminhada às outras associações (APVAR, ACVAR, AMMVAR), que a tinham aceito. Enquanto tento entender as razões daquela estratégia, surge o item 3: "Nossos Honorários". A proposta da GGR Finance dizia naquele ponto:

> "Conforme já mencionado, de forma a viabilizar a contratação de nossos serviços com a melhor relação de custo x benefício para os senhores, nossos honorários serão divididos por fase: na fase 1 serão cobrados honorários fixos de R$ 132.000,00; na fase 2 serão devidos honorários fixos de R$ 2.500.000,00, que deverão ser pagos integralmente desde que (a GGR Finance) consiga a adesão ao plano de reestruturação de credores de qualquer tipo e/ou investidores dispostos a aportar novos recursos; na fase 3, serão cobrados apenas honorários de sucesso, assim distribuídos: 4% sobre os valores da dívida convertidos em capital; 6% sobre novos recursos obtidos para a Varig; e 10% sobre a economia obtida na repactuação de financiamentos e/ou dívidas de qualquer natureza".[11]

Além disso, o documento estabelecia que a ATR assinaria um termo de "confissão de dívida" a favor da GGR Finance, a ser levado a qualquer assembleia de acionistas que deliberasse pela conversão de dívida em direitos de crédito de qualquer empresa do Grupo Varig, garantindo-se, assim, o pagamento à consultoria.

Souza ainda estava ao telefone, de modo que voltei minha atenção ao outro contrato. Datado de dezembro de 2005, este documento era um contrato de prestação de serviços entre a Varig, já em recuperação judicial, e uma consultoria chamada InvestPartners, em nome da qual assinava um advogado chamado Luiz Nélson que, como comprovam outros documentos, prestava serviços para a APVAR de Élnio Borges e, portanto, tinha ligações com a GGR Finance.

Neste contrato de "prestação de serviços", estabelecia-se que a Varig contratava a InvestPartners para identificar investidores, financiadores ou compradores interessados

---

[11] Conforme documento enviado pela GGR Finance às associações de trabalhadores APVAR, AMMVAR e ACVAR. A autenticidade deste documento foi confirmada em reunião realizada na casa de Élnio Borges, presidente da APVAR, que relato mais adiante.

"na compra de 95% do capital da VarigLog e 90% do capital da Varig Engenharia de Manutenção (VEM); na compra dos recebíveis de operações com cartões de crédito processados pela VisaNet; e, finalmente, na concessão de financiamentos para a Varig". Por esses serviços, a InvestPartners receberia 4% do valor de venda da VarigLog e VEM, 3% do total a receber das transações com cartões da VisaNet e 4% sobre novos investimentos.

"Esse advogado que assinou pela InvestPartners, Luiz Nélson, trabalha também para a APVAR. Essa GGR Finance é do Paulo Rabello de Castro e de um sujeito chamado Bruno Rocha, que assina o documento. Na prática, esse grupo estava dos dois lados da negociação: na ponta dos trabalhadores, através das associações, mas não através do sindicato. E na ponta da empresa, através da própria Varig, com o suporte do Presidente da empresa, Marcelo Bottini", assinala Souza, materializando-se à minha frente.

"Mas como eles iam conseguir converter dívidas em créditos? Quem toparia uma coisa dessas?", pergunto.

"Os trabalhadores topariam se a coisa fosse colocada como mandatória para a salvação da empresa. A Varig deve mais de R$ 450 milhões aos trabalhadores em salários atrasados, além de R$ 2 bilhões ou algo próximo a isso ao fundo de pensão dos trabalhadores, o Aerus. Se você olhar a composição da dívida da Varig, algo em torno de R$ 7 bilhões, 62% são com o Governo Federal (impostos, INSS, FGTS), 18% são com o fundo de pensão dos trabalhadores, o Aerus, e apenas 4,5% são com os trabalhadores, relativos a salários atrasados. Os trabalhadores certamente concordariam com a transformação dessas dívidas em créditos na Varig, o que daria a essas consultorias vários milhões de reais em comissões", diz.

Voltei a olhar o primeiro documento e lá estava:

> Nesta fase (2) também serão devidos apenas honorários fixos, da ordem de R$ 2.500.000,00, que deverão ser pagos integralmente desde que se consiga a adesão ao plano de reestruturação de credores de qualquer tipo e/ou investidores dispostos a aportar novos recursos, num mínimo equivalente a 35% do passivo total da Varig, definido desde já como sendo e R$ 2.200.000.000,00 (dois

bilhões e duzentos milhões de reais), excetuados da adesão pretendida eventuais créditos ou investimentos originários dos trabalhadores da empresa. (...) Na hipótese de que a tabela (de comissões) não venha a incidir sobre pelo menos 35% do passivo total da Varig, a ATR envidará esforços para estabelecer a cobrança de 1,5% de quaisquer créditos trabalhistas ou previdenciários originados diretamente dos associados da ATR, ou por consequência de recuperação de dívida a favor destes, relativas a seus planos de complementação previdenciária.[12]

O que isso queria dizer?

Souza assinala que, trocando em miúdos, se os trabalhadores concordassem em transformar a dívida da empresa em investimento na companhia, a InvestPartners lucraria; mas se a Varig pagasse o que devia aos funcionários, a GGR Finance lucraria.

"Você me dá uma cópia disso?", pergunto.

Souza balança a cabeça e responde algo que eu não esperava: "Não temos xerox aqui, você mesmo terá que ir lá fora e tirar cópias, se quiser. Mas cuidado para que esse pessoal não te veja com estes documentos".

Vou tirar as cópias em uma lotérica nas proximidades do sindicato. Não tiro os olhos dos documentos enquanto eles são manuseados pelo rapaz da copiadora. Antes de voltar, paro em uma cafeteria e tomo um café e decido que é hora de falar com a APVAR. Volto ao sindicato e Souza está à minha espera. Diz que precisa sair, pois tem de ir a uma audiência, mas que podemos voltar a conversar no dia seguinte. Eu não havia previsto isso, mas resolvo ficar no Rio de Janeiro. Os jornais falavam do TGV ou Trabalhadores do Grupo Varig, um grupo ou associação ou instituição liderada por comandantes como Élnio Borges e Márcio Marsilac. Havia uma grande confusão em minha cabeça. Mas este Borges não era da APVAR? O que era TGV?

Souza sai e eu me volto para a recepcionista:

"Você tem o telefone da APVAR?"

---

[12] Idem.

Ela me olha e pensa durante um longo tempo antes de balançar a cabeça, abrir uma caderneta e anotar um número de telefone. Agradeço e saio. Estou com fome. Vou a um restaurante ali perto, ao lado da sede do IBGE e, enquanto como, ligo para a APVAR. Me identifico como jornalista e peço para falar com Élnio Borges. "Jornalista de onde?", quer saber a mulher. "Da Revista da Escola Superior de Propaganda e Marketing", respondo. Eu havia publicado um artigo na Revista da ESPM alguns dias antes e ponderei que me a nunciar como um pesquisador independente era algo que não seria levado a sério.

Um longo tempo transcorreu antes que a mulher voltasse ao telefone para me dizer que ele estava ocupado com alguns assuntos urgentes e não poderia me atender. Pergunto se posso ir até a APVAR para falar com ele, pois tenho dúvidas a esclarecer sobre a atuação da APVAR, da TGV, e de consultorias como GGR Finance e InvestPartners na crise da Varig. Mais um tempo enorme se passa. Silêncio total. Quando começo a achar que a linha havia caído, a mulher volta ao telefone para dizer: "Você terá que mandar as perguntas por e-mail".

Anoto o e-mail da APVAR em um guardanapo. Termino de comer e vou até uma "lan-house". Escrevo algumas perguntas sobre tudo o que Souza havia me dito e as envio à APVAR com o pedido de uma entrevista pessoal. Coloco meu celular e digo que estarei no Rio de Janeiro até o dia seguinte.

No dia seguinte, outra vez no SNA, pergunto a Souza:

"O que é TGV?"

Souza abre sua pasta e saca outro documento.

"Desta vez tirei uma cópia para você", diz.

Logo vou perceber que a decadência da Varig está repleta de "documentos". Todas as partes têm "documentos". Documentos disso, daquilo, notas, e-mails, contratos, recibos, uma guerra de "documentos" que envolve milhares de pessoas em todos os cantos do País.

O documento que Souza me dá é o contrato de constituição de sociedade limitada

"Nova Varig Participações", cujo nome fantasia é "Trabalhadores do Grupo Varig", ou TGV, criada em outubro de 2003. Fico estarrecido ao descobrir que a "NV Participações" era uma empresa constituída com um único objetivo: "participar como acionista ou quotista do capital social da Fundação Ruben Berta Participações", a empresa criada pela Fundação Ruben Berta para controlar as ações da Varig e de suas coligadas. E quem eram os quotistas da NV Participações? Ninguém menos do que a APVAR, a AMMVAR e a ACVAR, as mesmas associações de trabalhadores que assinaram em 2002 acordos com a GGR Finance se comprometendo a dar comissões em troca de conversão de dívida em investimento, inclusive dívidas com os trabalhadores que estas associações diziam representar.

Sei que você está confuso, pois, neste momento, eu também estou.

A história da destruição da Varig é tão cheia de meandros, interesses, consultorias, associações, sindicatos, propostas, dívidas, planos, que se perder em meio a isso tudo é muito fácil. O conselho que posso te dar agora é: paciência! Siga em frente, pois as coisas vão ficar cada muito mais claras.

Segundo Souza, o que se podia entender das relações entre as associações, as consultorias, a Varig e a NV Participações ou TGV era que uma empresa, que dizia representar pilotos, comissários e mecânicos de voos, tinha como missão participar da Fundação Ruben Berta como controladora, transformando créditos de todos os trabalhadores em capital a ser investido na empresa sob seu comando.

O que faltava para fechar no círculo?

Convencer os trabalhadores e os demais credores a transformar suas dívidas em créditos na empresa, tarefa esta que, como vimos, estava a cargo da GGR Finance e tinha a ver com o Plano de Recuperação Judicial da empresa. Feito isso, todos lucrariam, exceto os trabalhadores, que abririam mão de seus créditos a receber para que outros assumissem o comando da Varig em seu nome. Mas como "empresas" articuladas por associações, em parceria com consultorias, poderiam convencer os trabalhadores a abrir mão de seus créditos trabalhistas e previdenciários?

Neste ponto as coisas começam a ficar muito interessantes.

Souza relata que Élnio Borges e Márcio Marsilac, ambos dirigentes da APVAR e, portanto, integrantes da TGV, eram também, estatutariamente, diretores do Sindicato Nacional dos Aeronautas, pois foram eleitos para o conselho de administração da entidade. Como diretores, convocaram uma assembleia dos trabalhadores em companhias aéreas para os dias 15 e 18 de agosto de 2005, visando a constituição de uma comissão de negociação que teria como missão representar os aeronautas nas discussões relativas ao Plano de Recuperação Judicial da Varig. Esta comissão falaria em nome dos trabalhadores, dispensando, assim, o próprio SNA.

Os dados são confusos neste ponto, mas, ao que parece, o SNA achou que conseguiria provar, facilmente, que aquela era uma assembleia fraudulenta. A diretoria do sindicato chegou a emitir alguns boletins afirmando isso. Dado o golpe, promovida a assembleia e afastada a direção do sindicato das negociações do Plano de Recuperação Judicial da Varig, as associações, já nessa época profundamente esvaziadas, tomaram o controle do processo de negociação, com poderes, inclusive, de propor que os trabalhadores abrissem mão do que tinham a receber para "capitalizar a Varig", o que chegaram a fazer de fato.

E assim se fechou o círculo.

O SNA recorreu à Justiça do Trabalho do Rio de Janeiro alegando que aquela comissão era ilegítima e não podia representar os trabalhadores, pois atuava à margem do sindicato. O que a Justiça do Trabalho do Rio de Janeiro respondeu? "A comissão é legítima". E o sindicato lavou as mãos.

Basta olhar o Plano de Recuperação Judicial proposto por consultores como Paulo Rabello de Castro, por exemplo, que em determinados momentos chegou mesmo a dizer que falava em nome dos "trabalhadores da Varig", para compreender como as coisas se articulavam de modo impiedoso contra os interesses dos funcionários e aposentados da Varig e em benefício de alguns poucos. A NV Participações ou TGV propôs, efetivamente, a transformação da dívida da Varig com o fundo de pensão dos trabalhadores em ações da empresa. Esta seria uma "contribuição dos trabalhadores para a recuperação da companhia". Mas em momento algum estas associações disseram que as consultorias que as representavam ganhariam altas comissões sobre recursos de trabalhadores em vias de se tornarem desempregados e de aposentados que já não recebiam a complementação de suas aposentadorias.

Como você verá adiante, estes documentos e estas operações não foram negados pelas associações de trabalhadores durante entrevista que realizei com Élnio Borges e representantes da AMMVAR e ACVAR na casa do primeiro, que estava de partida para a China, seguindo os passos de centenas de pilotos da Varig que foram voar em outros países após a liquidação da empresa. O que a APVAR negou foi o caráter ilegítimo da assembleia promovida pela entidade que criou uma comissão para destituir o Sindicato Nacional dos Aeronautas das negociações do Plano de Recuperação Judicial. Olhando os boletins e os documentos da época, editados pelo SNA, de fato há poucas referências a isso e quase todas indiretas, como se o sindicato temesse acusar seus diretores por algo que, em tese, eles poderiam fazer de fato, ou seja, convocar assembleias e deliberar "em conjunto com os trabalhadores".

O SNA parecia mesmo não fazer questão de representar os trabalhadores da Varig em um momento tão crítico, preferindo deixar que outros fizessem esse papel. Por que? Souza nega. Ele diz que o SNA tentou recuperar a representação dos trabalhadores na Justiça do Trabalho do Rio de Janeiro, mas que sua petição foi negada por uma juíza de nome Maria Salaberry[13], que, segundo Souza, "estaria comprometida com a TGV".

A proposta da TGV, ou APVAR ou NV Participações, de transformar a dívida do fundo de pensão da Varig em ações da empresa sob o controle da TGV, era ela própria ilegal, pois a lei não admite que fundos de pensão invistam mais de 5% de seu capital em uma só empresa. No final de 2005, assinala Souza, a TGV apresentou sua proposta de recuperação da Varig aos credores da empresa. Lembre-se de que, se o acordo tivesse funcionado, as dívidas com os credores seriam transformadas em investimentos na Varig e as consultorias ligadas às associações como APVAR, ACVAR e AMMVAR e TGV receberiam significativos recursos a título de comissão. Meia hora após apresentar essa proposta, conta Souza, a TGV tentou sacar R$ 400 mil reais do fundo de pensão dos trabalhadores, mas fracassou.

---

[13] Desembargadora Maria de Lourdes Salaberry, que se tornaria presidente do Tribunal Regional do Trabalho do Rio de Janeiro em 2010.

"Vocês são da CUT, não são? Ao que me consta, defendem a intervenção do Governo Federal na Varig. Por que o Governo Federal ainda não fez isso? Por que o Governo Federal não ajudou a Varig a sair da crise?", pergunto.

E então Souza me dá uma resposta que julgo incrível:

"O Governo Federal tentou ajudar sim, mas a Fundação Ruben Berta inviabilizou a ajuda. Em 2005, em uma reunião com o Lula, pedimos a intervenção na Varig. O Lula orientou o José Alencar, que era também Ministro da Defesa, a resolver o problema. Então o José Alencar ligou para a Fundação Ruben Berta e pediu que eles indicassem para o comando da empresa alguns nomes que o Governo Federal estava referendando. Se fizessem isso, o Governo Federal intercederia junto ao BNDES para liberar um empréstimo à Varig, que ajudaria a resolver os problemas emergenciais. A Fundação Ruben Berta deu as costas ao Governo Lula e preferiu colocar no comando da empresa David Zilberstajn, que era cunhado do Fernando Henrique Cardoso. Depois desta afronta, o Governo Lula deixou que a Varig se virasse por conta própria", responde.

"Com quem na Fundação Ruben Berta o José Alencar falou?"

"O Presidente da Fundação em 2005 era Ernesto Zanata", responde.

Anoto este nome enquanto olho para Souza sem acreditar no que ele me diz.

Então, pergunto:

"Você acha que essa proposta, ou seja, a de indicar gente para o comando da Varig em troca da liberação de um empréstimo do BNDES, é um ato legal, legítimo ou idôneo?"

"Não é? Eu acho, claro!", diz. "Imagine o que a direita diria se o Lula estatizasse a Varig".

"A direita?", pergunto. "Qual?"

José Caetano Lavorato – ex-Presidente do SNA

Maio de 2006.

Em meados de maio de 2006, antes do leilão da Varig, portanto, me encontro com José Caetano Lavorato, ex-Presidente do Sindicato Nacional dos Aeronautas e homem forte da entidade ao longo de quase 15 anos. O encontro acontece em um escritório de advocacia em São Paulo que ele diz ser de um amigo. Ele escolheu o local. Quase um ano depois volto a falar com ele em seu apartamento em Moema, um bairro da zona sul de São Paulo. Nesta primeira conversa eu ainda tinha poucas informações sobre a Varig, mas em nosso segundo encontro, que registro adiante, eu já sabia muito mais, o que permitiu uma conversa mais franca e reveladora.

Ao encontrá-lo pela primeira vez me lembro dele. Eu já o vira no passado, mais precisamente em 1984, durante o I Congresso das Classes Trabalhadoras (CONCLAT), realizado na Praia Grande (SP), onde eu fora para entrevistar Luiz Carlos Prestes. Os aeronautas eram vistos como uma espécie de "elite" sindical, pois pareciam estar sempre acima dos outros mortais e, em certo sentido, estavam mesmo. Lavorato ri quando lhe conto isso. Ele concorda que os pilotos, via de regra, se julgam seres superiores.

Demitido da Varig em 1988 em função de ter liderado uma greve bastante agressiva, onde, em parceria com Élnio Borges, também dirigente do sindicato à época, chegara até a "sequestrar" pilotos que chamavam táxis para ir ao trabalho, Lavorato assumira o SNA em 1980, vencendo uma eleição sindical como oposição. Ele se orgulha quando diz que o sindicato é governado, ainda hoje, exatamente pelo mesmo grupo político que ele levou ao comando da entidade no início dos anos 80, o que significa o PT.

Como era dirigente sindical quando foi demitido, Lavorato acionou a Varig judicialmente, pedindo reintegração e pagamentos de salários e direitos. Sabe quanto tempo a "justiça" brasileira levou para resolver uma questão assim tão simples e óbvia?

Apenas 17 anos.

"Neste momento, posso dizer que voltei a ser funcionário da Varig, pois ganhei a reintegração e o direito a receber todos os atrasados, desde 1988. Me apresentei para o trabalho, mas me disseram para esperar em casa", diz ele em tom irônico, me mostrando, inclusive, seu crachá.

Lavorato é um homem que investiu em educação: formou-se em Administração de Empresas, concluiu um MBA em Gestão de Tecnologia da Informação e um mestrado em Administração Pública, ambos pela FGV. Em 1999 foi Gerente do Banco do Povo, em Santo André (SP), cidade de Celso Daniel, implementando projeto semelhante na cidade de São Paulo, na gestão de Marta Suplicy. Quando nos encontramos, ele está à frente da Associação Brasileira de Gestores e Operadores de Micro Crédito, com participação majoritária de prefeituras comandadas pelo PT.

Lavorato gosta de dizer que pensa a longo prazo. Por isso defendeu, no passado, políticas para o setor aéreo brasileiro como, por exemplo, a criação do Conselho Nacional de Aviação Civil (CONAC) e a criação da Agência Nacional de Aviação Civil (ANAC), que, segundo ele, deveriam agir no sentido de criar um marco regulatório para o setor que evitasse, entre outras coisas, a concorrência predatória que levou e leva à destruição das empresas que investem em qualidade e melhor remuneração para seus funcionários, como a Varig.

Para o ex-dirigente do SNA é um equívoco afirmar que o modelo fundacional da empresa foi o responsável por sua queda, pois ao longo de quase oito décadas esse modelo fez da empresa um conglomerado com mais de 20 companhias em sua órbita, entre companhias aéreas, hoteleiras, de informática, agências de viagem e até agronegócio.

"O modelo fundacional da Varig se sustentou sozinho por muito tempo, o que mostra que foi um bom modelo, um modelo interessante, que teria persistido se tivesse conseguido separar os objetivos da fundação dos objetivos da empresa administrada pela fundação. Embora tenha problemas a serem resolvidos, o sistema fundacional é perfeitamente capaz de funcionar do ponto de vista de governança corporativa. Atribuir os problemas da Varig ao modelo fundacional é um ato de má-fé, pois grandes empresas, que têm modelos de gestão ditos "modernos", também têm problemas administrativos graves", assinala.

Lavorato aponta três causas para a destruição da Varig: as políticas econômicas de José Sarney, Fernando Collor e Fernando Henrique Cardoso. Isto ele disse na primeira entrevista. Na segunda ele concordou em incluir a miopia do Governo Lula da Silva em relação às complexidades do setor aéreo como mais uma causa para o fim da empresa.

Mas isso veremos adiante.

Em 1986, o Plano Cruzado de José Sarney congelou os preços das tarifas praticadas pela empresa em moeda nacional. No entanto, a Varig tinha despesas em moeda estrangeira, especialmente em dólar, relativas a combustível, leasing de aviões e manutenção de equipes no exterior, que não podiam ser congeladas. Segundo Lavorato, é possível estimar essas perdas em algo ao redor de R$ 8 bilhões, um prejuízo que a Varig só foi reclamar judicialmente oito anos depois, por meio de uma ação iniciada em 1994.

Depois de Sarney, veio Collor de Mello.

Segundo Lavorato, Collor de Mello tinha parceiros no setor aéreo entre os quais a Varig não se incluía, sendo o mais evidente deles Wagner Canhedo, que assumiu o controle da VASP em um leilão onde, segundo dizem, ganhou dinheiro para ficar com a empresa.

"Quando o Canhedo ganhou a VASP, a empresa tinha 5.000 empregados. Em apenas 2 anos, juntou outros 6.000 à equipe, colocando enorme pressão sobre Varig e TAM, especialmente porque a VASP tinha uma política de preços evidentemente suicida, algo de quem sabe que tem costas quentes. A guerra de preços promovida pela VASP elevou dramaticamente o endividamento não só da VASP, cuja falência ruidosa viria logo em seguida, mas de todas as empresas, inclusive Varig, TAM e Transbrasil", explica.

As "costas quentes" de Canhedo eram Collor. Segundo Lavorato, o objetivo dessa "estratégia" suicida, como o comandante Rolim Amaro, da TAM, logo notaria, era levar à lona a Varig e a própria TAM, para assumir o controle do mercado de aviação. Mas Collor caiu. E a VASP ficou sem chão.

Na época, muitos jornais enfatizavam que Collor buscava a abertura do mercado brasileiro à "livre competição", pois o setor aéreo, por exemplo, era controlado por quase-monopólios como a Varig. Questionava-se, entre outras coisas, as razões pelas quais somente a Varig voava para o exterior, o que levava os passageiros a depender de apenas um ou dois fornecedores de serviços. Talvez você não se lembre, mas houve um tempo em que uma passagem aérea para os Estados Unidos custava US$ 5.000,00.

Revendo os jornais da era Collor, o que se pode constatar é que poucas vezes se disse toda a verdade sobre o setor aéreo brasileiro. Lavorato assinala que a abertura do mercado aéreo brasileiro à "competição" propagandeada por Collor trouxe várias companhias para essa operação. Não apenas VASP, TAM e Transbrasil começaram a voar para os Estados Unidos e outros países, como competidoras desses países começaram a voar para o Brasil, reduzindo o tamanho dos mercados. Isso se devia à lei da reciprocidade, que estabelece que se uma companhia aérea brasileira vai para os EUA, uma companhia dos EUA vem para o Brasil. Se são quatro, então outras quatro entram no mercado e aí se têm oito competidores. Se isso trouxe opções para os passageiros, diminuiu consideravelmente o oxigênio das companhias aéreas brasileiras que, com exceção da Varig, não tinham infraestrutura e expertise suficientes para competir com gigantes como American Airlines, Delta e United Airlines, apenas para citar algumas. Além disso, as empresas brasileiras competiam em extrema desigualdade, pois tinham tributação maior e maiores custos com combustíveis e pessoal.

O resultado dessa equação foi que, paulatinamente, VASP, Transbrasil e TAM retiraram-se dos mercados externos por absoluta incapacidade de competir, mas deixando para a Varig todos esses competidores que elas haviam trazido ao país. Lavorato assinala que se a competição de todos contra todos já não era justa, pois a Varig, como empresa brasileira, estava sujeita a regulações, tarifas e impostos muito superiores aos aplicados às suas concorrentes americanas, a competição Varig contra todos era profundamente desigual e desleal para com a empresa brasileira, mas nunca mereceu reparo algum dos governantes de plantão pós-ditadura, inclusive de Lula da Silva.

Mas o ex-Presidente do SNA aponta, ainda, uma outra questão que, segundo ele, ajudou a desestruturar a Varig: a empresa "resolvia problemas do Governo Federal" mesmo que viesse a ter prejuízos com a operação, como os voos deficitários para Tóquio, por exemplo, assim como para uma série de outros países africanos, todos criados para atender interesses da diplomacia brasileira que, como veremos adiante, fazia da Varig a "sua casa".

Esta informação, que apareceu em outras entrevistas, é interessante não pelo que ela revela, mas sobretudo pelo que ela esconde. E o que ela esconde é uma relação intima, profunda e intensa entre companhias aéreas e governos que, como estamos vendo pelos noticiários, persiste até hoje e costuma ser um dos principais fatores para a desagregação dessas empresas, como aconteceu com a Panair, voltou a acontecer com a Varig e voltará a acontecer com a TAM e a Gol.

Segundo Lavorato, em vez de se tornar mais ágil, acompanhando a mudança dos tempos, a direção da Fundação Ruben Berta trilhou o caminho oposto, rumando para o fechamento e o isolacionismo. Na década dos 90, diz ele, a FRB aboliu o voto aberto em suas decisões, passando a decidir as questões através de voto fechado para proteger seus integrantes das cobranças do resto da organização, que sempre foi muito questionadora e participativa.

O congelamento de preços de Sarney e as alianças de Collor: o que mais faltava à Varig? Segundo Lavorato, quando o câmbio explodiu no Governo FHC, em 1999, passando de R$ 1 para R$ 3 por dólar, a dívida da Varig – e de outras companhias aéreas - foi multiplicada por três, desestabilizando profundamente todas as empresas do setor.

"No início dos anos 2000, quando Varig e TAM começaram a compartilhar voos, também a TAM estava praticamente acabada. Enfrentava problemas desde a queda de seu avião em São Paulo, que matou 99 passageiros, em 1996. A situação de ambas as empresas era delicada, mas oposta: a Varig tinha poucos aviões e muitos passageiros; a

TAM tinha muitos aviões e poucos passageiros. É por isso que o "code sharing", ou o compartilhamento de voos, foi mais interessante para a TAM do que para a Varig", assinala.

Ele acredita que um dos erros decisivos da companhia foi o de colocar em seu conselho de administração representantes de seus credores como Petrobras, Banco do Brasil, GE e Unibanco, que pareciam atuar defendendo seus próprios interesses. Nós veremos a intensidade disso mais adiante. Ele ressalta, por exemplo, que quando o representante do Unibanco[14] geriu o caixa da empresa, tratou de quitar preferencialmente as dívidas da Varig com o banco, deixando os demais credores a ver navios, uma informação repetida por outros entrevistados.

"Se olharmos o mercado como um todo, é impossível afirmar que a Varig estava mal em função de uma crise de gestão. Todas as empresas estavam mal, daí porque a Varig não era exceção. Falava-se de TAM e Varig como se as empresas vivessem situações opostas. Isso não era verdade. TAM e Varig estavam tão mal quanto as demais", comenta.

No entanto, Lavorato assinala que a Varig relacionava-se melhor com funcionários e sociedade, pois não tinha como premissa fundamental o lucro a qualquer preço. "A Varig era, provavelmente, a única empresa que cumpria, de fato, a regulamentação profissional como, por exemplo, a jornada de trabalho das equipes de voo, especialmente daquelas que viajavam ao exterior. Isso se deveu ao fato de que a cultura aeronáutica, na Varig, era muito mais arraigada do que nas demais", explica.

Neste ponto, Lavorato nota algo que sempre diferenciou a Varig: uma "cultura de resistência". Conhecemos a origem desta "cultura", que nasce quando a empresa articula uma solução para evitar que o Governo Federal a encampasse em função de sua origem "alemã". Mas essa cultura de resistência foi minada, acredita Lavorato, quando surgiu o grupo Trabalhadores do Grupo Varig (TGV), que levou a uma profunda divisão dos pilotos da empresa, talvez o seu grupo mais politizado e culto.

Mas e o Governo Lula da Silva?

---

[14] Arnim Lore

Se Lavorato considerava Sarney, Color e Fernando Henrique como algozes da Varig, como via o Governo de seu partido, o PT? Ele pensou durante um tempo antes de responder. Depois assinalou que o Governo do PT herdou uma situação já em adiantado estado de desagregação. Para ele, nos momentos finais da Varig, o Governo Lula tinha dois papéis distintos: detinha a concessão do serviço público e, portanto, podia intervir na empresa (o que não fez); e era o principal credor da empresa, dono de 62% de tudo o que a Varig devia naquele momento, algo em torno de R$ 7 bilhões.

Na verdade, Lavorato esqueceu-se de mencionar um terceiro papel: o de devedor da Varig, pois a empresa tinha créditos a receber do Governo Federal em função dos congelamentos praticados em governos anteriores, que a Fundação Ruben Berta estimava em R$ 8 bilhões.

Varig: a caminho de se tornar a Enron do Brasil

Junho de 2006.

O leilão da Varig aproxima-se. As "notícias" publicadas nos jornais dão conta de que TAM, Gol, Oceanair[15], além de investidores estrangeiros desconhecidos, preparavam-se para um embate pela mais antiga e maior empresa de aviação do país. Mas os jornais falam, também, de uma empresa constituída por "trabalhadores da Varig", que estavam dispostos a "salvar" a companhia, fazendo um lance por ela em troca de seus créditos trabalhistas.

O nome do grupo?

TGV.

Leia os jornais da época e perceba o profundo grau de desinformação da imprensa brasileira, algo alarmante quando consideramos que em muitas situações a imprensa é a última trincheira da sociedade quando o assunto é a defesa dos interesses do País.

Representantes dessa "empresa-associação" eram ouvidos diariamente pelos jornais e apareciam, com frequência, assessorados pelo economista, consultor, professor e lobista Paulo Rabello de Castro que chegou mesmo a dizer: "Os trabalhadores estão dispostos a dar sua contribuição para salvar a Varig".

Os trabalhadores?

Fico estarrecido com a facilidade com que lobistas passam a se chamar de "trabalhadores" em um país como o Brasil, sem que a imprensa faça reparo algum a

---
[15] Hoje Avianca.

semelhante nonsense.

Como o pessoal da APVAR circulava por todos os jornais, volto a contatar a associação na tentativa de encontrar respostas para os questionamentos que surgiram quando li os contratos entre TGV e Varig com as consultorias GGR Finance e InvestPartners, ambas ligadas ao mesmo grupo. A recepcionista que atende as ligações pede as perguntas por e-mail, que foram enviadas no mesmo dia e novamente no dia seguinte, pois, como fui informando, "não haviam chegado". Dois dias depois, volto a cobrar as respostas e, mais uma vez, a moça pede que eu envie as perguntas por e-mail.

Não envio.

Me convenço de que a APVAR responde apenas as perguntas que lhe interessa responder. Naquele momento, decido escrever um artigo buscando evidenciar a verdadeira faceta dessa "representante dos trabalhadores da Varig" e, ao mesmo tempo, mostrar as manobras do Governo Federal no sentido de eliminar um credor que tinha a receber R$ 8 bilhões do Tesouro.

Ligo para uma jornalista, amiga de muitos anos, no jornal O Estado de S. Paulo, e conto-lhe o que sei sobre o grupo TGV. Ela fica chocada. Me pergunta se não posso escrever um artigo que explique ao público a origem dessas pessoas e seus relacionamentos com consultorias, que ela se encarregará de levá-lo à direção do jornal. Era exatamente a pergunta que eu esperava. Dois dias depois envio a ela o artigo *"Varig: a caminho de se tornar a Enron do Brasil"*, mostrando como o leilão da empresa poderia levar um grupo de consultorias a se apossar de parte do fundo de pensão dos funcionários da Varig, com a conivência do Governo Federal.

Uma semana se passa e não tenho notícias do artigo.

Quando ligo para ela, recebo a seguinte informação: "O artigo está na mesa do chefe, não tive notícias ainda". Digo que posso esperar outras 48 horas, não mais. Ela me garante que eu teria notícias antes disso. Silêncio. Quase 72 horas se passam antes que ela me telefone: "Eles não vão publicar, se você tem uma alternativa, vá em frente".

Com a desistência de O Estado de S. Paulo, decido recuar. Mas em uma conversa com

Cássia Domingues, amiga e proprietária de uma assessoria de imprensa, que leu o artigo, ela me diz que seria injusto para com a sociedade não divulgar aquelas informações antes do leilão. "Depois não adianta, tem que ser antes", diz ela, acrescentando que vai fazer algumas ligações.

Na manhã do dia seguinte ela me liga e diz: "A Gazeta Mercantil e o Jornal do Brasil vão publicar o artigo. Mando o que você me deu?"

Peço que ela me deixe pensar por um momento.

A Gazeta Mercantil e o Jornal do Brasil eram controlados por ninguém menos do que Nélson Tanure, parte interessada nos conflitos que envolviam a Varig, como você verá adiante. Não consigo me decidir sobre a conveniência de publicar aquele artigo naqueles jornais. Com o leilão já perto e Cássia me ligando hora sim, hora não, ligo para um veterano jornalista com quem trabalhei em O Globo e explico a ele o que está se passando. Ele diz: "Você está preocupado com o que? Fazer o jogo do Tanure?". Sim, era exatamente essa a minha preocupação, uma vez que o controverso investidor parecia ter recepcionado calorosamente meu artigo. Então ele pergunta: "Você tem algum acordo com o Tanure?" Não. "Você está coberto no seu artigo? Isto é, alguém pode te processar e ganhar?" Estou coberto. "Está esperando o que? Balance essa árvore e veja que macaco cai".

Mando o artigo em uma sexta-feira, dia 02 de junho de 2006. No dia seguinte o texto é publicado no Jornal do Brasil e na segunda-feira seguinte na Gazeta Mercantil.

O texto do artigo dizia o seguinte:

> "A Varig você certamente já conhece: foi a maior empresa aérea do Brasil nas últimas três décadas e hoje luta para sobreviver em meio a pesado endividamento e incapacidade de sua direção e dos seus credores de articularem uma solução que garanta a sobrevivência da companhia, a despeito dos acordos noticiados há duas semanas que não são uma solução, pois apenas adiam o desfecho da crise.
>
> Já a Enron talvez você não conheça. Empresa do setor elétrico

dos EUA, a Enron, por meio de uma diretoria repleta de espertalhões, assessorada por consultores com um ideário absolutamente mafioso, e com a conivência de analistas de mercado, jornalistas financeiros e executivos de vários dos maiores bancos dos EUA, fraudou operações de receita e despesa para anunciar ganhos onde havia só uma expectativa de lucro, situação que levou a uma falência catastrófica para milhares de acionistas (entre eles muitos empregados) que significou perdas de US$ 60 bilhões da própria empresa e do fundo de pensão dos trabalhadores, isso pelas estimativas mais conservadoras.

Acompanho o desenvolvimento do mercado de aviação no Brasil já há oito anos, analisando as culturas organizacionais de empresas como Varig, Vasp, Transbrasil, Gol e TAM na tentativa de compreender como, em um mercado em expansão, empresas tradicionais desaparecem, enquanto novas companhias surgem e conquistam mercado em ritmo veloz. E o que há de comum entre a Varig e a Enron?

Como ocorreu com a Enron (uma direção inepta, associada a consultores interessados em ganhos financeiros à custa da recuperação da Varig, com a conivência de representantes do governo, que conhecem o desenrolar dos acontecimentos, mas se mantêm calados, e com o apoio de jornalistas "econômicos" e todo o tipo de economistas "articulistas"), as questões que envolvem a recuperação da Varig foram resumidas a um discurso simplista que defende mais ou menos o seguinte: "A inépcia da Fundação Ruben Berta, sua incapacidade de mudança, salários e benefícios muito acima dos praticados pelo mercado, bem como um fundo de pensão desnecessário, que poderia ser convertido em ações, estão levando a Varig à ruína".

Esse discurso, intencionalmente equivocado, está encobrindo operações que não visam recuperar a Varig, mas lucrar com seu infortúnio. Merecem urgente análise contratos firmados entre instituições como a Trabalhadores do Grupo Varig (TGV) e consultorias como a GGR Finance. Segundo documentos registrados na Junta Comercial do Rio de Janeiro, a NV Participações (razão social da TGV) é uma empresa criada pelas Associações dos Pilotos, dos Comissários e dos Mecânicos de voo da Varig (APVAR, ACVAR e AMMVAR), com o objetivo de participar do capital social da Fundação Ruben Berta.

Nos contratos firmados entre a GGR Finance e as associações que integram a TGV, a consultoria ganhará entre 4% e 10% do valor de dívidas convertidas em capital, novos recursos e economia na repactuação de financiamentos. Até aí nenhum crime foi cometido. Associações podem criar empresas e consultorias podem cobrar o que bem entendem por seus serviços. Mas, à luz desses contratos, como explicar uma das principais propostas da TGV?

A empresa-associação, que ganhou do judiciário brasileiro o direito de "defender os trabalhadores", tem feito campanha junto aos empregados, inclusive distribuindo procurações, propondo que os trabalhadores da Varig aceitem transformar seus recursos no Aerus, o fundo de pensão dos empregados, em ações da empresa, o que poderia significar a injeção de R$ 2 bilhões na companhia. O que não está sendo dito aos trabalhadores da Varig? Que a consultoria contratada pela TGV vai embolsar entre 4% e 10% dos recursos do Aerus que vierem a capitalizar a Varig, o que pode somar algo perto de R$ 200 milhões.

Merece urgente análise, ainda, contrato assinado entre a direção da Varig e uma consultoria chamada InvestPartners. Conforme esse contrato, de 1º de dezembro de 2005, a InvestPartners, que tem advogados que atuam na TGV, revelando uma sinergia no mínimo estranha, está prestando serviços de "consultoria" à Varig em termos muito similares aos prestados pela GGR Finance à TGV, onde se propõe a encontrar investidores para recuperar a empresa mediante a cobrança de comissões entre 2,5% e 4% sobre investimentos e descontos em financiamentos conseguidos junto ao mercado.

Mais uma vez, empresas e consultorias são livres para firmarem todo tipo de contrato. Porém, não me parece correto uma consultoria se apresentar como representante de associações de trabalhadores em uma ponta, estimulando os tralhadores a abrirem mão de seus recursos junto ao Aerus para "salvar" a Varig, enquanto, em outra ponta, essa mesma consultoria e suas coligadas ganham gordas comissões sobre essas transações. Semelhante arapuca foi montada pelos executivos da Enron que estimularam os empregados a comprar ações da empresa para seu fundo de aposentadoria, enquanto, em outra ponta, vendiam as ações que detinham porque sabiam que a empresa iria à falência. Os credores da Varig, como o BNDES, a BR Distribuidora e o Banco do Brasil sabem da existência desses contratos?

As pesquisas sobre cultura organizacional que venho desenvolvendo evidenciaram que a Varig é dona de uma cultura organizacional de extrema vitalidade, construída ao longo de décadas, que permitiu sua sobrevivência enquanto outras companhias aéreas simplesmente deixaram o cenário, fulminadas por políticas econômicas irresponsáveis e administradores inaptos e complacentes. No entanto, essa cultura extraordinária está sucumbindo à avidez dos consultores que rodeiam a empresa como abutres que enxergam uma refeição fácil.

É possível que a Varig que muitos trabalhadores lutam para defender esteja com os dias contados. Depois que os espertalhões da direção da empresa e das consultorias obtiverem seus lucros e deixarem o cenário, como fizeram os que destruíram a Enron, que se aposentaram no Havaí, restará apenas uma marca oca e vazia do conteúdo de uma empresa rara, com um modelo fundacional, uma das poucas ainda sobreviventes nesse mundo de economia global, onde global mesmo é apenas o desejo de lucro sem compromisso algum com trabalhadores e sociedade".[16]

Assim que o artigo é publicado recebo uma ligação de um jornalista do Jornal do

---

[16] "Varig, a caminho de se tornar a Enron do Brasil", artigo publicado nos jornais Jornal do Brasil e Gazeta Mercantil, em junho de 2006.

Brasil me perguntando se eu o autorizava a dar meu e-mail a várias pessoas que estavam ligando em busca de contato comigo. Digo que sim. Na segunda-feira eu já recebera 27 e-mails com comentários sobre meu artigo. Um deles, dizia: "Parabenizo-o pelo artigo. Estou à sua disposição. Comandante Miguel Dau". Mas outro dizia: "Você não sabe onde está se metendo e se pretende se aposentar um dia, repense seu modo de ser. Em boca fechada não entra mosquito. Um amigo". Entre os e-mails com ameaças, este foi o mais singelo.

Um dia inesquecível

Junho de 2006.

Cinco dias depois da publicação de meu artigo, exatamente no dia 08 de junho de 2006, o Juiz Luiz Roberto Ayoub promove o "leilão" de venda da empresa. Acreditava-se que seriam feitos lances milionários pela Varig, pois, como diziam os jornais, a "companhia aérea tinha um ativo intangível importante, que era sua marca e a capacitação técnica de seus quadros". Mas, no dia do leilão, coisas sobrenaturais aconteceram. E as loucuras começaram logo cedo, já na madrugada.

Em São Paulo, um caminhão basculante, com a caçamba erguida, derrubou a passarela que passa sobre a avenida Washington Luiz, em frente ao Aeroporto de Congonhas. Isso aconteceu às 5h da manhã, pouco antes do início das operações do aeroporto, tornando o trânsito na região absolutamente caótico e levando muitas pessoas a perderem seus voos para o Rio de Janeiro, entre os quais jornalistas e executivos que iam acompanhar o leilão.

A Folha de S. Paulo registrou assim a notícia:

> Uma passarela de 150 toneladas, bem em frente ao Aeroporto de Congonhas (zona sul de SP), foi ao chão na madrugada de ontem após ser atropelada por um caminhoneiro que não percebeu que a caçamba de seu veículo havia levantado. O acidente parou não apenas a avenida Washington Luís, sentido bairro-centro, por quase nove horas, mas afetou pelo menos 11 vias na região, entre elas a Ibirapuera e a Santo Amaro. E acabou fazendo com que inúmeras pessoas perdessem seus voos.[17]

---

[17] Folha de S. Paulo, 09 de junho de 2006.

O caminhoneiro "não percebeu" que a caçamba estava erguida? Às vezes a imprensa me faz rir.

Quer ver outro acontecimento inexplicado?

O Comandante Miguel Dau, Diretor Operacional da Varig, estava no leilão com a incumbência de fazer um lance pela empresa. Ele já havia até convocado as equipes para manter os voos nos dias seguintes ao leilão. Mas embora ainda fosse funcionário da Varig, ele estava lá para fazer um lance em nome de German Efromovich, Presidente da Oceanair. Momentos antes do leilão, Dau recebe uma ligação em seu celular com uma ordem: abortar o lance.

Quem ligou?

Por que um funcionário da Varig estava no leilão para fazer um lance por outra empresa?

Por que o lance não foi dado?

São mistérios ainda não resolvidos.

Mais mistérios?

O Plano de Recuperação Judicial da Varig previa que os sindicatos deveriam aprová-lo antes da realização do leilão, um aspecto mandatório dado o fato de que sua aceitação implicava no fato de que os trabalhadores concordariam em adiar o recebimento de seus créditos por quase 20 anos.

Todos os sindicatos de trabalhadores no setor de aviação já tinham concordado com semelhante rendição, menos um: o Sindicato Nacional dos Aeronautas. Embora desejasse ardentemente sancionar esse acordo humilhante para os trabalhadores, Graziella Baggio vinha sendo impedida de realizar a assembleia que ratificaria o acordo em função de liminares impetradas por Élnio Borges e o Grupo TGV, exatamente aquele mesmo grupo que vinha negociando com consultorias a tomada do controle da empresa e que dizia "representar" os trabalhadores no processo de negociação.

Poucos dias antes do leilão, o Juiz Ayoub recebeu um telefonema de Baggio, segundo testemunhos que veremos adiante, determinando que o leilão fosse feito mesmo sem a aprovação do plano pelo Sindicato Nacional dos Aeronautas, pois ela alegava que não conseguiria remover as liminares que a impediam de aceitar o plano de recuperação da empresa, extremamente lesivo aos trabalhadores.

E o juiz obedeceu.

Por que um juiz, que deveria zelar pelo cumprimento de um acordo, passou por cima do estabelecido atendendo o pedido de uma sindicalista?

Mistérios típicos do judiciário brasileiro.

Na hora do leilão, as notícias que vinham sendo plantadas na imprensa por diversos grupos de interesse mostraram o que eram de fato: manipulação. Os lances milionários não se materializaram. TAM e Gol, muito embora tivessem comprado o edital e estivessem presentes no leilão, não se manifestaram.

E ante um silêncio abrumador, eis que surge o lance "salvador".

De quem?

TGV.

A Agência Brasil, do Governo Federal, registrou assim a "venda" da Varig:

> O juiz Luiz Roberto Ayoub aceitou a proposta de compra da Varig feita pela entidade Trabalhadores do Grupo Varig (TGV) de R$ 1 bilhão, efetuada no leilão realizado no último dia 8, desde que se comprove que a TGV pode atender as condições do edital.
>
> Roberto Ayoub, titular da 8ª Vara Empresarial do Rio, onde corre o processo de recuperação judicial da companhia aérea, deu prazo até 12h desta quarta-feira para que os proponentes apresentem a comprovação.
>
> Em entrevista à Agência Brasil nesta segunda-feira, o consultor econômico da TGV, Paulo Rabello de Castro, disse que, após o pregão, foi feita uma audiência judicial na qual ele mesmo

esclareceu detalhes da proposta. "Mas qualquer esclarecimento solicitado pelo juiz vai ser prestado. Se alguma coisa está obscura, vai ficar clara", ponderou.

Ele nega que a proposta dos trabalhadores inclui apenas uma parcela em dinheiro vivo, de R$ 285 milhões. "É tudo em dinheiro vivo, à vista ou quase à vista". Castro informou que a parcela inicial de R$ 225 milhões de dívidas da Varig com os empregados (créditos concursais) também é para o pagamento à vista. "Na hora em que eles são trocados, é como se fosse dinheiro vivo".

De acordo com ele, o mesmo ocorre em relação aos R$ 500 milhões em debêntures (títulos). "Na realidade, a questão das moedas é algo imaterial. O lance ofertado está de acordo com o que foi solicitado no edital".[18]

O consultor e lobista Paulo Rabello de Castro nunca teve o merecido crédito por uma das declarações mais poéticas da triste história da Varig: "É tudo dinheiro vivo, à vista ou quase à vista. (...) Na realidade, a questão das moedas é algo imaterial". Moedas imateriais? Não será o primeiro economista romancista do Brasil, mas seguramente é um dos mais talentosos.

No entanto, é fácil entendê-lo: se estamos falando da conversão de dívidas em créditos, dívidas que nunca seriam pagas e créditos que nunca seriam recebidos, então estamos mesmo diante do "imaterial". Dinheiro à vista, sim, entendemos o que é isso. Mas o que é "dinheiro quase à vista"? No dia 23/06/2006, o jornal O Estado de S. Paulo nos ajuda a entender o que significa dinheiro "quase à vista":

> O futuro da Varig deve ser decidido hoje, quando vence o prazo de depósito do sinal de US$ 75 milhões para validar a proposta do Trabalhadores do Grupo Varig (TGV) de compra da companhia por US$ 449 milhões. Caso o dinheiro não apareça até as 11 horas - a hipótese mais provável -, a comissão de juízes responsável pela recuperação judicial da Varig vai anular o leilão realizado no dia oito.

---

[18] Agência Brasil, 14/06/2006.

Depois disso, três alternativas são possíveis: falência definitiva, um novo leilão ou a convocação de assembleia de credores para avaliar a oferta de US$ 500 milhões apresentada pela VarigLog à Justiça na terça.

Representantes do TGV, que já admitiram a possibilidade de não conseguir os recursos, levantaram ontem a possibilidade de, na última hora, pedirem adiamento de prazo. Eles alegam ainda estar negociando com investidores a obtenção do dinheiro. Além disso, para o grupo, o prazo vence às 18 horas, sete horas depois do horário estipulado pela Justiça.

O depósito é vital para a Varig sensibilizar a Justiça americana a prorrogar uma liminar que protege a empresa contra o arresto de aviões. O juiz Robert Drain, da Corte de Falências de Nova York, estendeu sua decisão até 21 de julho, mas a condicionou à entrada dos recursos hoje.

A oferta da VarigLog pela ex-controladora, relata uma fonte da ex-subsidiária da Varig, também está condicionada à aprovação, pela Agência Nacional de Aviação Civil (Anac), da aquisição da empresa pela Volo do Brasil, negócio fechado em dezembro. Ontem, o presidente da agência, Milton Zuanazzi, disse que as duas negociações são independentes.

Antes de a Justiça do Rio definir qual será a solução para a Varig, o administrador judicial da companhia, a consultoria Deloitte, e o Ministério Público do Rio terão de analisar as consequências do cancelamento do leilão. O interesse da VarigLog é pela operação integral da companhia. Da oferta total, US$ 20 milhões podem ser depositados imediatamente na Varig, mesmo antes de o juiz decidir a alternativa adotada.

A VarigLog foi comprada por US$ 48,2 milhões pela Volo do Brasil. A negociação, no entanto, sofreu um revés do Sindicato Nacional das Empresas Aeroviárias (SNEA), que vê no negócio desrespeito à legislação aeronáutica. A lei fixa em 20% o limite de participação acionária estrangeira em empresa aérea brasileira. O Matlin Patterson fez acordo com três sócios brasileiros para fazer o negócio. Mas o sindicato denuncia que foi um artifício para burlar a lei.[19]

O "Grupo" TGV saiu de cena pela porta dos fundos. Não tinha o dinheiro e nunca efetivou o lance que fez. Assim, o caminho estava livre para o fundo abutre Matlin Patterson, que entrou em cena por meio de interferência direta do advogado Roberto Teixeira, amigo "íntimo" de Lula da Silva. Com um lance de pouco mais de US$ 20 milhões, o fundo comprou a empresa para revendê-la poucos meses depois por mais de US$ 300 milhões.

Para quem?

Para a Gol, que estava no leilão, mas ficara no mais absoluto silêncio.

Consegue imaginar porque a Gol pagou bem mais caro por algo que podia ter bem mais barato?

---

[19] O Estado de S. Paulo, 23/06/2006.

Miguel Dau, gestor da Varig, da "Velha Varig", da Flex e da Azul

Agosto de 2006.

Quando encontro Miguel Dau pela primeira vez, ele já era o gestor da "Velha Varig", a empresa fantasma criada pelo plano de "recuperação" judicial aparentemente para garantir que o comprador da marca, o fundo abutre Matlin Patterson, não seria incomodados com as dívidas que o Juiz Ayoub entregara a Deus.

Dau havia lido meu artigo na Gazeta Mercantil e me mandara um e-mail dizendo: "Finalmente as máscaras caíram. Parabéns por seu artigo. Estou à sua disposição". Por meio do Sindicato Nacional dos Aeronautas, descobri que ele faria uma apresentação para funcionários da Varig em São Paulo, numa tentativa de explicar o inexplicável: como ficaria a Varig face à venda de sua marca, mas não de seus créditos e débitos?

A apresentação de Dau para cerca de 300 ex-empregados da Varig aconteceu na sede da empresa em São Paulo, no aeroporto Congonhas, em frente à Praça Comandante Linneu Gomes. Fui colocado para dentro pelo pessoal do SNA e, uma vez lá dentro, comecei a circular e a ouvir. E o que eu ouvi me deixou estarrecido, pois a despeito de conhecer a teoria, eu jamais havia visto a prática. As pessoas tentavam imaginar um futuro sem a Varig e, simplesmente, não conseguiam. Havia lamentos, lágrimas, revolta contida, recriminações ao sindicato, à TGV, ao governo e à Fundação Ruben Berta. Compreendi ali, naquele momento, o que uma cultura empresarial potente faz com as pessoas: ela se torna o ar, a água, a comida, a casa e até as crenças, ódios e amores das pessoas que vivem em seu interior, que simplesmente não conseguem ver o mundo fora do casulo.

Dau tentava clarear as coisas para aquelas pessoas que, uma a uma, iam ao microfone dizer que tinham, 15, 17, 22, 30, 35 anos de Varig e simplesmente não se viam na TAM, Gol ou outra companhia aérea qualquer, pois eram companhias "mercenárias", "indignas", "sem caráter". Duas aeromoças conversavam, uma jovem, de uns 25 anos, outra com 40 ou um pouco mais, descendente de japoneses. A jovem disse: "Mandei meu currículo para a TAM". A mais velha retrucou: "Pelo amor de Deus, prefiro ser faxineira do que trabalhar na TAM!" Aquela afirmação me chocou. Voltei-me para ela e perguntei por que não se via na TAM? E ela respondeu: "Eu sou variguiana!"

Eu sou "variguiana!".

Essa frase ainda ecoa em minha mente e sempre que a ouço me lembro do brilho nos olhos da mulher. Tratava-se ali da afirmação de uma identidade, um indivíduo que só se via como indivíduo dentro de um contexto maior, transcendental, uma empresa, mas também uma religião.

Dau, como o previsto, tentou explicar o que não se explica. Falou de créditos concursais, dívidas trabalhistas e dívidas que a Varig tinha a receber do Governo Federal por conta do congelamento, mas todo aquele discurso sereno, frio e burocrático não parecia fazer sentido para ninguém mais ali. Nem mesmo para mim. Nos meses seguintes vivenciei várias destas reuniões em São Paulo, Rio, Porto Alegre e Salvador, onde os dirigentes sindicais tentavam convencer os trabalhadores de que tudo era uma questão de tempo, que as coisas se resolveriam, que os advogados estavam trabalhando e que o sindicato estava a postos.

Contos da carochinha.

Uma semana depois, Miguel Dau me recebeu em seu escritório, no prédio da "Velha Varig", ao lado do Aeroporto Santos Dumont, no Rio de Janeiro. Como um navio fantasma, a Varig parecia ainda ali, mas tudo ao redor estava deserto. No entanto, era possível ver salas de espera com sofás muito confortáveis, mesas com tampo de mármore, grandes banheiros, portas de vidro, espaços e espaços e espaços agora vazios de sentido e de gente.

Dau acreditava que a queda da Varig podia ser explicada assim como se explica todo acidente aéreo: o fim da empresa se deveu a várias causas que se juntaram e determinaram os rumos dos acontecimentos. O primeiro deles, e mais importante, foi a desregulamentação do setor aéreo promovida por Collor. Como vimos, Collor promoveu uma "desregulamentação" visando atender aos interesses de um empresário em particular, Wagner Canhedo. Mas tão logo Collor saiu de cena, Canhedo levou a VASP à ruína, evidenciando uma verdade imutável: companhias aéreas no Brasil sobrevivem por meio de relações muito íntimas e nem sempre éticas com os governos de plantão.

Segundo Dau, ainda que a desregulamentação do setor aéreo fosse louvável, a maneira como ela foi feita gerou as condições para a destruição de empresas como a Varig, com padrões de qualidade e de relacionamento com empregados muito superiores ao verificados em suas concorrentes. Neste ponto, o sindicalista Lavorato e o executivo Dau concordam integralmente. E concordam em outros pontos mais, como, por exemplo, na crença de que a direção da Varig não foi flexível o bastante para mudar quando a mudança era decisiva para garantir a sobrevivência.

"Faltou à Varig um modelo de gestão corporativa mais transparente e, principalmente, menos conflituoso entre a Fundação Ruben Berta e os gestores que comandavam as empresas", assinala Dau.

Mas além da corrupção do Governo Collor e da falta de transparência da Fundação Ruben Berta, Dau acredita que o congelamento de Sarney marcou, sem dúvida, o início do comprometimento das receitas da companhia, um processo que levou a endividamento e desestruturação crescentes. Segundo Dau, os jornalistas, via de regra, julgam com rapidez e quase sempre equivocadamente, pois se apressam em repetir coisas que ouvem sem qualquer investigação. Concordo com ele. Uma coisa que os jornais repetiam durante a crise da Varig era o fato de que os aeronautas e aeroviários tinham constituído um fundo de pensão que era pago pelos passageiros, o que encarecia a passagem. Para muitos, os "gordos" benefícios que os empregados das companhias aéreas recebiam se devia aos preços abusivos das passagens.

Essa era uma visão simplista das coisas.

Ele explica que em 1983 governo e empresas aéreas criaram o fundo de pensão Aerus, com o objetivo de garantir aposentadoria integral aos aeronautas. Este gesto não era um atitude benevolente, orientada apenas a amparar os trabalhadores, mas repetia fundos estrangeiros criados com um objetivo muito singelo: dar tranquilidade aos homens e mulheres responsáveis pelas vidas de milhares e milhões de passageiros que voam em aviões. Pura lógica mercantil, sem nenhum cunho assistencialista.

"Os passageiros certamente ficam felizes ao saber que o piloto de seu avião está bem, sente-se tranquilo, está com as contas em dia e nenhuma angústia mais séria o atormenta", comenta.

O cálculo inicial do fundo de pensão previa a necessidade de se articular três fontes de financiamento: empresas, empregados e passageiros, sendo que estes últimos precisariam contribuir com 3% do valor das passagens domésticas, por um prazo de 30 anos, para viabilizar o fundo de pensão. Foi assim que o fundo de pensão foi pensado, aprovado e implementado e, certa ou errada, esta era a sua lógica financeira. Mas apenas sete anos depois da criação do Aerus, assinala Dau, em 1990, exatamente durante o Governo Collor, o DAC cortou a terceira fonte, eliminando os 3% cobrados dos passageiros para financiar o fundo de pensão dos aeronautas, atendendo o que teria sido uma demanda de Canhedo, da VASP.

Desconsiderando o fato de que a mudança repentina comprometia o fundo de pensão, seria sensato imaginar, então, que o custo das passagens cairia em 3%, certo? Errado. Segundo Dau, ao contrário das outras companhias aéreas, que simplesmente se apropriaram dos 3% que antes recolhiam ao fundo de pensão, a Varig tomou para si o pagamento da terceira fonte, justamente para não ter que enfrentar o governo nessa questão. Essa situação levou à ampliação de déficits que já vinham se acumulando desde o congelamento "milagroso" de Sarney, aprofundando o endividamento que comprometeria o futuro da organização anos mais tarde.

"Dessa forma, olhando a coisa de modo abrangente, percebemos que a queda da Varig se deveu a vários fatores, mas eu ousaria dizer que boa parte da culpa cabe mesmo ao Governo Federal, que rompeu contratos de modo unilateral, onerou as empresas e tratou o setor aéreo com a mesma desfaçatez com que já tratava setores como o de transporte público, simplesmente deixando de criar políticas sérias, que garantissem a sobrevivência do sistema", critica.

Assim, segundo Dau, déficits crescentes, desregulamentação do setor feita de modo irresponsável, falta de uma política de transporte aéreo, entrada de concorrentes que promoviam vendas de passagens a preços baixíssimos com o objetivo de fragilizar a Varig, entrada no mercado aéreo internacional de várias companhias que trouxeram vários concorrentes, tudo isso ajudou a debilitar a Varig que, ao contrário das outras, tinha políticas consistentes de qualidade e de compromisso com os trabalhadores.

"Quando VASP, Transbrasil e TAM entram no mercado aéreo internacional, para abandoná-lo pouco depois, elas trazem para o Brasil uma série de outros competidores que passam a competir exclusivamente com a Varig. O dramático desse fato é que governo algum questionou o absurdo que era várias companhias aéreas competindo por passageiros no Brasil com a única empresa aérea brasileira a manter operações internacionais. É sempre importante lembrar que 60% do mercado mundial de aviação vem, vai ou voa dentro dos Estados Unidos, que conta com várias companhias aéreas maiores que a Varig e que, portanto, tinham escalas de custos mais competitivas", lembra.

Dau recorda que enquanto os jornais repetiam que a Varig era uma empresa "corporativista", a verdade dos fatos apontava para algo que não se podia questionar: a Varig competia, sozinha, com United, American, Delta e outras mais pagando 100% a mais de impostos do que suas rivais estrangeiras. E se para a Varig o mercado brasileiro era sua própria razão de ser, para as companhias americanas esse mercado não significava mais do que 5% de sua receita global, razão pela qual elas praticavam preços que, muitas vezes, a Varig só alcançava à custa de prejuízos operacionais. A isto, ironiza ele, os sucessivos governos brasileiros pós-ditadura chamavam "abrir o mercado brasileiro à competição".

Miguel Dau concorda que a crise da Varig começou, mesmo, em 1993, como resultado já de perdas acumuladas com os congelamentos de preços, a desregulamentação tempestuosa de Collor e, segundo ele, a incapacidade da Fundação Ruben Berta de mudar para enfrentar esses problemas. Entre 1994 e 1995, assinala, a Varig promoveu várias "concordatas" brancas, negociadas diretamente com seus fornecedores. Essa conjunção de crises levou a uma situação de ruptura quando o poder, na Varig, deixou de ser acumulado por uma única pessoa e passou para as mãos de um conselho de administradores criado a partir da intervenção de credores como Unibanco e General Electric.

Dau, que participou do Colégio Deliberante entre 2000 e 2005, conta que, após a criação desse conselho de administradores, com feições quase que de "intervenção", a Varig não encontrou mais a unidade necessária para superar as terríveis ameaças que se avolumavam, como endividamento, governos hostis e trabalhadores apegados a direitos que logo iriam se converter em bolas de ferro.

"Negociações, renegociações, planos de salvamento e acordos trouxeram para a Varig uma vaga de executivos de todos os tipos como David Zylbersztajn , Omar Carneiro da Cunha, Ozires Silva e muitos outros, que nunca chegaram a equacionar os problemas da empresa, pois duravam pouco tempo e já passavam o bastão para o próximo", assinala.

O resultado, conclui ele, não poderia ser outro.

A Varig, acredita Dau, foi destruída pela incapacidade dos governos de plantão de compreenderem que o mercado de aviação é de fato um mercado crítico em todo o mundo e precisa de apoio e suporte pois é uma atividade que gera divisas internacionais, mas está à mercê de crises de todo o tipo, do aumento do preço do petróleo à guerra do Golfo, da queda das torres gêmeas à crise financeira global e à corrupção endêmica no Brasil.

Mas e o lance que ele foi dar no leilão em nome de outra empresa?

Ele nega.

Diz que isso jamais aconteceu e que foi ao leilão, sim, como funcionário da Varig. Pediu à sua equipe, na área de operações da Varig, que ficasse de plantão, pois queria mostrar aos novos controladores que a Varig estava pronta. Embora ele negue, há muitas confirmações para o fato de que ele estava no leilão para fazer um lance por outra empresa, mas resolvo não insistir. Meses depois, Dau vai deixar a Flex para assumir a diretoria operacional da Azul Linhas Aéreas, levando com ele parte de sua equipe.

Deixo a Varig já noite.

Na saída, encontro Ary Nunes, um executivo da Varig, que trabalha com Miguel Dau, e que também me enviou um e-mail com congratulações pelo artigo. Anoto o e-mail dele e combinamos uma entrevista. A sensação de que estou em um navio fantasma se aprofunda enquanto ando por aqueles corredores desertos, que um dia certamente abrigaram muita vida. As empresas morrem, sei disso. Mas a Varig parece suspensa entre a vida e a morte, em alguma outra dimensão, como uma alma que perdeu o rumo.

Zoroastro Lima Filho, Presidente da Associação dos Aposentados da Varig

Agosto de 2006.

Estou de volta ao Sindicato Nacional dos Aeronautas para uma conversa com Graziella Baggio, mas ela vai faltar a este encontro e a todos os outros que marcamos. Alguém me diz que Zoroastro Lima, um aposentado da Varig, está ali e procuro-o. Lima está lá para uma conversa com Baggio, pois planeja um ato de protesto pelo fato de que o fundo de pensão dos trabalhadores da Varig, o Aerus, deixou de complementar as aposentadorias dos aposentados.

Enquanto esperava, ele concordou em falar comigo. Lima aposentou-se em 1986 na Varig, mas não se considera um "variguiano", pois sua origem é a Cruzeiro, empresa adquirida pela Varig em 1975, depois de uma disputa com a VASP. Simpático, gentil, sorridente, Lima é casado com Vera Lúcia Martins Barreto, uma funcionária do BNDES, também aposentada. Eles "administram" uma rede com mais de 1.500 e-mails de funcionários da Varig espalhados por todo o país, trocando informações, palavras de apoio, buscando ajuda, comunicando nascimentos e falecimentos, uma verdadeira agência de fofocas, notícias e relacionamentos. Os e-mails de Vera Lúcia começam quase sempre assim: "repassando".

Por que a Varig chegou a este ponto?

Ele me olha e sorri antes de dizer:

"A Varig teve o que merecia, está sofrendo o mesmo que fez com a Panair. Aqui se faz, aqui se paga", disse e ouvi-lo é um choque, pois eu descobria, assim, que o mundo dos "variguianos" abrigava uma miríade de culturas que nunca chegaram a se diluir totalmente e que representavam o pessoal da Cruzeiro, da Real Aerovias e os "puros de origem", que eram pilotos e filhos de pilotos, todos gaúchos e formados na Escola Varig de Aeronáutica (Evaer), uma designação que se aproximava perigosamente do arianismo alemão.

Para compreender melhor o que os militares fizeram à Panair, você precisará ler o livro de Leb Sasaki, já citado em algum ponto desta história. Mas quando Lima diz: *"a Varig está sofrendo o mesmo que fez à Panair"*, é importante esclarecer o que isso significa. Quando derrubaram o governo de João Goulart, em 1964, com o apoio dos norte-americanos, os militares brasileiros tinham planos para o setor aéreo, os mesmo planos que todos os demais governos civis sempre acalentaram, ou seja, o de criar uma super companhia aérea brasileira, que estivesse melhor preparada para competir em um segmento sempre atormentado por crises.

A Panair seria a escolha óbvia, pois era a grande companhia aérea da época, com um padrão de qualidade reconhecido em todo o mundo. Mas os militares escolheram a Varig e, alegando que a Panair estava endividada e podia por em risco a vida dos passageiros, um argumento evidentemente falso, simplesmente determinaram o fechamento da empresa, prenderam seus controladores e entregaram as linhas para a Varig, evidenciando uma das facetas do capitalismo à brasileira, ou seja, a de que as empresas "vencedoras" sempre têm uma ajudinha do regime de plantão. O que se escondia por trás desta intervenção era o fato de que os controladores da Panair controlavam, também, a Rede Excelsior, que se opunha ao regime militar.

Por que a Varig?

Duas razões parecem ter movido os militares: a primeira era mais simples de compreender, pois muitos eram conterrâneos de Ruben Berta, tinham relações com a Varig, haviam pilotado aviões da empresa ou tinham familiares nessa situação, evidenciando que o "puro de origem" não era uma simples designação, mas revelava, antes de tudo, uma irmandade. O outro motivo Sasaki explora melhor, ou seja, o fato de que os controladores da Panair tinham relações com João Goulart, o presidente deposto. Embora os militares vissem nessas "relações" uma ameaça política, essa era uma visão oportunista, pois se tratava, apenas, daquele tipo de relação que qualquer companhia aérea mantém com o governo, uma entidade que determina praticamente tudo no setor, de linhas a preços de passagem, de subsídios a concessões de voos.

Sasaki registra dois fatos constrangedores, mas reveladores do perfil autoritário e arrogante de Ruben Berta. O primeiro conta o modo truculento como a Varig tomou os voos internacionais da Panair: o presidente da Varig, em pessoa, foi ao aeroporto comunicar às equipes da Panair que a Varig assumiria as linhas daí para frente. Intempestivamente, com escolta militar, embarcou os passageiros da Panair, que seguiriam para Lisboa, em um avião da Varig, colocando as vidas de todos ali em risco, pois o aeroporto de Lisboa, ao não reconhecer o avião que se aproximava, negou autorização de pouso. Somente quando o piloto informou que se tratava de um voo da Panair, operado pela Varig – uma evidente mentira -, é que a torre de Lisboa permitiu que o avião aterrizasse.

O outro episódio, ainda mais absurdo, é o momento em que o Governador Carlos Lacerda, do Rio de Janeiro, saía de uma reunião com o Ministro da Aeronáutica, Brigadeiro Eduardo Gomes, onde debatera a retomada das operações da Panair, o que poderia fazer ruir a tomada do controle da empresa pela Varig. No saguão do ministério Lacerda falava sobre os detalhes da reunião e era ouvido pelo pessoal da Panair, funcionários do ministério e muitos jornalistas, mas também por Ruben Berta, que estava escondido atrás de uma pilastra. Um fotógrafo de jornal o reconheceu e registrou para a posteridade a cena vergonhosa, evidenciando que o Presidente da Varig era incapaz até mesmo de delegar a um estafeta qualquer que fosse espionar a concorrente, o que ele fazia pessoalmente, arriscando-se até mesmo a ser surrado, pois os empregados da Panair o detestavam.

Para Lima, não é por acaso que os anos de ouro de Varig transcorreram quase todos sob a égide dos militares:

"Tudo na Varig era majestoso. Praticavam-se ali gastos absurdos, inclusive o custeio da festa de casamento da filha do presidente da empresa, que aconteceu no Copacabana Palace[20], além de toda uma estrutura hierárquica composta por chefes e chefes e chefes que custavam muito e davam pouco retorno à empresa. Como a Varig poderia sobreviver

---

[20] A filha do presidente da Varig até 1994, Rubel Thomas.

a isso?", questiona.

Para ele, a Fundação Ruben Berta, criada para representar os empregados no controle da empresa, não passava de uma estrutura egocêntrica, focada em si mesma, que não admitia opiniões divergentes e boicotou toda possibilidade de solução para a crise que a excluísse do comando da companhia.

Lima assinala que a Varig era uma grande colcha de retalhos composta por "grupos" que se articulavam, disputavam o poder, conquistavam ou perdiam espaço no Colégio Deliberante e, vez ou outra, tomavam decisões estapafúrdias, que logo se revelavam inaplicáveis, muito embora tivessem já gerado custos elevados e perda de foco operacional.

"A sanha pela criação de novos cargos pode ser vista quando a companhia fragilizou a posição do comandante, criando um cargo de chefe de comissários, que respondia pela área dos passageiros. Essa fragmentação do poder do comandante criava situações complicadas, que terminavam por retardar as operações e a própria decolagem dos aviões", assinala.

No entanto, essa situação poderia não ter grande relevância para a companhia se não tivesse resultado, segundo Lima, na criação de uma nova estrutura administrativa específica, o que gerou a necessidade de contratar mais pessoas, encarecendo os custos.

"Essa decisão foi tomada para fragilizar os pilotos, que sempre foram uma categoria mais organizada e consciente. Dividindo o poder dentro do avião, o controle ficava mais fácil", critica.

Com o passar dos anos, lembra Lima, a Fundação Ruben Berta tornou-se um mundo à parte, um universo de luxo e riqueza, totalmente desligado da dura realidade da companhia. "As mulheres de presidentes e diretores da empresa tiravam talheres e cristais da companhia, que a empresa usava em seu serviço de bordo, para leiloar em leilões de caridade, esquecendo-se de que aquelas peças tinham que ser repostas e o custo dessa reposição era sempre da Varig", lembra.

Embora não tenha trabalhado na Varig, Vera Lúcia, auditora aposentada do BNDES, dedicou-se a entender as causas da ruína do fundo de pensão dos empegados da empresa, o Aerus:

"Eu mesmo contribui minha vida toda com o fundo de pensão do BNDES e me preocupava que isso pudesse acontecer comigo também, pois aí teríamos muitos problemas", explica.

Segundo ela, a Varig deixou de recolher os 3% de cada passagem, como determinava o termo de criação do Aerus, em 1991. Nos últimos anos, a empresa chegou mesmo a usar recursos do fundo para se capitalizar, o que era contrário à legislação.

"A Varig e o Aerus, que era controlado por funcionários da Varig, chegaram a repactuar dívidas por 21 vezes, o que demonstra que a companhia usava os recursos do fundo como capital barato e disponível, tudo isso sem ser admoestada pela Secretaria de Previdência Completar, do Ministério da Previdência, que deveria zelar pela saúde do fundo de pensão", comenta.

Assim, quando a Varig atingiu o fundo do poço, sua dívida com o fundo de pensão dos trabalhadores, estimada em mais de R$ 2,8 bilhões, tornou-se impagável. Essa dívida, construída, inclusive, pela "omissão"[21] da Secretaria de Previdência Completar, podia ser totalmente quitada com os recursos que o Governo Federal devia à Varig, que a própria Fundação Ruben Berta estimava serem da ordem de R$ 8 bilhões.

Lima e Vera Lúcia decidiram que haviam esperado demais por Baggio. Me convidam para visitá-los qualquer dia e me falam da lista de 1.500 e-mails de funcionários e ex-funcionários da Varig que eles "administram". Vejo-os saindo e uma ideia surge em minha mente. Pergunto se eles poderiam mandar um e-mail meu a essa lista, com uma única pergunta. Eles concordam e me pedem que envie a pergunta por e-mail, que eles a repassariam.

"Repassando..."

Por conta disso, nos próximos dias, vou receber 342 e-mails de "variguianos" com opiniões sobre as razões que levaram ao fim da Varig. Nessa lista, vou conhecer um

---

[21] Já aprendemos que, no Brasil, quando órgãos públicos se "omitem" isso normalmente costuma ter um preço.

grande lutador: Selene Medeiros.

Cláudio Toledo, marido da presidente, economista e consultor do SNA

Agosto de 2006.

Estou para ir embora quando me avisam que Cláudio Toledo, economista do SNA, acaba de chegar. Pergunto se ele pode me atender e ele me recebe em um sala nos fundos do sindicato. Além de economista do SNA ele é marido de Graziella Baggio, o que suscita muitos questionamentos por parte daqueles que avaliam a ética dessa relação. Naquele momento, eu nada sei sobre estas questões.

Quando falamos, o fundo Matlin Patterson já arrematou a Varig no "leilão" de fancaria promovido pelo Juiz Ayoub. Nesse momento, os "representantes" da empresa, entre eles o advogado Roberto Teixeira, lutam para que a Anac, comandada por Denise de Abreu, uma mulher que muitos acreditam ter sido colocada no cargo por José Dirceu, conceda a licença definitiva para que a Varig possa operar, a despeito do fato de que a empresa segue em operação.

Cláudio Toledo abriu sua pasta de economista e me mostrou vários números. Disse que a Varig chegou ao fundo do poço apesar do mercado de passagens aéreas, no Brasil, ter apresentado um crescimento médio anual de 20% desde o início do Governo Lula da Silva. Nesse período, disse ele, a TAM cresceu 32% no mercado doméstico e outros 34% no mercado internacional, enquanto a Gol cresceu, respectivamente, 634% e 296%, mostrando quem, de fato, conquistou os clientes que deixaram a Varig em função da liquidação da empresa. No entanto, o que esses dados vão mesmo evidenciar é que a crise aérea que se abateu sobre o País logo após a liquidação da Varig se deveu ao fato de que o setor aéreo brasileiro perdera, repentinamente, a oferta de mais de 90 aviões.

Toledo retomou um argumento que já é meu conhecido. Fala da desregulamentação promovida por Collor, que levou a Varig a competir, sozinha, com gigantes como United, American, Delta e Continental, enquanto as brasileiras TAM, VASP e Transbrasil abandonavam as operações internacionais por incapacidade de competir e para não aprofundar prejuízos e endividamentos.

"Nos anos 90, a Varig tinha 60% do fluxo de passageiros para os EUA. Com a desregulamentação promovida por Collor, que possibilitou a entrada de TAM, VASP e Transbrasil nesse mercado, as quatro empresas juntas passaram a deter apenas 35% dos passageiros para os EUA. É evidente que os 25% restantes migraram para as companhias aéreas estrangeiras, que passaram a operar no Brasil a custos mais competitivos e vendendo passagens a preços menores", explica.

Há um debate em torno desta questão que, via de regra, mais esconde do que revela. Costuma-se dizer que a abertura promovida por Collor barateou o custo da passagem. Este é um lado da questão e, normalmente, quase sempre o mais citado. Por outro lado, a abertura colocou empresas brasileiras para competir com empresas estrangeiras em situação de profunda desigualdade, tanto no que diz respeito ao preço do combustível, por exemplo, como em relação a aspectos como tributação e câmbio. Isso resultou em endividamento e morte de empresas, perda de empregos, queda da qualidade e até de padrões de segurança operacional por parte das companhias brasileiras, o que vai se traduzir em acidentes e mortes.

O caráter desigual dessa competição logo se tornou evidente quando, uma a uma, TAM, VASP e Transbrasil abandonaram o jogo, deixando a Varig sozinha para competir com as gigantes dos EUA e "representar" o Brasil. A companhia poderia ter desistido também e evitado prejuízos. Mas a Varig tinha algo que faltava a todas as demais: orgulho.

"A carga tributária praticada pelo governo sobre passagens aéreas era de 34,8% sobre o valor da passagem até 2003, quando caiu para 16,7%. As tarifas aeroportuárias tiveram um adicional de 50% entre 1988 e 1993 e continuam altas até hoje, o que penaliza mais as empresas brasileiras", assinala.

Mas os ataques à Varig tinham, também, outra natureza: competição predatória.

Toledo lembra que entre 1991 e 1992, a VASP de Canhedo, com apoio do Governo Collor, dobrou sua frota de aviões em meio a um mercado em crise, estagnado, promovendo quedas de preço de passagens que visavam, em última instância, destruir as empresas mais antigas, com padrões salariais e de qualidade superiores às demais.

Esta guerra de preços praticada por Canhedo foi sentida por todos, inclusive por Rolim Amaro de Moura, da TAM. Segundo Toledo, pressionada pela VASP, a TAM mergulhou na guerra de preços, trazendo mais e mais aviões para o país na tentativa de fragilizar a Varig. Qualquer governo sério teria colocado um freio nessa disputa, pois, embora pareça, em um primeiro momento, vantajosa para o consumidor, ela deteriora a situação econômica das companhias aéreas, podendo levar à fragilização de aspectos como o de segurança. Isso soa familiar? Os acidentes da TAM são a ponta mais visível dessa equação sórdida, algo que não ocorreu com a VASP porque ela faliu antes.

Em 2003, conta o economista, o Governo Federal determinou ao DAC que proibisse a importação de aviões pelas companhias aéreas até que as taxas de ocupação atingissem determinados patamares sustentáveis. Apenas essa decisão, ou seja, uma intervenção do Governo Federal no sentido de preservar a saúde financeira das companhias aéreas, levou a Varig a fechar 2003 com lucro. Em 2004, diz ele, a empresa registrou o maior lucro da história da aviação, de R$ 400 milhões.

Segundo Toledo, o compartilhamento de voos entre TAM e Varig, anunciado em fevereiro de 2003, foi desastroso para esta última:

"Os sucessivos desastres aéreos em que a TAM se envolveu minaram a credibilidade da empresa. Por conta disso, ela tinha aviões demais, que voavam vazios. Com a Varig, dava-se o oposto, ou seja, a empresa tinha poucos aviões, que viajavam lotados. O compartilhamento dos voos foi uma benção para a TAM, pois os clientes que haviam abandonado a empresa começaram a perceber que os aviões da TAM eram novos e não eram ruins", comenta.

Era evidente que o code-sharing beneficiava mais a TAM do que a Varig. Prova disso foi a declaração de Marco Bologna, Presidente da TAM, que em 11 de fevereiro de 2004 disse à IstoÉ:

"No momento queremos manter o *code sharing* com a Varig, que se revelou um instrumento eficiente de regulagem de oferta e de regulagem do setor".[22]

Perguntei a Toledo se ele pode me explicar como o congelamento de Sarney levou a Varig a acumular perda de R$ 8 bilhões de reais e ele ri. Disse que isso é verdade apenas em parte, pois a Varig, assim como outras companhias aéreas, tiveram compensações por essas perdas após o congelamento, sobre o qual pouco se fala.

"Não gosto de falar sobre isto, pois sou mal interpretado. Mas a Varig e as outras empresas aéreas tiveram compensações após o congelamento que, em tese, repuseram essas perdas", conta.

Naquele momento não entendi esta declaração, pois ela contrariava as posições dos sindicatos a respeito do assunto. Mas antes de ser um agente do sindicato, Cláudio Toledo era, de fato, um entusiasta do Partido dos Trabalhadores. E o comportamento do PT e de Lula da Silva na crise da Varig, como veremos adiante, traduzia um único objetivo: evitar o pagamento de R$ 8 bilhões à Varig por perdas decorrentes do congelamento de Sarney já definido pela Justiça.

---

[22] IstoÉ, 11 de fevereiro de 2004.

Ozires Silva, ex-Presidente da Varig, da Embraer, da Petrobras

Fevereiro de 2007.

A crise aérea que vai paralisar vários aeroportos no Brasil está se desenhando. Sua causa é a queda da Varig e a incapacidade das outras companhias de assumirem o aumento da demanda, mas o Governo Federal vai preferir responsabilizar controladores de voo.

Entre agosto de 2006, data das últimas entrevistas, e fevereiro de 2007, quando me encontrei com Ozires Silva, articulei vários contatos que só dariam frutos mais tarde. Na época, estava às voltas também com meu mestrado em Teoria e Pesquisa em Comunicação, na Escola de Comunicações e Artes da USP, que exigia frequentar aulas de manhã ou à tarde, além de dedicação a leituras, entrevistas e pesquisas. Frequentemente me via ante o dilema de ter que abandonar as entrevistas, mas sentia que era preciso ouvir as pessoas enquanto a crise da companhia aérea se desenrolava, pois depois disto nada mais restaria, nem mesmo a vontade de falar sobre o assunto. Em meio a tudo isso, leio tudo o que sai sobre a Varig e a Varig é notícia todos os dias.

No e-mail que pedi para Zoroastro Lima e Vera Lúcia enviarem aos 1.500 aeronautas, escrevi a seguinte mensagem: "Estou entrevistando vários ex-executivos da Varig, mas também gostaria de saber sua opinião sobre as razões que levaram ao fim da empresa".

Uma manhã, abro o Gmail e lá está a mensagem de Selene Medeiros que, eu ainda não sabia, viria a ser meu guia pelo resto do percurso: "Caro jornalista Armando Levy, até agora você só entrevistou os culpados. Precisa falar também com as vítimas".

Ri muito ao ler aquilo. Marquei uma conversa com ele para o Rio de Janeiro mas, antes, consegui agendar um encontro com Ozires Silva que, quando me recebeu em São Paulo, era o reitor da Universidade Santo Amaro.

Silva tem um perfil raro: presidiu a Petrobras, criou a Embraer, presidiu a empresa e voltou a ela no processo de privatização; mas em 2001, convidado por Yutaka Imagawa, homem forte da Varig por quase dez anos, assumiu a presidência da companhia aérea com a missão de resgatá-la da crise de liquidez que enfrentava e que a levaria à morte.

Ou seria outra a sua missão?

Silva marca comigo às 8h da manhã de uma quarta-feira. É o dia do rodízio de meu carro, mas como ele disse que era o horário que tinha disponível no mês, concordo ir encontrá-lo. Para escapar da multa, saio de casa às 5h45 e chegou à Unisa às 6h35, pouco antes do início do rodízio. Tomo um café por ali e me sento para ler um dos muitos livros que leio para meu mestrado.

Silva chega às 7h45 e me pede para esperar. Às 8h em ponto começamos a falar, depois que uma secretária me leva a uma sala de reunião e me oferece café, que aceito. Ele me olha por algum tempo, evidentemente me avaliando, e me oferece um cartão antes de dizer:

"Você vai mesmo mexer com essa coisa da Varig? Tem certeza? A crise da Varig é uma coisa tão complexa e vocês jornalistas – não me leve a mal – simplificam tanto as coisas, que eu acho que você não conseguirá mostrar, de fato, o que realmente aconteceu. Com quem você já falou?", quer saber.

Esta é uma pergunta recorrente.

Ela é importante porque ajuda as pessoas a compreenderem o quanto eu posso saber sobre a crise da Varig e que viés vai tomando minha pesquisa. E saber sobre a história é decisivo, pois quanto mais você sabe, melhores ficam as perguntas. Naquele momento, a despeito de ter lido muito e conversado com algumas poucas pessoas, sei pouco sobre a Varig. Silva responsabiliza diferentes governos e a Varig pela crise que destruiu a empresa. No que diz respeito ao governo, ele acredita que não apenas um, mas vários, se revezaram na missão de destruir a empresa e, obviamente, não apenas a Varig, mas milhares e milhares de outras empresas, amesquinhando a economia do Brasil por décadas a fio.

"A Varig nasceu há quase 80 anos. Nesse tempo todo, o Brasil teve sete moedas diferentes e passou por 20 planos econômicos. A Varig teve prejuízos em todos, literalmente todos, esses planos. As empresas brasileiras, ao contrário das norte-americanas, não conseguem envelhecer com saúde. Temos um sistema de regulação ultrapassado, que fragiliza as companhias", assinala.

As companhias aéreas, lembra ele, têm uma relação íntima com os governos por diversas razões. É o governo quem define rotas, administra aeroportos, fixa os preços de combustível e de passagens e o valor dos tributos, regulando também como as empresas devem se relacionar com funcionários.

"A cultura do governo, de modo geral, é a de criar carimbos. Embora tenhamos, hoje, uma democracia do ponto de vista político, na economia vivemos ainda sob uma ditadura, pois o grau de intervenção, principalmente no setor aéreo, é medonho", critica.

Nos tempos da inflação galopante, especialmente no governo de José Sarney, as companhias aéreas preparavam planilhas com seus custos que eram enviadas ao Departamento de Aviação Civil (DAC), controlado por militares. O DAC consolidava as planilhas para evitar identificar as empresas e remetia os valores consolidados ao Ministério da Fazenda que, invariavelmente, concedia apenas 50% do necessário para cobrir os custos das empresas.

"Isso gerou dívidas. É incrível como, aqui no Brasil, os governos agem com tamanha irresponsabilidade e impunidade. Eles têm a autoridade, mas jamais são responsabilizados por nada do que fazem. Pode anotar aí em seu caderno: a próxima empresa aérea que o Governo Federal vai quebrar é a TAM", diz ele, batendo o dedo indicador da mão direita em meu caderno como um professor que determina um ditado.

Aquela afirmação tão direta me assombra.

Anoto o que ele diz enquanto o dedo dele segue apontando o caderno. Mas além de intervir de modo descarado no mercado, diz Silva, o Governo Federal também se omite, uma omissão que vai custar caro no futuro.

Ele lembra, por exemplo, dois episódios internacionais que fragilizaram as companhias aéreas em todo o mundo, inclusive no Brasil. O primeiro deles foi a invasão do Kuwait pelo Iraque e a Guerra do Golfo, que se seguiu entre 1990 e 1991. Naqueles anos, o tráfego aéreo teve crescimento negativo, o que afetou profundamente todas as companhias aéreas, inclusive a Varig. Dez anos depois, o mundo vivenciou o "11 de setembro", nos Estados Unidos, quando as companhias aéreas ficaram ainda mais fragilizadas.

"O governo norte-americano injetou US$ 15 bilhões nas companhias aéreas do país apenas 11 dias após a tragédia, mas, aqui no Brasil, empresas como Varig foram abandonadas à própria sorte", lembra Silva, acrescentando: "A diferença entre o governo norte-americano e o brasileiro é que, lá, eles entendem a aviação civil como de fundamental importância para o desenvolvimento do país e a geração de divisas, mas aqui nós a vemos como uma fonte geradora de impostos".

Segundo Silva, com esta última crise, a Varig perdeu 40% do tráfego aéreo que vinha de fora do Brasil, uma operação muito importante pois gerava recursos em moedas como o dólar, marco alemão ou franco francês.

"E justo no momento em que mais precisava de comando e direção, o poder na Varig foi fracionado. Com todos os problemas que tinha, a Varig foi bem até o início dos anos 1990. Até 1994, o Presidente da Fundação Ruben Berta, do Conselho de Administração e da própria Varig eram uma só pessoa, o que permitia um comando mais eficaz. Depois disso foi criado um conselho de curadores que fragilizou o comando da companhia, levando-a a não reagir adequadamente às crises", assinala.

Ambiente inóspito, governos incompetentes, uma direção fragilizada, às voltas com disputas de poder, segundo Ozires Silva esta foi a receita que levou a Varig à destruição e levará, ainda, outras companhias aéreas ao mesmo abismo. No entanto, a tudo isso, ele acrescenta ainda a profecia de Ruben Berta que, um dia, vaticinou: "A Varig só cairá se os seus empregados assim o permitirem". E ele acredita que sim, que os empregados da Varig, todos eles, sem exceção, acomodaram-se a uma estrutura antiga, conservadora, corporativista, que foi incapaz de reagir quando isso se tornou uma questão de vida ou morte.

E sobre sua saída da Varig?

"Um dia fui a Brasília participar de uma negociação com o governo. Quando estava voltando ao Rio de Janeiro, dentro do avião, abri o jornal Gazeta Mercantil e vi que a "direção da Varig" havia decidido coisas sobre as quais eu sequer tinha ouvido falar. Ora, eu era o presidente da empresa e nunca tinha ouvido falar sobre aquilo. Achei que não podia seguir em uma empresa onde o presidente ficava sabendo de decisões importantes, que diziam respeito ao futuro da empresa, por meio dos jornais", comenta.

Mas quem havia tomado decisões?

"Yutaka Imagawa", responde ele, "o presidente do Conselho de Administração da Varig que era, também, vice-presidente da empresa. Aliás, por falar em Imagawa, já falou com ele?".

Balaço a cabeça negativamente.

"Não perca seu tempo. É um sujeito que não bate bem, não diz coisa com coisa", adverte.

Nos despedimos.

Era óbvio que eu precisava encontrar Imagawa.

Uma rápida busca no site da Telefônica, na Internet, me permite encontrar alguns assinantes como o nome "Imagawa". Encontro uma "Adelina Imagawa" e ligo. Sorte de jornalista! Dona Adelina é esposa do antigo gestor da Varig e me atende com uma amabilidade inesperada. Imagawa não está. Vou ligar outras 17 vezes e ele nunca estará. É Dona Adelina quem me atende sempre e nunca dá sinais de que está zangada, irritada ou incomodada com minhas ligações. Me pede para ligar mais tarde, amanhã, semana que vem. Às vezes ela diz que ele não está. Outras vezes diz que não chegou. Diz: "Ligue mais tarde, depois das dez". Quando ligo tarde da noite, ela me diz que ele ainda não chegou ou foi dormir ou está no banho.

Depois de muitas tentativas, decido tentar outra abordagem.

A voz dos "variguianos"

Fevereiro de 2007.

Zoroastro Lima e Vera Lúcia honraram a palavra. Enviaram minha pergunta aos e-mails de 1.500 ex-funcionários da Varig, uma rede informal de relacionamento que anuncia empregos, registra nascimentos e falecimentos, indica farmácias baratas, pede e oferece ajuda e difunde lamentos, acusações, críticas e notícias que a imprensa publica sobre a Varig, bem como convoca pessoas para passeatas, eventos, protestos e também para acessar vídeos sobre a "mãe Varig" no Youtube, além de convites para a inauguração de bares e restaurantes de ex-"variguianos" que decidiram mudar de vida.

É por essa rede que fico sabendo que um piloto da Varig se transformou em motorista de táxi no Rio de Janeiro, enquanto centenas de outros abandonaram o Brasil e foram voar na Índia, Katar, China e até nos Estados Unidos. Isso já aconteceu no passado, com o pessoal da Panair e voltou a acontecer com o pessoal da VASP, da Transbrasil e agora da Varig, o que revela que o Brasil está condenado a repetir e repetir e repetir esse tipo de tragédia que implica em desestabilização de lares, rupturas familiares, mortes, prejuízos e retrocessos.

Mas quem se importa?

Quando começam a chegar as opiniões dos 342 ex-funcionários da Varig sobre as razões que levaram a empresa ao fim, o fundo "abutre" Matlin Patterson está passando a Varig adiante a despeito de ter dito, várias vezes, que pretendia investir na empresa. Ele pagou US$ 24 milhões pela marca Varig apenas e a revende por US$ 320 milhões para a Gol Linhas Aéreas, de Constantino de Oliveira Júnior, que vai imediatamente à imprensa e diz: "Compramos a Varig a pedido do Presidente Lula".

A Gol estava no leilão da Varig, em 8 de junho de 2006, e não fez lance algum. Poderia ter dado US$ 25 milhões e ganharia; poderia ter dado US$ 30 milhões e ganharia; poderia ter dado US$ 200 milhões e certamente ganharia; mas ela preferiu esperar nove meses para "comprar" a Varig por US$ 320 milhões, dando ao fundo "abutre" um enorme "presente". Você entende a lógica do "planejamento estratégico" da Gol? Não? Mas ela existe e tem a ver, essencialmente, com a compra de uma empresa "sem dívidas", pois as dívidas haviam ficado com a Flex.

Os e-mails dos "variguianos" não tratam destes assuntos. De modo geral, revelam um grupo de pessoas informado, atento, capaz de fazer um bom diagnóstico das razões que levaram à falência da empresa.

Sr. Levy: fui comissária da Varig por 30 anos, me aposentei no ano passado, dia 31/03/2005. Claro que fui atingida por tudo isso que o senhor sabe que aconteceu e ainda continua sem esclarecimento para nenhum para nós, os funcionários dessa companhia de que tanto nos orgulhávamos, de fazer parte do seu quadro de funcionários por tantos anos a fio. Mas o que posso adiantar a você é que a companhia estava passando por uma crise terrível, que só cego não perceberia, mas os gastos continuavam extravagantes, ou seja, nenhum presidente que assumiu tomou medidas responsáveis, não sei se confiavam que o governo ajudaria ou se não conseguiam fazê-lo devido à politicagem que existia dentro da empresa ou se realmente o intuito era quebrá-la, procurando tirar o máximo possível e depois largando-a à própria sorte, como afinal foi feito. O Juiz Ayoub poderia, se quisesse, inquirir os responsáveis pela gestão da empresa nos últimos três anos, pois havia pessoas ali que ganhavam muito bem para "gerir a empresa", e talvez com essa investigação ele conseguiria entender as razões para esta tragédia. Com certeza estes "gestores" da empresa devem saber as razões, pois lá estavam 8h por dia, todos os dias, sabe lá fazendo o que? Bem, por ora, tenho essas dúvidas ainda sem respostas convincentes, mas tenho muitas outras coisas a escrever a você. Sem mais, obrigada por se interessar em montar esse quebra cabeça que é a ruína da Varig.[23]

Mas a questão que estas colocações suscitam é se a direção da Varig fazia isso por "incompetência" e "falta de visão" ou tinha outros objetivos em mente, entre os quais atender seus interesses políticos.

> Tive a honra de conhecer a figura mor da VARIG, o senhor Berta. Pela sua dedicação e trabalho, chegamos muito longe na Aviação Civil. Não podemos nos esquecer do senhor Erik de Carvalho, que dinamizou e consolidou a Varig no cenário nacional e internacional. Nasceram a Rede de Hotéis Tropical, a sede da Fundação Ruben Berta, a Área Industrial do Rio (GIG) e Porto Alegre (POA), a Área de Lazer no Rio (Ilha do Governador), e as demais obras sociais, que fazem de todo VARIGUIANO um apaixonado e eterno amigo da Varig. Onde tudo isto foi parar é uma boa pergunta aos diretores e presidentes que estiveram na Varig nas décadas de 70, 80 e 90. Onde estão aqueles que deveriam defender o ideal de Otto Ernest Mayer? Obrigado![24]

Esta é uma colocação relevante, pois questiona exatamente o paradeiro do formidável patrimônio da empresa, dilapidado até o último centavo em pouco mais de uma década.

> Oi Levy: sou comissaria de bordo aposentada da Varig. Na minha opinião tanto a Varig como o Aerus estão nessa situação precaríssima única e exclusivamente por má administração e má fé de seus presidentes e diretores durante muitos anos, deixando agora seus funcionários e aposentados na precariedade. Um abraço.[25]

Entre as 342 mensagens, 87% apontam a má administração dos diretores e presidentes da empresa como a principal responsável pela crise que levou ao fim da Varig. Para muitos destes aeronautas, essa má administração não era "incompetência", mas, antes, visava benefícios próprios, ou seja, ganância e corrupção. Vamos ver muitos exemplos disso adiante.

---

[23] Margareth Brum, Comissária.
[24] Raul Jaron, Comissário.
[25] Maria Conceição Ferreira, Comissária.

Como pode uma companhia "quebrar" tendo um acerto de contas com o governo e causa ganha dos Estados de ICMS cobrado indevidamente (o único que honrou o pagamento foi o Rio de Janeiro) que praticamente cobririam suas dívidas? É certo que houve má administração e mau uso de seus recursos. Mas muitas empresas estão vivas e devem muito mais que devia a Varig, que sobreviveria se o encontro de contas fosse efetuado em tempo hábil. O Aerus seria recuperado e os aposentados não estariam vivendo esse drama. Mas há uma ministra Ellen Gracie no caminho e a má vontade da maioria.[26]

Mas que acerto de contas é esse? Como vimos, em função da política econômica desastrosa de Sarney, a companhia acumulou perdas decorrentes do congelamento de preços. Estas perdas, segundo estimativas recentes, significam algo em torno de R$ 8 bilhões. Para acomodar esse volume de prejuízos, a empresa recorreu a endividamento, seja com bancos, seja através do atraso de recolhimento de tributos, como FGTS, INSS, seja pelo adiamento do pagamento de combustível e tarifas aeroportuárias. Na época do leilão da Varig, essas dívidas eram estimadas em R$ 7 bilhões.

Mas Felipello se refere a outros créditos, estes de ICMS cobrado indevidamente por governos estaduais. Mas isso é possível? Sim, é possível. Por vários anos, governos estaduais como os do Rio de Janeiro, São Paulo, Minas Gerais, Rio Grande do Sul, entre vários outros, entenderam que passageiros eram "mercadoria" e, por essa razão, aplicavam compulsoriamente o ICMS às passagens da Varig. No entanto, após várias demandas judiciais, a Varig conseguiu finalmente provar que gente não é "mercadoria" e que a venda de passagens aéreas é um serviço. No entanto, quando a empresa conseguiu estancar a sangria do ICMS indevido, tinha a receber de impostos cobrados indevidamente algo em torno de US$ 1,8 bilhão, valores até hoje não restituídos, com exceção do Governo do Estado do Rio de Janeiro.

Nesse sentido, o acerto de contas defendido por Felipello e por muitos outros era uma forma de equilibrar as finanças da empresa, salvando-a. Mas isso exigia que os governos federal e vários estaduais reconhecessem suas dívidas com a empresa. Segundo algumas

---

[26] Roberto Felipello.

destas mensagens, não era apenas má administração o problema da Varig, pois havia um outro ainda pior: o roubo.

> Como a Varig chegou a esta situação atual? Resposta: SIMPLES!!!! Não houve uma fiscalização durante o tempo em que a Varig começou a desmoronar. Precisava de uma auditoria severa em cima dos dirigentes! Houve muito roubo... Muito mesmo! Só no Rio Branco (AC), 90% dos funcionários do aeroporto roubaram! Eu soube disso por um auditor da Varig. E sou acriana, estava sempre lá. E vi que os funcionários, todos, praticamente todos, foram demitidos por justa causa: roubo escancarado! Compraram fazendas, carros e muito mais. E no resto do mundo também, inclusive no Rio de Janeiro. Superfaturamento de contas com comida, gelo, bebidas. Quando reclamávamos que tinha comida demais, respondiam apenas: está tudo pago! Aviões fretados para os amigos da empresa! Passagens grátis para políticos, artistas (eu emiti muitos bilhetes assim quando trabalhei em terra). Sem contar que em alguns aeroportos o pessoal de terra vendia uma passagem como se fosse CHD[27] e recebiam o valor de uma passagem de adulto. A metade ia para o bolso deles. Isso aconteceu no Acre também. Ou, por exemplo, excesso de bagagem cobrada por fora, que não ia para o caixa da empresa. Faltou uma fiscalização rígida, eficaz. Daí o escandaloso rombo na empresa. Isso é só o que fiquei sabendo. Sem contar os relógios Rolex e carros que a Varig pagava para cada diretor. A Varig era uma mãe. E muitas pessoas confundiam isso e metiam a mão mesmo! Eu não quero me alongar muito para não me comprometer, mas sei de muita coisa. Trabalhei 27 anos na empresa, comecei como datilógrafa, fui recepcionista, caixa e emissora de passagem. Tudo isto antes de começar a voar. Se quiser mais esclarecimentos, ligue para mim. Um grande abraço.[28]

Liguei. Ela ainda tentou intermediar uma conversa minha com o auditor que constatou a fraude na unidade da Varig do Acre, mas ele mandou apenas um recado: "Pelo amor de Deus, não me meta nisso". Corrupção interna, desvio de material,

---

[27] Abreviação de CHILD, criança e inglês.
[28] Me reservo ao direito de proteger esta fonte, muito embora ela não tenha me pedido isto.

contratações desnecessárias, burocracia infinita, quanto mais poderia suportar uma empresa que enfrentava competição acirrada no mundo real antes de ir à falência?

> Caro senhor Armando Levy, vou resumir a minha resposta: A Varig chegou ao fim devido a muitas irregularidades. Dividiram a empresa em várias, contratando muitos diretores, assessores, secretárias, cada um recebendo salários milionários. Em São Paulo, a comissaria embarcava comidas e bebidas para todos os lugares, mesmo que a bordo tivesse apenas 10 ou 12 passageiros. O avião seguia abarrotado de tudo para, no destino, jogarem no lixo. Uma vez perguntei ao chefe da equipe porque ele não reportava isso e ele me respondeu: "Não te mete nisto pois já está tudo pago e eu já cansei de reportar e ninguém toma providencias!" Quando a crise estava em andamento, trocavam a louça da first e da executiva e tome festa e gastos... Um amigo que era funcionário da Associação AFC na época me dizia "A Varig é como o governo: um cabide de emprego, contratam funcionários para levar papel de uma sala para outra!" Tinha uma gráfica que imprimia papeis sem nenhuma relevância, avisos que não atendiam a nada, cada chefe querendo apresentar serviço e mandando circulares à toa, que eram rasgadas por aqueles que as recebiam. Vi muitos colegas rasgando as circulares e colocando-as no lixo sem sequer lê-las. Trabalhei durante 24 anos e seis meses como comissária de bordo, inicialmente na classe econômica e posteriormente na executiva e first class. Pena que não trabalhei em terra pois ai é que tinha irregularidades. Me desculpe os erros e meu muito obrigado.[29]

Mas, como aponta o próximo e-mail, a empresa optou por financiar parte de seu déficit através dos recursos do fundo de pensão dos trabalhadores, sem ser incomodada por quem deveria coibir esse tipo de procedimento:

> Farei um comentário sobre um tema que, me parece, está esquecido ou passou despercebido pelas pessoas envolvidas neste processo extremamente desgastante que foi a agonia da então já moribunda, por anos a fio, Varig, empresa para a qual demos nosso

---
[29] Maria Vidal, Comissária.

> sangue e todo nosso carinho, respeito e dedicação. O maior exemplo de ética e profissionalismo do mundo, a meu ver, foi demonstrado nos últimos meses de "sobrevida" da Varig pelo colegas que, literalmente, carregaram a empresa nas costas, trabalhando sem receber salários há meses e, ainda, levando coisas de casa para os aviões como papel higiênico, café e papel toalha, para que os passageiros não sentissem falta. O que ninguém comenta, no entanto, tanto os aposentados quanto os demitidos, é que a nossa Varig conseguiu sobreviver nas últimas décadas graças aos (hoje) quase R$ 3 bilhões que a empresa desviou das contas dos trabalhadores no Aerus sem a permissão dos empregados, mas, pasmem, com a permissão e conivência da Secretaria de Previdência Complementar do Ministério do Previdência, órgão "responsável" pela fiscalização dos fundos de pensão para que coisas como esta simplesmente não acontecessem. Sem mais, respeitosa e atenciosamente.[30]

Então, entre muitos e-mails que contavam quase sempre a mesma história, vejo a mensagem de Selene Medeiros. No começo, dada a peculiaridade do nome, achei que era uma mulher. Mas tratava-se de um mecânico de voo aposentado da Varig, uma profissão já extinta, pois os computadores estão assumindo funções como as de checagem e regulagem dos aviões. Medeiros acredita que a principal responsável pela decadência da Varig é a direção da Fundação Ruben Berta, que usufruiu do poder até que a empresa ruiu, incapaz de abrir mão do controle da empresa para salvá-la:

> O sistema corporativista de administração da Fundação Ruben Berta, detentora do controle da Varig, deu muito bom resultado no inicio, quando a empresa não enfrentava a concorrência predadora dos tempos atuais, quando os dirigentes, mesmos sendo senhores absolutos da gestão, com todos os méritos possíveis, sempre tiveram a preocupação de não dar espaço para o aparecimento de oposição interna através de uma eventual "eleição". Nunca permitiram a formação de uma oposição interna, pois os que discordavam não raras vezes eram demitidos. A direção da FRB produziu, dessa

---

[30] Arthur Carvalho Galvão, Comandante.

forma, a condição para se perpetuar no poder, pois era impossível alguém chegar ao Colégio Deliberante sem o apoio dos que ali já estavam. Era por isto que esse grupo, que deveria dirigir os destinos da empresa, costumava ser chamado de "colégio concordante", pois raramente discordava do grupo que detinha o poder de fato. Todos os funcionários que cumprissem um mínimo requisito tinham o direito de se inscrever para fazer parte do colégio deliberante, para em seguida passar pelo crivo dos que lá já estavam. Se realmente se adaptavam e "concordavam", então eram chamados. Mas para garantir que seguiriam "fiéis", nunca foi dado aos membros desse colégio uma estabilidade no emprego. Este seria o segredo para que os ambiciosos se perpetuassem no poder, pois desta maneira jamais algum membro do colegiado expressaria uma opinião contrária à daqueles que poderiam demiti-lo.[31]

Minha mensagem alcançou, ainda, quem sequer era funcionário da Varig mas, no entanto, sentiu que tinha algo com o que contribuir:

> Estimado Senhor Levy: Quero começar este e-mail parabenizando a voz do jornalista brasileiro engajado na descoberta do motivo que levou uma empresa como a Varig à falência. Tenho consciência do poder e do alcance da mídia e por esse razão ouso escrever este pequeno relato. Não sou nem nunca fui funcionaria de empresa, entretanto minha historia de vida se deu de forma muito estreita com a Varig, já que meu pai foi funcionário da empresa por vinte tantos anos e hoje se encontra no angustiante grupo de aposentados do Aerus, no plano 1. Sua pergunta indaga o motivo que levou a Varig à situação em que se encontra. Não posso apontar causas e nomes específicos, porém, no ano de 2005, a crise já se apresentava, realizei uma viagem a Paris. Diante dos comentários acreditei que o avião estaria vazio. Pois bem, para minha surpresa, uma vez em Congonhas, vi, literalmente, o avião ser tomado por passageiros. O voo estava lotado em todas as classes, da primeira classe à econômica, sobrando unicamente os dois lugares em que minha mãe e eu viajaríamos. Bem, poderia ser uma coincidência.

---

[31] Selene Medeiros, Mecânico de voo.

Conversando com a comissária sobre a quantidade de pessoas e minha "escolha-errada-de-data", tomo conhecimento de que este fato era diário. Ou seja, os voos se encontravam lotados SEMPRE. Indaguei à comissária como então era possível a situação da Varig e uma resposta objetiva me foi dada: "Tem gente ficando rica". O mesmo aconteceu na volta. Por outro lado, em uma outra ocasião tive a oportunidade de conversar com um colega seu, escritor, jornalista respeitado e ex-editor chefe e hoje colunista do jornal espanhol El País, por quem tenho profundo respeito como profissional e ser humano. Durante a conversa, que se deu antes mesmo que toda a crise se instalasse, ele me informou que a falência da Varig já estaria sendo articulada por um braço do PT, ligado a José Dirceu, com quem a empresa criara desavenças ao se negar a apoiar o partido. A posição, segundo ele, de apoio da empresa ao PSDB teria um caro preço a pagar. Se tratava de uma crônica da morte anunciada. O governo nada faria para impedir que o caos se instalasse. E assim aconteceu. Ele também observou que o alto escalão do PT, vinculado ao então Ministro da Casa Civil, sempre e unicamente viajava pela TAM, que por acaso foi a maior favorecida com a quebra da Varig. Bastava com que pagassem as ações ganhas na justiça. Não pagaram. Encontrar um motivo único é impossível. Administrativamente, houve falhas a começar pela Administração da empresa pela Fundação Ruben Berta. Houve também falta de visão que exigia a reestruturação da empresa para torná-la mais competitiva. Muita gente fez um bom pé de meia. O dinheiro era o que sobrava. E finalmente a questão política deu o tiro de misericórdia mortal. Espero que obtenha sucesso na sua empreitada. Certamente lerei suas conclusões com muito interesse.[32]

As mensagens se sucederam e eu poderia passar aqui páginas e páginas para registrá-las. São maravilhosas em muitos sentidos, pois fazem uma radiografia cristalina das razões que levaram à queda da Varig. Registram todos os fatos e aspectos importantes e revelam que o funcionário da Varig, de modo geral, era muito bem informado sobre o

---

[32] Me reservo ao direito de proteger esta fonte, muito embora ela não tenha me pedido isso.

que se passava dentro e fora da companhia.   O que me intriga é o por que o Colégio Deliberante, que "representava" os funcionários, parecia ignorar o que se passava no dia a dia da empresa até um ponto sem volta?

A outra pergunta é: uma empresa com funcionários tão conscientes de seus problemas poderia ter tido outro fim? Por que estas pessoas não agiram para impedir estes desmandos, muito embora fossem, elas próprias, donas da Fundação Ruben Berta?

Manuel Guedes, ex-presidente da Varig

SÃO PAULO, 16 de abril de 2003 - O presidente executivo da Varig, Manuel Guedes, encaminhou uma carta ao Conselho de Administração da empresa informando que estava deixando o cargo. Guedes, que havia assumido o posto de presidente há 4 meses, disse na carta que o momento da substituição "era o mais propício e oportuno para a companhia aérea". Quando assumiu o posto de presidente, Guedes tinha como principais tarefas a negociação com credores e o processo de reestruturação da empresa. Segundo a assessoria de imprensa da Varig, o dia a dia da empresa continua sendo tocada pelo vice-presidente, Alberto Fajerman, até que o Conselho Administrativo indique outro presidente.[33]

Assim o jornal Gazeta Mercantil noticiou a saída de mais um presidente da Varig. Encontro Guedes em fevereiro de 2007, em uma sala na sede da "velha Varig", em São Paulo, prestando serviços ao gestor judicial da empresa, Miguel Dau.

São amigos.

Guedes é um homem calmo, seguro, de fala mansa e olhar firme. É um executivo do mundo financeiro, um auditor, cargo que começou a exercer na Varig em 1989. Ele pertence à última dinastia a governar a Varig, a dos administradores, financistas e contadores, que fracassaram de modo retumbante na tentativa de salvar uma empresa criada por empreendedores, pilotos e mecânicos. E é justamente esta visão de financista que ele coloca na mesa quando começa a analisar as razões da destruição da maior companhia aérea brasileira:

---

[33] InvestNews, site do jornal Gazeta Mercantil, 16/04/2003.

"Em 1993, quando a Varig se conscientiza de que está em meio a uma crise aguda, a empresa tinha 23.000 empregados, um número de funcionários muito acima da realidade e das necessidades da empresa. Sustentar essa massa de colaboradores se tornou inviável quando a Varig passou a partilhar o mercado internacional com outras sete companhias, três brasileiras e quatro estrangeiras, trazidas ao mercado pela desregulamentação promovida por Collor", assinala.

A guerra de preços que se seguiu, explica Guedes, feriu gravemente a Varig, pois enquanto o mercado brasileiro representava quase que 100% dos passageiros para a empresa, para as companhias norte-americanas não significava mais do que 0,5%, uma participação desprezível, onde era possível experimentar, fazer promoções e perder dinheiro sem grandes prejuízos.

Assim, os anos 90 começam com muitas dificuldades para todas as companhias aéreas brasileiras. Como vimos, TAM, VASP e Transbrasil afastam-se, uma a uma, do mercado internacional, visando conter prejuízos que se tornavam avassaladores a cada dia e que, afinal, levaram as duas últimas à sepultura. Mas a Varig era orgulhosa demais para abandonar os brasileiros às competidoras americanas, inclusive orgulhosa demais para deixar de voar para destinos amplamente deficitários, que eram mantidos apenas por razões políticas, ou seja, porque interessavam aos governos de plantão, como África e Japão.

Guedes assinala que em 1992 a Varig finalmente percebeu a necessidade urgente de uma reestruturação e contratou algumas consultorias para ajudá-la nesse processo. Em três anos, a companhia eliminou cerca de 5.000 postos de trabalho[34], buscando desesperadamente retomar as rédeas do negócio. Nesse momento, são colocados em movimento grandes projetos de informatização da empresa, assim como uma ampla reformulação financeira que reduziu a dependência do financiamento via *overnight*, um dinheiro caríssimo, que exauria os recebíveis antes mesmo que chegassem ao caixa.

Mas esta energia rumo à reestruturação, repentinamente, pareceu refluir quando, em 1993, os credores da Varig exigiram que a empresa mudasse sua governança corporativa,

---

[34] Os números variam segundo os entrevistados. Guedes fala em 5.000, Rubel Thomas, mais à frente, vai falar em 8.000.

de modo a impedir a concentração de poder nas mãos de um só homem, o detentor da "tríplice coroa", ou, em outras palavras, aquele que comandava a Fundação Ruben Berta, o Conselho de Administração da empresa e a própria Varig. Assim, o conselho de administração da Varig, antes integrado por pessoal da própria empresa, indicado pelo Colégio Deliberante, seria "profissionalizado". E, paralelamente a este conselho de administração "profissionalizado", passaria a atuar um "conselho de curadores", de sete integrantes, eleito pelos integrantes do Colégio Deliberante.

Por que coloquei a palavra "profissionalizado" entre aspas? Porque a "profissionalização" do conselho de administração consistia, única e exclusivamente, em acomodar membros indicados pelos credores da empresa. Assim, o primeiro conselho "profissionalizado", como assinala Guedes, tinha quatro representantes dos credores e três da Varig.

Já o Conselho de Curadores, integrado exclusivamente por pessoal da Varig, que foi criado com a missão de dar "mais agilidade às decisões da companhia", tinha, na verdade, um outro objetivo: diminuir o poder que os presidentes da Varig acumulavam desde a unção de seu primeiro imperador, Ruben Berta, em 1941.

O início dos anos 90 foi crucial para a Varig e estes dois acontecimentos, ou seja, a "profissionalização" do Conselho de Administração e a criação de um Conselho de Curadores, articulado para limitar o poder do presidente da companhia, serão decisivos no que diz respeito ao futuro da empresa.

Parece evidente que a Varig tentava mudar sua cultura pressionada de fora para dentro, por credores, alguns dos quais comprometidos com concorrentes, como veremos; e de dentro para fora, empurrada por grupos políticos descontentes com decisões imperiais como, por exemplo, a demissão de milhares de empregados em alguns poucos anos, algo impensável até então.

Por que essa demissão em massa foi tão dolorosa a ponto de levar à articulação de um movimento para limitar os poderes do presidente da companhia? Guedes explica que, na Varig, os grupos familiares eram muito significativos. Uma pesquisa promovida pela área de Recursos Humanos da empresa detectou, certa vez, centenas de famílias trabalhando na companhia, sendo a maior dela composta por nada menos do que 11 integrantes entre pai, filhos, sobrinhos, irmãos, tios e cunhados.

O fato é que em um ambiente como este, ninguém demite impunemente.

Guedes assinala que Rubel Thomas, o presidente da companhia à época, que herdara o comando da Varig diretamente de Hélio Smidt, concorreu a um posto no Conselho de Curadores certo de que venceria e, com isso, preservaria sua condição de comandante da empresa. Foi alertado de que não se elegeria por diretores como Walterson Caravajal e Luiz Carlos Martins, mas duvidou.

E perdeu.

"É certo que o Thomas não se elegeu para o Conselho de Curadores em função dos cortes que teve que fazer na empresa, que eram sim necessários, mas nunca foram compreendidos. Esta grande mudança na gestão da empresa foi traumática em vários sentidos, mas principalmente pelo fato de que, a partir daquele momento, estabeleceu-se um choque permanente entre o Colégio de Curadores e o Conselho de Administração, onde os "estrangeiros", pessoas alheias à história da empresa, detinham o poder", assinala.

Segundo Guedes, os principais credores da Varig à época eram a GE, a McDonell Douglas, o BNDES, o Banco Nacional (que depois foi incorporado pelo Unibanco), e o Banco do Brasil. Vários destes tinham representantes no Conselho de Administração como, por exemplo, Nélson Bastos, da GE.

A luta pelo poder dentro da Varig, que nunca foi um jogo para amadores, se tornou uma espécie de "briga de foice no escuro". A crise, que até aquele momento era vista como algo "externo" à companhia, passou a habitar os corredores da empresa, colocando frente a frente grupos que defendiam interesses antagônicos tanto dentro do Conselho de Administração quanto dentro do Conselho de Curadores.

Guedes, que teve que abandonar a Varig por não ter condições de administrar a luta pelo poder, que prosseguia intensa, revela que, em 1994, a GE fez uma proposta para se tornar sócia da empresa, mas o Conselho de Curadores vetou a ideia. Quatro anos depois, a GE voltou à carga, comprando a fábrica de motores da Varig por US$ 300 milhões e incorporando-a à Celma, fábrica de motores da antiga Panair, considerada uma empresa de excelência em todo o mundo. Se tínhamos dúvidas sobre se o preço pelo qual a Varig foi vendida ao fundo Matlin Patterson – de US$ 24 milhões - era aviltado, esta informação torna isso muito claro. Apenas a fábrica de motores da Varig havia sido vendida treze anos antes por mais de dez vezes esse valor.

"Em 1994 e 1998, a GE tentou ajudar a Varig de diversas formas. Fizemos vários acordos com a GE, de repactuação de dívidas, mas descumprimos todos eles, chegando ao ponto de precisarmos devolver 18 aviões", explica.

Com a chegada dos "estrangeiros", os campos, na Varig, se dividem: há os que defendem a necessidade de mudanças e aceitam as ações dos administradores que representam os credores, como Guedes; e há os que os combatem com todas as forças de que dispõem, como Yutaka Imagawa, que representava a alma de uma organização criada para impedir que a Varig deixasse de pertencer à Fundação Ruben Berta.

Guedes assinala que Bastos, a despeito de representar a GE, resolveu problemas de capital que a Varig tinha e que eram emergenciais, um mérito que a Fundação Ruben Berta jamais reconheceu. Mas as coisas começaram a ficar realmente feias quando os representantes dos credores começaram a defender a tese de que uma fusão com a TAM era, provavelmente, a melhor solução.

De acordo com Guedes, Imagawa, através de articulações que surpreenderam os integrantes do Conselho de Administração, conseguiu reverter um dos votos que os "estrangeiros" davam como certo e impediu a fusão, lançando a Varig na crise terminal que se seguiu, pois as alternativas simplesmente tinham se esgotado.

"No final de 2004, o Vice-Presidente José Alencar, que também era Ministro da Defesa, propôs vender o que ele chamava de "Varig Operacional", que manteria alguns aviões, as linhas e o pessoal, deixando para trás as dívidas da companhia, que somavam algo como R$ 7 bilhões. Não se falou, na época, na dívida que o Governo Federal tinha com a Varig, em função do congelamento de preços. A ideia de Alencar era, simplesmente, deixar as dívidas, especialmente a fiscal, para o Governo Federal pagar.

Embora muitos tivessem concordado com a ideia, o fato é que o Ministério da Fazenda, integrado por gente como Antônio Palocci e Murilo Portugal, vetaram a proposta. O que pudemos notar quando falávamos com o Governo Lula é que não existe um único 'Governo Lula', mas pelo menos três: o Lula, o Palocci e o Dirceu", comenta Guedes.

Guedes me acompanha até a porta. Ele me pergunta se vou a Porto Alegre e digo que sim. Então ele me recomenda que procure falar com uma professora da PUC do Rio Grande do Sul, Maria Regina Xausa, que escreveu sobre a Varig e administrou a Faculdade de Ciências Aeronáuticas da universidade, que, na verdade, originou-se na Escola Varig de Aeronáutica:

"O Rubel entregou a Evaer à PUC-RS, pois dizia não ter dinheiro para mantê-la. Foi uma lástima. Sob a coordenação dessa mulher, muitos dos profissionais que vieram trabalhar na Varig eram pessoas arrogantes, ambiciosas, que inviabilizaram a recuperação da empresa", diz.

Aquilo me choca, mas compreendo o que ele diz. Se a Escola Varig de Aeronáutica era o repositório de profissionais da empresa, então entregá-la a uma universidade, sem supervisão alguma, poderia mesmo significar uma ruptura cultural. Ele diz que isso aconteceu de fato e eu não tenho motivos para duvidar dele.

Carlos Luiz Martins, ex-Presidente da Varig

Fevereiro de 2007.

A Revista Náutica Online define assim Carlos Luiz Martins:

> Aos 60 anos e ex-presidente da Varig no período de 2002 a 2005, Carlos Luiz Martins é engenheiro de formação e foi comandante de

aviação durante 32 anos. Como presidente da Varig participou do processo de saneamento da empresa. [35]

E por que a Revista Náutica Online falaria de um ex-presidente da Varig? Porque quando o encontrei, no Rio de Janeiro, este ex-piloto da Varig, cujo pai era funcionário da Panair, tinha sido nomeado interventor da Federação Brasileira de Vela e Motor pelo Comitê Olímpico Brasileiro.

Martins vivenciou e, em certo sentido influenciou, um acontecimento decisivo na história da Varig: o momento em que a empresa, pressionada por credores e por uma luta interna pelo poder, abandona seu "modelo" de gestão, idealizado por Ruben Berta, e adota outro que nunca será consenso entre os que detinham o poder na companhia, levando a uma situação de conflito interno insuperável.

O percurso de Martins rumo à presidência da empresa é emblemático e pode explicar, inclusive, as razões de sua saída. É importante perceber este movimento, pois está claro que, a despeito de ser um funcionário da Varig, Martins ascendeu à principal posição na estrutura da companhia com o apoio dos credores da empresa. Buscava-se, assim, uma tentativa de reduzir as resistências da empresa aos "estrangeiros", pois Martins era um "prata da casa", muito embora estivesse ali executando diretrizes e políticas determinadas por banqueiros.

No entanto, a manobra não surtiu efeito, pois ele foi pressionado e pediu demissão em 2005. E por que saiu? Ele diz que sua visão sobre como seguir o processo de recuperação da empresa era muito questionada internamente, daí porque optou por se retirar.

E isso explica tudo.

Mas a revista Isto É, em maio de 2005, apontava outras razões:

> A chegada de Zylbersztajn, que já está trabalhando com uma equipe própria desde a semana passada, força alterações na diretoria da Varig, que deverá mudar radicalmente, inclusive com a saída do atual presidente Carlos Luiz Martins. O novo executivo tem

---
[35] Revista Náutica Online, 01/02/2007.

liberdade para escolher o substituto do cargo. A situação da Varig tem dado muitas dores de cabeça ao ministro da Defesa e vice-presidente, José Alencar. Defensor de uma saída viável para a companhia, Alencar tem pressionado a direção para que defina rapidamente uma solução de mercado. Na segunda-feira, 2, ele teve uma conversa ríspida com o então presidente da empresa, Carlos Luiz Martins. Alencar chegou a ligar para Ernesto Zanata, presidente do Conselho Curador da empresa, exigindo urgência na apresentação de um plano de reestruturação da companhia que apontasse o novo sócio. Na quinta-feira, 5, foi a vez de Martins reclamar do tratamento dado à Varig pelo governo. "Todo mundo agora joga pedra na Varig", reclamou ele ao lembrar os números positivos conseguidos na sua gestão, como o crescimento de 40% da receita operacional e o lucro operacional de R$ 450 milhões em 2004. O problema é que o resultado líquido final, apesar do desempenho favorável, permanece negativo em R$ 87 milhões. Agora, com Zylbersztajn no comando, e uma tênue melhora nos números da companhia, o negócio com a TAP pode prosperar e ser motivo para a Varig comemorar, mesmo que atrasado, o presente pelos 78 anos.

Encontro Martins na Federação de Vela, no centro do Rio de Janeiro. Descobrimos que temos um amigo em comum: Marcelo Amarante, consultor de marketing e fundador da Kaneca, uma fábrica de pranchas de surf stand up. Mundo pequeno este. Foram amigos de infância. Ele me conta que em 1970 trocou um emprego onde ganhava Cr$ 2.800,00 na Cruzeiro do Sul, como auxiliar de engenharia, para entrar na Varig como aluno de mecânica de voo, recebendo Cr$ 450,00, o que evidencia o enorme apelo da Varig na época.

Martins me fala de coisas que já conheço. Ele diz que as companhias aéreas são concessionárias de serviços públicos que precisam seguir regras que, muitas vezes, tornam a prestação de serviço quase impossível. Ele relembra a questão da desregulamentação promovida por Collor e o fato de que a Varig passou a competir, sozinha, com quatro companhias aéreas americanas para o principal mercado da empresa.

Tudo isso já é sabido.

Martins confirma as suspeitas de que Ruben Berta criou a Fundação dos Funcionários da Varig, em 1945, justamente para impedir que a empresa fosse estatizada. Explica que os funcionários que chegavam ao Colégio Deliberante eram aqueles com mais de dez anos de casa e que cumpriam alguns outros requisitos como, por exemplo, serem reconhecidos por seus pares como pessoas que defenderiam os interesses da empresa. E por que dez anos de casa? Porque a legislação do trabalho à época em que a Fundação dos Funcionários da Varig fora criada previa estabilidade no emprego para todo empregado que completasse dez anos de empresa. Se eles se tornavam estáveis, por que não fazer deles coparticipantes no processo de gestão da companhia? Essa era a ideia, mas a prática, bem, a prática seguiu padrões brasileiros de adaptação e ajustes.

Então, ele afirma:

"Muitos dos empregados da Varig que chegavam ao Colégio Deliberante terminavam por assumir posições na empresa para as quais não estavam preparados, o que fragilizou a companhia ao longo do tempo".

Martins é um homem decisivo na história da Varig. Talvez as razões que o moveram tenham sido legítimas, quero dizer, honestas preocupações com o futuro de uma empresa que se revelava grande demais, lenta demais, burocratizada demais para sobreviver aos tempos de competição brutal que se avizinhavam, mas o fato é que ele também padeceu da falta de preparo que ele atribuía aos demais integrantes do Colégio Deliberante, pois foi incapaz de traduzir sua visão de mundo em ação. E talvez seu fracasso tenha a ver, exatamente, com o fato de que a visão de mundo de Martins era a visão de mundo dos credores da empresa.

"Eu queria acabar com a fama de 'yesmen'[36] que o pessoal do colégio tinha, mas isso não foi possível", diz ele, relembrando sua tentativa de mudar a forma como as pessoas chegavam ao Colégio Deliberante, a instância máxima de poder dentro da empresa.

Martins recorda que, após a morte de Ruben Berta, em 1966, aconteceu algo totalmente inesperado, inclusive para muitos que ocupavam cargos de direção na Varig.

---

[36] Homens que dizem "sim".

Por determinação de Berta, assim como em um ato imperial de sucessão, seu sucessor não foi um "variguiano puro de origem", mas Erik de Carvalho, um executivo da Panair, que chegara à empresa em 1955.

Considerado um traidor por muitos da Panair, que se recusaram a trabalhar para a Varig, Erik de Carvalho assumiu a presidência da Fundação dos Empregados da Varig – que logo passaria a se chamar Fundação Ruben Berta -, do Conselho de Administração e da própria Varig, entre 1966 e 1979. Depois de Ruben Berta, que governou por 21 anos, foi o mais duradouro presidente que a empresa já teve.

Mas em 1979 Erik de Carvalho sofre um derrame e foi sucedido por Hélio Smidt. No entanto, Carvalho ainda sobreviveu alguns meses após o derrame e as cenas que se seguiram evidenciam claramente o poder imperial que existia na Varig, pois o imperador só é sucedido quando morre. Incapacitado de andar e de falar, Carvalho era transportado pelos diretores da empresa em uma cadeira de rodas para todos os lados, como um funesto símbolo de poder, sendo "consultado" a todo momento, muito embora não pudesse responder. Ele olhava. Movia os olhos, às vezes movia a cabeça ou as mãos, e então os cardeais que o cercavam deduziam a resposta. Provavelmente a resposta que lhes convinha.

Com Smidt, o comando da Varig voltava aos "puros de origem", pois ele era ninguém menos do que sobrinho de Vilma, a mulher de Ruben Berta. É na gestão de Smidt que o Clube dos Comandantes, frequentado apenas por pilotos, se tornou a Associação dos Pilotos da Varig (APVAR). Em 1980 Smidt rompe o acordo de reajustes salariais automáticos que a empresa mantinha com os pilotos e isso levou a uma espiral de descontentamento que resultaria nas greves de 1985 e 1987.

Segundo Martins, as coisas começaram a complicar, de fato, em 11 de setembro de 2001, com a queda vertiginosa de venda de passagens para voos internacionais em função da destruição das Torres Gêmeas. Logo a Varig começou a acumular pesados prejuízos, pois voar para o exterior é muito mais caro em termos de combustível, manutenção e pessoal. Mas a Varig, que também era a companhia aérea favorita dos argentinos, sofreu um revés ainda mais contundente com a crise argentina, perdendo 30% de passageiros que vinham daquele país.

Peço a Martins que me explique, através de desenhos, como era a estrutura de comando da Varig antes e depois da criação do conselho de curadores. Ofereço a ele o caderno onde estou escrevendo e ele faz os seguintes desenhos:

1. Antes de 1995

Colégio Deliberante

**que escolhe o presidente (*)
da FUNDAÇÃO RUBEN BERTA**

**que escolhe o presidente (*)
e o conselho de
administração
da VARIG**

**que escolhe o presidente (*)
e a Diretoria Executiva da
da VARIG**

2. Depois de 1995

Colégio Deliberante

que escolhe o
Conselho de Curadores (**)

que escolhe 3 membros do
conselho de
administração
da VARIG

Grupo de Credores

que escolhe 4 membros do
conselho de
administração
da VARIG

que escolhe o
presidente (***)
e Diretoria Executiva da
da VARIG

(*) Antes de 1995, o presidente da Fundação Ruben Berta, do Conselho de Administração e da Varig eram uma só pessoa.

(**) Depois de 1995, é criado o Conselho de Curadores, composto por 7 membros eleitos através de voto secreto entre os integrantes do Colégio Deliberante da Fundação Ruben Berta. O Conselho de Curadores passa a dividir com os credores a indicação do Conselho de Administração, também com 7 membros, sendo que 4 são indicados pelos credores e três são indicados pelo Conselho de Curadores. Mas em situações de crise, o Conselho de Curadores pode demitir todo o Conselho de Administração.

(***) O Presidente da Varig é escolhido pelo Conselho de Administração onde predominam os credores

Os desenhos me mostram uma profunda fragmentação de poder.

Enquanto atuou na Varig, Martins gostava de escrever aos "colegas". Escreveu vários textos, explicando as razões de suas decisões, escolhas e renúncias. Esses textos contam, na verdade, uma história de intensa luta pelo poder, evidenciando que a Varig era, acima de tudo, um grande sistema político de coesão improvável.

Em 6 de abril de 1994, por exemplo, Martins é coautor de uma carta endereçada ao Comandante Nélson Riet Corrêa, conhecido por Riet, Diretor de Operações de voo, o cargo operacional mais importante da Varig. Junto a outros 21 comandantes, 12 dos quais integrantes do Colégio Deliberante da Fundação Ruben Berta, o que foi destacado no documento com um estrela, Martins dizia:

> Para que o nosso apoio [à recuperação da empresa] seja possível, é imperativo que a alta administração da empresa cumpra um plano de recuperação consistente, tendo como referência as recomendações da Booz & Allen, sem medidas retóricas e composições políticas e com a devida firmeza e competência execute a reestruturação e os cortes das posições e setores reconhecidamente ineficientes. Além disso, é preciso que a direção da empresa estabeleça critérios iguais de cobrança para a consecução dos objetivos para todas as diretorias e superintendências gerais. E, o mais importante, é preciso que a direção da empresa instaure um clima real de austeridade, para que se dê o exemplo da legitimidade mandatória para as transformações que terão que advir.[37]

Não é preciso sequer ler nas entrelinhas para entender o que está em jogo aqui. É uma negociação política, pois um grupo de pilotos condiciona seu apoio à reestruturação da empresa à diminuição do poder de outras áreas, que devem "cortar da mesma forma, por igual". Trata-se de uma disputa por recursos cada vez mais escassos e pelo medo de que os cortes terminem por recair sobre os pilotos, a categoria mais bem remunerada da Varig. Estas colocações escondem a questão que mais importa: o que vai acontecer se estas demandas não forem atendidas? Quando criou o Colégio Deliberante, Ruben Berta

---

[37] Documento do arquivo de Carlos Luiz Martins, de 06/04/1994.

tratou de inserir ali mecanismos para impedir, entre outras coisas, que os pilotos tomassem o poder na empresa, pois os cargos para o "Congresso Nacional" da Varig deveriam ser proporcionais às áreas da organização.

Riet se intimidou?

Não sabemos, mas é provável que ele não tenha dado importância alguma a esta carta, pois, na mesma época, dava passagens gratuitas a uma estudante universitária, uma gaúcha lindíssima, que se tornara sua amante, apenas para que ela visitasse unidades da Varig pelo Brasil e pelo mundo em busca de informações para um trabalho de faculdade. Cortar custos? Que custos?

Em 14 de maio de 1994, em outra carta, desta vez endereçada ao Colégio Deliberante, Martins propunha:

> A situação é preocupante. A crise sem precedentes que ora atravessamos exige, além da reestruturação financeira e administrativa, já em andamento, mudanças filosóficas radicais, para que possamos navegar nesse novo universo com a mesma eficiência de antigamente (...) Temos que aprender a ser ágeis, eficientes, comprometidos, voltados para o cliente, rápidos, profissionais e, sobretudo, com custos baixíssimos para que possamos enfrentar a concorrência atual. Como um dos instrumentos para tal transformação está a necessidade de adaptação do Colégio Deliberante e suas disposições estatutárias aos novos tempos (...) A maioria dos funcionários hoje não se sente dona e participante da empresa [por isso propomos a] indicação, pelos funcionários, dos candidatos ao Colégio Deliberante.[38]

Martins propõe "mudanças filosóficas radicais" na formatação do Colégio Deliberante que, como vimos, elegia a si próprio. Não se esqueça, em momento algum, de que Martins não está sozinho e atua ou lidera um grupo relativamente grande de comandantes, inclusive muitos com assento no próprio Colégio Deliberante, a instância máxima de poder na empresa. Seu objetivo é inverter o fluxo de poder nesse órgão deliberativo, irrigando-o "de baixo para cima".

---
[38] Documento do arquivo de Carlos Luiz Martins, de 14/05/1994.

Martins é incansável. Riet, o Colégio Deliberante, faltava quem mais? Dois dias depois desta carta ao Colégio Deliberante, ele produz outra, desta vez para Rubel Thomas, onde afirma:

> Quanto à impropriedade da acumulação dos cargos de Presidente da Fundação, com a Presidência da Varig, mais a Presidência do Conselho de Administração, devemos lembrar que [o tema] já foi motivo de um movimento na gestão do Sr. Erik de Carvalho e era intenção do saudoso Sr. Hélio Smidt a dissociação dos mesmos. Sr. Rubel, não imagino o que transmitem ao senhor, porém é o sentimento de quase que a totalidade dos funcionários que esta situação é imprópria. Há excessiva concentração de poder e responsabilidade no cargo de Presidente da Fundação.[39]

Aí estão todas as razões para esta luta. Martins assinala, inclusive, que a direção da empresa pensara, no passado, em limitar o poder do "imperador", mas naquela oportunidade era Erik de Carvalho quem comandava a companhia, o traidor vindo da Panair, um "impuro de origem", que, ainda por cima, tinha ótimas relações com os militares.

"É nas épocas de crise – ressaltava Martins na carta a Thomas – que acontecem as grandes evoluções".

Em 1995 surge, enfim, o Conselho de Curadores, o órgão que passaria a decidir em nome do Colégio Deliberante que, como sabemos, votava invariavelmente de acordo com o que propunha o presidente da empresa. Ao que tudo indica, o grupo ao qual Martins pertencia ou liderava, estava alcançado suas metas. O primeiro Conselho de Curadores eleito era integrado por:

Aguinaldo de Mello Junqueira Filho **(vice-presidente);**

Carlos Luiz Martins Pereira e Souza (até junho de 1996);

Carlos Willy Engels;

Gilson Gomes Novo (até fevereiro de 1996);

---
[39] Documento do arquivo de Carlos Luiz Martins, de 16/05/1994.

Hilnon Leite Iglezias;

José Guilherme Winther de Carvalho (até maio de 1997);

Walterson Fontoura Caravajal **(presidente)**;

Artur Carlos Becker (junho de 1996);

Roberto de Módolo Sacom (maio de 1997);

Yutaka Imagawa (fevereiro de 1996).

Se você prestou atenção, o nome de Martins aparece seguido da indicação (até junho de 1996). Quando parecia que ele e seu grupo tinham conseguido o que vinham buscando, algo deu errado. Em 10 de maio de 1995, ele manda outra carta a Riet. Desta vez o tom não é de ameaças, mas de "volta às origens":

> [Prezado Riet] Nos propusemos aos rumos determinados pela alta administração [da empresa] quando estes também divergiam daquilo que acreditávamos ser os princípios sob os quais a Varig foi criada, enfim, fomos honestos e desprendidos em tudo o que fizemos. Porém, chegou a hora do desembarque. O voo foi turbulento, mas chegou a seu destino, pois tudo tem a sua hora. Gostaria de ser dispensado do cargo de seu assistente, após gozar os 60 dias de férias (atrasadas), para que possa me dedicar à família, meio esquecida nestas campanhas, e também à minha atividade básica, acalentada desde a infância, que é ser um comandante de linha.[40]

O que deu errado?

Em outra carta, destinada a um certo Engenheiro Araújo, datada de 02 de julho de 1995, Martins escreve um longo desabafo. Diz que não está revoltado, mas inconformado com pessoas que "se preocupam mais com a esfera do poder e projeção pessoal do que com a empresa". Depois de enumerar os desafios que teve que enfrentar em sua carreira de 25 anos na empresa, ele diz:

---

[40] Documento do arquivo de Carlos Luiz Martins, de 10/05/1995.

Foi por minha iniciativa e elaboração que os administradores de operações produziram a carta enviada ao Comandante Riet, para que este a entregasse ao presidente da empresas, Rubel Thomas, exigindo o início do plano de reestruturação da empresa, sob pena da empresa não contar mais com nosso apoio. Em maio de 1994 fiz o pronunciamento na assembleia Geral da FRB[41] para a modernização do estatuto visando acabar com a concentração de poder na FRB-Varig. Com a demora de providências, em agosto de 1994 iniciamos um abaixo assinado que resultou na nomeação da comissão inicial para modernização do estatuto da FRB da qual o senhor faz parte. Fomos eleitos pelo Colégio Deliberante para a comissão que elaborou a proposta final de estatuto para ser submetida à aprovação do colégio, em 18 de fevereiro de 1995. E, finalmente, em 25 de março de 1995, fui eleito um dos sete curadores do conselho que substituiu a presidência da FRB, concretizando o projeto de descentralização do poder na nossa organização (...) Posso assegurar que não estava feliz à época, pois apenas quatro dias antes eu havia sofrido o que considero ser a maior injustiça de meus 25 anos de empresa, ao participar do processo de seleção interno para o cargo de Diretor de Logística Operacional, pois as entrevistas duraram apenas 15 minutos e tudo foi dirigido para se escolher determinado pessoa, o que me parece uma leviandade (...) Quantas vezes o senhor não escutou de nossos gestores a frase: Eu já podia estar em casa, aposentado, mas considero a Varig uma missão!' Pois o fato é que precisamos, agora, neste cenário competitivo, de executivos com vontade muito grande de estar ali. Já viu alguém na Varig ser dispensado por não ter atingido alguma meta? Se é que algum dia existiu alguma meta (...) A empresa não chegou a esta situação lastimável por acaso e sim pela insensibilidade da administração anterior para o fato de que tanto o país quanto o mundo estavam mudando e nós, com um presidente com poderes imperiais, com uma forte ascendência sobre o comitê executivo, e um desmesurado otimismo, eramos incapazes de compreender que precisávamos mudar. Queimamos ativos em busca

---

[41] Fundação Ruben Berta.

de um futuro irreal.[42]

Esta carta, sem dúvida, é um belo exemplo de choque de visões de mundo dentro de uma organização. Mas é preciso cuidado antes de escolher um lado, pois embora pareça que Martins vinha buscando, desesperadamente, modernizar a estrutura da Varig, a criação de um conselho de sete pessoas para substituir um presidente se revelou um desastre de grande magnitude porque deu guarida a grupos e organizações que não buscavam a salvação da empresa, mas exatamente o contrário.

Como outras entrevistas vão evidenciar, Martins enfrentou fortes resistências em sua caminhada rumo ao poder, muito embora fosse evidente que tinha aliados. E uma dessas resistências se chamava Yutaka Imagawa, que parecia representar, em muitos sentidos, a essência mais profunda da cultura daquela organização, ou seja, aquela alma que pregava que a Fundação Ruben Berta lutaria até o último homem, até a última bala, contra qualquer tentativa de encampação, viesse ela do governo de plantão ou de forças internas aliadas a estrangeiros.

Mas termina aqui a história de Martins na Varig?

Não.

Entre 1996 e 1999, Martins viveu uma espécie de exílio. Não era o primeiro, não seria o último. A Varig foi uma empresa repleta de exilados como Bordini, Smidt, Martins e muitos outros. Ele foi voar para a Korean Air, o que era uma clara evidencia de que suas tentativas de tomada do poder na Varig tinham fracassado. Mas tratava-se de um fracasso temporário, pois ele voltaria. As cartas de Martins reaparecem em 1999, mais precisamente em 10 de abril daquele ano, quando ele escreve ao Conselho de Curadores, que havia abandonado três anos antes. Ele começa elogiando o Conselho de Curadores por sua "firmeza e independência no decurso dos infelizes acontecimentos dos últimos meses".

Que acontecimentos?

Ele se refere à tentativa do Conselho de Administração da Varig, integrado por

---

[42] Documento do arquivo de Carlos Luiz Martins, de 02/07/1995.

representantes dos credores da empresa, de trocar o presidente Fernando Pinto por Nélson Bastos, representante da GE. Embora Fernando Pinto tivesse contribuído para endividar ainda mais a empresa, como veremos adiante, essa manobra evidenciou o verdadeiro caráter da luta que assolava a organização, com os credores querendo administrar a companhia no lugar da Fundação Ruben Berta, caracterizando, assim, a tomada do poder por uma força alienígena:

> Com a posição adotada pelo Conselho de Curadores, eleito através de voto direto[43], o colégio teve uma demonstração prática de seu papel e importância nas decisões. A diretoria executiva da Varig, mantida após este embate, tem agora um redobrado compromisso com a produção de resultados. Qual será o verdadeiro papel do Colégio Deliberante dentro dos novos estatutos? Para promover maior legitimidade e representatividade, deveria haver maior democratização no acesso a esse colégio.

Martins retoma antiga batalhas. Pede democratização de acesso ao Colégio Deliberante, defende uma política de reconhecimento de talentos e o fim do personalismo, propõe a transformação de parte do salário em parcela variável, atrelada a resultados e condena a "tirania da mediocridade".

No entanto, com o recrudescimento da crise, o Conselho de Curadores, comandado por Yutaka Imagawa, começa a mudar as coisas. A Varig, antes uma empresa só, passou a ser desmembrada em várias unidades de negócios, o que exigiu a criação de uma *holding*, a FRB-Par. Eis que a tríplice coroa, que marcou a época de ouro da Varig, começava a voltar às mãos – ou à cabeça - de um único homem: Imagawa. Esse movimento é interessante e evidencia a força da cultura da organização, que buscava retomar seus valores de gestão a despeito da intensa guerra pelo poder que se travava dentro e fora da Varig. Martins percebeu esse movimento e atacou. Em uma carta datada de 27 de novembro de 1999, ele retoma o tom desafiador:

> Como na última assembleia que aprovou a criação da *Holding* FRB-Par Investimentos e seu contrato social não houve tempo nem oportunidades para questionamentos mais elaborados e uma análise

---

[43] Voto direto dos integrantes do Colégio Deliberante, não dos "variguianos" como um todo.

mais minuciosa [daquilo que era proposto], por dever de integrante deste colégio, quero registrar algumas dúvidas que permaneceram. Não seria oportuno que primeiro encontrássemos os investidores para que depois criássemos a *holding*? No caso das cisões das empresas do grupo, necessárias à criação da *holding*, como ficariam os acionistas minoritários? No contrato social, onde se diz que o presidente do conselho de administração da *holding* terá um voto decisivo, não estamos contrariando a premissa que criou o Conselho de Curadores? Não caberia exatamente ao Conselho de Curadores escolher o Presidente e Vice-Presidente desta nova *holding*? Será que não seria conveniente limitar a três curadores o direito de acumular funções administrativas para que os demais possam se dedicar de corpo e alma à estratégia maior da empresa?[44]

Como veremos na entrevista de Yutaka Imagawa, a decisão de fragmentar a Varig em várias empresas partiu dele, em uma tentativa de criar moedas de troca para atenuar a crise e salvar a companhia aérea ou, na pior das hipóteses, salvar alguma coisa. Mas Martins conseguiu enxergar nessa ação, também, um movimento político, pois as mudanças impostas recriavam a figura do "imperador", desta vez à frente de uma *holding*, a FRB-Participações.

Em 05 de dezembro de 1999, Martins envia uma carta à Associação dos Pilotos da Varig (APVAR):

[Ao defender que a Varig deve competir com gigantes como as companhias norte-americanas de igual para igual], o governo brasileiro não está fazendo nada mais do que autorizar e estimular uma luta de boxe entre Mike Tyson e o nosso Popó[45] e quando o baiano estiver semi nocauteado, virá o juiz, em uma posição segura e confortável, e dirá que o "Popó" deveria ter se preparado melhor. Os céus abertos poderão inicialmente produzir uma aparente melhora na competição, com uma ligeira queda nas tarifas, mas com o desaparecimento gradativo da concorrência, em seguida virão

---

[44] Documento do arquivo de Carlos Luiz Martins, de 27/11/1999.
[45] Acelino Popó Freitas, boxeador brasileiro, peso super pena, conhecido por "Popó"; ele tinha esse apelido, recebido da mãe, por ter mamado no peito até uma idade avançada. Martins escolhe, assim, um ótimo símbolo para a Varig.

os reajustes absurdos, como aconteceu na liberalização de tarifas nos EUA, sem falar da trágica situação aeronáutica da Argentina, Chile e Peru.[46]

Nesta carta, já, ele se queixa de ataques que vem sofrendo da APVAR, a associação dos pilotos da Varig. Este é um indicador claro de que as posições que Martins segue defendendo já não encantam grupos internos da empresa, onde ele vai, aos poucos, concentrando inimigos.

Em fevereiro de 2000, em outra carta à APVAR, ele diz:

> Tenho acompanhado as manifestações do grupo de voo no que diz respeito aos destinos da empresa nos últimos 30 anos e noto uma grande evolução (...) Mas o "tribunal" dos *cockpits*, dos *lobbies* de hotel e mesas de restaurantes sempre foi pródigo em açoites, mas tímido no equilíbrio e reconhecimento, tendo muita semelhança com a Santa Inquisição. O que a maioria dos algozes fez para melhorar [o mundo]? Que sugestões deu? Onde está a parte razoável do grupo? Por que não se expressa? Por que não se expõe? Porque muitos não comparecem às assembleias [da Apvar], na maioria das vezes se contentando com envio de procurações em branco? A alienação é tão ou mais nociva do que a incompetência.[47]

Este documento já revela a radicalização de posições que começa a separar Martins da Associação dos Pilotos da Varig, que vivia um processo de esvaziamento em função de sua instrumentalização pelo grupo de pilotos comandado por Élnio Borges, um esvaziamento que reduziria o número de sócios da entidade de 1.500 para 150 em alguns poucos anos.

Em janeiro de 2000, em outra carta ao Conselho de Curadores, Martins questiona as mudanças feitas por uma assembleia geral, realizada na longínqua Manaus, permitindo que os curadores, o presidente e o vice-presidente do Conselho de Curadores se elegessem indefinidamente.

Ele questiona o fato de que a assembleia estendeu os mesmos benefícios pagos aos

---

[46] Documento do arquivo de Carlos Luiz Martins, de 05/12/1999.
[47] Documento do arquivo de Carlos Luiz Martins, de 19/02/2000.

"variguianos" aos funcionários de todas as empresas controladas pela FRB, assinalando que os "parcos recursos disponíveis deveriam ser usados em investimentos". Ele propõe estabilidade de emprego para os integrantes do Colégio Deliberante, para que possam ter independência em suas decisões, assinalando que ninguém levaria a sério a acusação de que a Varig era corporativista, justo ela que havia demitido 12.000 empregados nos últimos anos. "Temos o hábito – dizia ele – de julgar nossos colegas pelos seus defeitos e os desconhecidos por suas virtudes, isso precisa mudar". O surpreendente, aqui, é notar que o Colégio Deliberante, que "tomava as decisões na companhia", não tinha nenhum grau de proteção e podia ser demitido pelo ditador de plantão a qualquer momento.

Em 14 de maio de 2001, ele volta a escrever ao Conselho de Curadores para dizer:

> O que motivou minha renúncia do primeiro Conselho de Curadores, em maio de 1996? Não foi para desaparecer estrategicamente nos momentos de crise (...) Não sou semeador de vantagens e prestígio pessoal, pois, se assim o fosse, não abandonaria o cargo mais alto da nossa organização. Retirei-me, sim, por não aceitar a manipulação do Conselho de Curadores por aqueles que faziam parte, por décadas, da elite administrativa da empresa e não compartilhavam e até evitavam a nossa participação na condução estratégica da empresa. Sequer eramos autorizados a falar com os membros dos Conselhos de Administração das empresas que controlávamos (...) Retirei-me, também, para atender a um apelo da Chefia de Pilotos, para que os que tivessem as qualificações tirassem licença sem vencimentos, para evitar as demissões e diminuir a folha de pagamentos naquela hora tão crítica.[48] Retirei-me para dar oportunidade ao Colégio Deliberante de avaliar o perfil desejável de curador, pois o meu suplente, além de ser aeronauta, tinha um perfil profissional e pessoal inatacável e, na época, foi ostensivamente apoiado pela associação de pilotos (...) Devemos consolidar as empresas do grupo buscando lucratividade através da identificação de sinergias[49], abandonar os regionalismos e antagonismos pessoais, identificar os verdadeiros

---

[48] Se você reler a carta de Martins ao Engenheiro Araújo, verá que, aqui, ele não está falando toda a verdade.
[49] Ele afirma isso em um momento em que a Varig estava fragmentando sua estrutura, através da holding FRB-Par.

talentos dentro das empresas, ter orgulho do nosso modelo fundacional e difundi-lo onde houver descrença ou desconhecimento.[50]

No ano seguinte, Martins chegou onde queria. Ele me mostra um quadro que aponta os resultados da empresa durante sua gestão, entre 2002 e o primeiro trimestre de 2005, quando deixou a empresa, evidenciando que a companhia saiu de um resultado negativo de R$ 3 milhões para quase zero, e afirma:

"Fiz isso sem grandes invenções, feijão com arroz mesmo, o que revela que a Varig era viável. Entre várias coisas que fiz, estava a renegociação de dívidas", comenta.

Ele conta um episódio estarrecedor, quando foi aos Estados Unidos acompanhado por Alexandre Silva, presidente da GE Brasil, para renegociar as dívidas da Varig com a GECAS, ou General Electric Capital Aviation Service, empresa de leasing com uma frota superior a 1.000 aviões, alocados em companhias aéreas em todo o mundo.

"Fui tratado como um cachorro. Fui xingado e humilhado. O presidente da GECAS, um sujeito asqueroso, que havia sofrido um derrame e tinha uma expressão torta no rosto, falava, ofendia e babava como um animal. Eu o olhava e dizia a mim mesmo que estava ali, tolerando aquele sujeito, apenas porque a Varig precisava daquilo", conta.

A renegociação da dívida de US$ 182 milhões com a GECAS fracassou e a empresa de leasing retomou 36 aviões da Varig. Várias outras reuniões depois possibilitaram a recuperação dos aviões, com a redução da dívida para US$ 82 milhões.

Mas se as coisas estavam indo tão bem, por que ele deixou a Varig?

"As pressões eram imensas", diz ele.

Mas quem pressionava?

"Todo mundo".

---

[50] Documento do arquivo de Carlos Luiz Martins, de 14/05/2001.

Carlos Camacho, Diretor do Sindicato Nacional dos Aeronautas

Março de 2007.

Camacho, ex-piloto da Varig e diretor do Sindicato Nacional dos Aeronautas, não atende ligações em seu celular de telefones não identificados. Ele me avisou sobre isso quando combinamos que eu ligaria para agendarmos uma conversa durante uma manifestação promovida pelo SNA no Aeroporto de Congonhas, em São Paulo, para marcar o fato de que muitos aeronautas da Varig estavam sem emprego e sem receber salários há meses. Ainda ecoam na imprensa as notícias da compra da Varig pela Gol. Os jornais enfatizam que "a compra da empresa precisa ser ainda aprovada pelo Conselho Administrativo de Defesa Econômica (CADE)", uma peça de teatro cujo final é conhecido.

Ele me recebe em sua casa, em São Paulo. Camacho é um homem duro e, em muitos momentos, lembra um militar. Diz que fala o que pensa. Classifica Ruben Berta como um homem ambicioso, oportunista, que assumiu o comando da Varig em um momento em que o fundador da empresa estava fragilizado, em função de sua origem alemã.

Camacho é um daqueles que acredita na história de que Berta se baseou no "Contrato Social", de Russeau, para "idealizar" a Fundação Ruben Berta. Ainda assim, está convencido de que havia uma contradição entre a ideia de que a empresa pertencia aos trabalhadores e ao modo como ela negociava com os sindicatos:

"A Varig sempre foi mais cruel com os sindicatos na mesa de negociação do que as demais companhias. Prova disso são as demissões que a empresa promoveu em 1988, após uma greve de pilotos", assinala.

A despeito de defender o Governo Lula da Silva, Camacho acredita que o transporte aéreo no Brasil vive sob uma ditadura desde sempre. "Nuca saiu", diz. Para ele, a criação do Conselho de Curadores, em 1994, tinha como principal objetivo barrar o avanço dos trabalhadores, que se fortaleciam em função dos equívocos e da deterioração do comando da empresa. Assim, ele acredita, nos anos 90 a Varig caminhava para se tornar uma empresa administrada pelos trabalhadores, de fato, daí a criação de um Conselho de Curadores que adiou essa solução e, na verdade, a inviabilizou para sempre.

Ele divaga.

Quer falar sobre a Transbrasil, de Omar Fontana, e a intervenção de Sarney na empresa, em 1988. Embora esta seja outra história que nunca foi devidamente contada, digo a ele que meu assunto é a Varig.

Ele lembra que, em 2002, a direção da Varig coloca no Conselho de Administração homens de confiança de Fernando Henrique Cardoso, como Clóvis Carvalho e José Mendonça de Barros, que foram expulsos da empresa aos gritos por Yutaka Imagawa. Começo a sentir que falar com Imagawa é vital para meu estudo.

Camacho volta a divagar.

Fala que a Varig foi destruída por um complô judeu.

Suspiro.

"Complô judeu?", pergunto apenas para confirmar se ouvi direito.

"O David Zylbersztajn é judeu e ajudou a destruir a empresa", diz.

A conversa começa a me incomodar.

Olho para ele e pergunto:

"Você sabia que o José Alencar condicionou um empréstimo à Varig, via BNDES, à aceitação pela Fundação Ruben Berta de nomes para o comando da empresa como José Caetano Lavorato, por exemplo, um ex-presidente do sindicato que tinha, inclusive, um processo judicial contra a companhia?"

"Sim, eu sabia".

"E você acha isso um comportamento ético? Quero dizer, você acha que um governo, que está amparado pela lei para intervir em uma empresa aérea em dificuldades, age eticamente quando barganha um empréstimo em troca da colocação de sindicalistas no comando da empresa?", pergunto.

Ele me olha por um longo tempo, antes de responder:

"O José Alencar tramou isso. Essa atitude nada têm a ver com o Governo Lula".

Em seguida se levanta e diz que tem que sair.

A conversa está encerrada.

Rubel Thomas, o último imperador da Varig

Março de 2007.

Uma mulher me liga para dizer que Rubel Thomas, o último presidente da Varig a acumular a "tríplice coroa", me receberá no dia seguinte em São Paulo, às 15h, em seu escritório na Vila Olímpia.

Fico contente com aquela ligação, pois agora estou preparado para falar com Thomas. Se fosse muito cedo, talvez não tivesse todas as perguntas. Agora tenho várias. Enquanto isso, busco na lista e no Google nomes como Harro Fouquet, George Ermakoff, Gilberto Rigoni, David Zylbersztajn e, muito importante, Ernesto Miguel Fazolin Zanata, o presidente da Fundação Ruben Berta que teria recebido a ligação de Alencar com a proposta de dinheiro do BNDES em troca da indicação dos sindicalistas que o Governo Federal queria no comando da empresa. Descubro que Zanata dá aulas em uma faculdade em Porto Alegre. Começo a reunir os nomes que seria interessante ouvir e que estão em Porto Alegre. Selene Medeiros me recomenda Bordini e Comerlato. Decido que é importante ouvir Maria Regina Xausa.

Os e-mails enviados por Lima e Vera Lúcia seguem me proporcionando contatos interessantes. Conheço o Comandante Bassani, piloto da Varig, contemporâneo de Martins, Fajerman e outros, que é autor de um livro e editor do site "O Avião". Bassani, que mora em Florianópolis, virá a São Paulo em alguns dias. Marcamos uma conversa. Conheço também uma comissária aposentada chamada Rosiclea Silva, uma mulher corajosa, que me dá informações importantes.

Chego ao escritório de Thomas atrasado. Espero-o em uma sala, a pedido da secretária, e quando começo a achar que há algum problema, ele entra. Me parece apreensivo. Tem alguns papéis nas mãos e me olha como se fosse dizer que não tem tempo para falar comigo naquele momento.

"Com quem você já falou?", pergunta ele e eis que ressurge a pergunta que mais escuto.

Enumero as pessoas e ele sorri quando ouve o nome de Martins.

"Você precisa falar com o Walterson Caravajal, tem que ouvi-lo, é muito importante, já o ouviu?", quer saber ele.

Não.

"Vou te arrumar um texto que conta a história da Varig e que eu mandei pesquisar quando era presidente da empresa. Foi feito por um jornalista. Passe aqui amanhã", ele diz.

Faço a ele a mesma pergunta que faço a todos.

Ele começa a falar de coisas que já conheço, como a abertura promovida por Collor para beneficiar a VASP, as concorrentes estrangeiras que passaram a enfrentar a Varig como um enxame de abelhas e as planilhas que as empresas enviavam ao DAC para obter reajustes ridículos no auge da inflação. Então, ele fala do Decreto Lei 91148, de 14/03/1985, de José Sarney, que estabeleceu o congelamento e anulou a prática da política de realidade tarifária das companhias aéreas.

"Com este simples decreto, as companhias aéreas acumularam um prejuízo de US$ 2,2 bilhões, sendo que, apenas a Varig, perdeu US$ 986 milhões. Se fossemos corrigir esses valores, teríamos uma dívida do Governo Federal para com a Varig da ordem de US$ 4,5 bilhões", diz.

Que os governos cruzam os caminhos das companhias aéreas, isso já sabíamos. Mas Thomas nos dá uma visão ainda mais profunda dessa relação perversa quando relata a decisão da Varig de financiar a compra de cinco boeings 747-300, em 1982, em yens com bancos japoneses. Esse financiamento, no entanto, se tornou impagável quando os militares, João Figueiredo à frente, decretou a moratória da dívida externa brasileira em 1983.

"Nesse momento, a dívida da Varig em yens explodiu e se tornou um pesadelo para a companhia por vários anos. Que eu me lembre, a Varig pagou essa dívida várias vezes e, ainda assim, em função do descontrole cambial, sempre restava algo a pagar", explica.

Pergunto as razões pelas quais a empresa não fez uma operação de proteção cambial para este endividamento em yens e ele me diz: "Quem poderia prever isso?"

Thomas assinala que existia, sim, uma relação política privilegiada entre Collor e Canhedo, da VASP, pois este "convenceu" a equipe econômica de Collor de que era necessário designar outras companhias aéreas para voar aos Estados Unidos, com o objetivo de estabelecer uma concorrência para o mercado internacional, até então dominado pela Varig.

"Este argumento é simplista e o ouvimos com frequência. Não fomos contra a abertura, no entanto era importante que o Governo Federal compreendesse que a 'concorrência' que se pretendia era profundamente desigual por várias razões: o mercado latino-americano para as companhias aéreas norte-americanas é marginal, daí porque elas podem fazer promoções com preços muito baixos; a tributação à qual as empresas aéreas brasileiras são submetidas é bastante diferente da norte-americana, para cima; os custos mais importantes das companhias aéreas brasileiras, como combustível e leasing de aviões, são todos em dólar, daí porque variações cambiais bruscas comprometem a saúde financeira das empresas; e, por fim, quando todas as companhias aéreas brasileiras se retiraram desse mercado, o Governo Federal não viu nada de estranho no fato de que a Varig, uma empresa brasileira, que trazia divisas para o Brasil, estava em situação profundamente desigual competindo com quatro companhias norte-americanas", explica.

Thomas lembra que a Guerra do Golfo, de 1991, reduziu consideravelmente os voos internacionais, justamente o mercado que propiciava os maiores ganhos à Varig, mesmo que competindo de modo desigual com as companhias aéreas norte-americanas. Ele assinala que entre 1990 e 1994, a indústria aérea mundial perdeu o equivalente a US$ 20,4 bilhões, com muitas empresas deixando de operar em várias regiões do mundo.

"Uma coisa é administrar uma empresa nos tempos atuais[51], como esse mar verde e tranquilo, com demanda crescente, inflação baixa, crédito disponível em moeda forte. Isso é uma maravilha! Outra coisa, bem diferente, é gerir uma empresa nos anos 90, pós-congelamentos, confiscos, crise cambial e tudo mais o que vimos", revolta-se.

Ele consulta os papéis que tem em mãos e diz:

"Veja estes dados: a tributação aplicada a companhias aéreas, todas com custos em dólar, era, no meu tempo, de 7,5% nos Estados Unidos, 16% na Comunidade Europeia e 35% no Brasil. Então, chega um iluminado[52] e, sem mudar essa tributação, determina que as companhias brasileiras precisam competir com o mundo. Isto é o que? Brincadeira?", critica.

Mas as coisas não param aí: além dessa tributação que, como vimos, só foi revista recentemente, estados como São Paulo, Rio Grande do Sul, Rio de Janeiro, entre outros, começaram a tributar, eles também, as operações das companhias aéreas, alegando que passageiros eram "mercadorias". Thomas assinala que o estado de São Paulo cobrava 25% de ICMS sobre a venda de combustível para a Varig, o que já foi considerado ilegal pela "justiça" brasileira, mas os pagamentos indevidos feitos ao governo paulista nunca foram restituídos.

Segundo Thomas, a Varig, uma empresa diferenciada, que cumpria com a regulamentação do setor, inclusive no que diz respeito a jornada de trabalho de seus empregados, e que tinha equipes muito melhor preparadas, com remunerações condizentes, não tinha como suportar uma concorrência fundamentada na deslealdade, pagando mais tributos, competindo com gigantes, enfrentando congelamentos de tarifas e com custos ascendentes em função das crises cambiais vividas pelo país.

O resultado disso foi a necessidade de uma reestruturação entre 1993 e 1994, que resultou, inclusive, na demissão de 8.000 empregados. Nesses anos, a companhia contratou a consultoria Booz Allen, associada ao Bankers Trust, para reestruturar a empresa. Estas duas empresas trabalharam por dois meses e propuseram algumas alternativas.

---
[51] Março de 2007.
[52] Collor de Mello

"Naquele ano, chamei os fornecedores da empresa e disse que deixaria de pagá-los por quatro meses, para reestruturarmos nosso caixa. Muitos compreenderam nossa posição, menos os japoneses, de quem havíamos comprados os aviões em yens.

"Fui ao Japão dez vezes negociar com a Nishoway, a empresa que havia nos vendido os aviões, e tudo o que ouvi deles eram ameaças. Se fizéssemos as contas desse financiamento em dólar, a Varig já o teria quitado umas três vezes, mas em função da crise cambial, essa dívida se tornara impossível de pagar. Na última vez que fui lá, disse a eles que devolveria os aviões e eles me disseram que se fizesse isso teria problemas em conseguir qualquer outro financiamento no exterior, pois eles nos acionariam internacionalmente", comenta Thomas, assinalando que os aviões foram devolvidos, de fato, em 2002, a despeito de tudo o que a Varig havia pago.

No entanto, se a Guerra do Golfo havia feito seus estragos, o "11 de setembro" de 2001, com a destruição da Torres Gêmeas nos Estados Unidos, agravou a situação. Thomas explica, olhando seus papeis, que a indústria internacional de aviação perdeu US$ 11,9 bilhões em 2001 e outros US$ 7,5 bilhões em 2002. No entanto, enquanto que nos Estados Unidos e Europa os governos injetaram recursos nas companhias aéreas locais, no Brasil de Fernando Henrique Cardoso e, mais tarde, de Lula da Silva, acreditava-se que a "solução para a Varig teria que vir do mercado".

Ele para de falar por um momento e olha para os papéis fixamente, como se buscasse encontrar ainda um outro número que valesse a pena informar. Olho-o e me pergunto o que vai por sua cabeça. Este homem, ao meu lado na mesa de reuniões, me liga diretamente a Ruben Berta, no passado remoto, o último de uma dinastia.

"Fizemos muitos cortes", diz ele, voltando a ler um papel. "De dezembro de 1991 a março de 1995, reduzimos o número de funcionários em quase 26%. De um total de 28.870 ficaram 21.451, dos quais 19.896 no país e 1.555 atuando no exterior. Os tripulantes técnicos, que eram 1.686, passaram a ser 1.573 e os de serviço, que eram 4.094 passaram a ser 3.342. Reduzimos as horas extras no Brasil em 20%, mas seu custo subiu 25% devido aos aumentos salariais que se verificaram naqueles cinco anos. Os setores com maior número de funcionários reuniam 3.957 pessoas na manutenção; 3.342 comissários; 2.588 no tráfego aéreo; 1.496 nas vendas de carga e 1.175 na venda de passagens. Quanto ao salários, calculados no Brasil ao cambio do dólar Iata, somados aos pagos no exterior, unificados todos em dólares americanos, totalizavam US$ 27 milhões em 1995, ou seja, US$ 349.871 a menos do que pagávamos um ano antes", enumera.

"Mas qual foi o custo político de demitir 8.000 pessoas?", pergunto e ele me olha por um momento antes de responder.

"A Varig tinha tudo verticalizado; em 1991 a empresa reunia 28.870 empregados. Fazíamos aqui praticamente tudo, chegamos a ter, inclusive, uma fábrica de computadores, pois o Governo Federal havia baixado a lei de reserva de mercado em informática, em 1984, o que nos obrigou a fabricar computadores. Entende o problema? Tínhamos aqui, dentro da Varig, a empresa de alimentação, uma fábrica de recuperação de assentos, uma transportadora, tudo, tudo", diz.

Mas e o custo político de demitir essas pessoas?

"Um pecado", diz ele, me olhando intensamente. "A partir de 1995, a Varig vivenciou uma guerra pelo poder sem precedentes, gerando uma divisão interna profunda e irreconciliável. Abri os debates, ouvi as pessoas, discutimos alternativas, nunca bloqueei a busca por soluções. Depois de 1995 eu já não estava mais na Varig e a empresa foi destruída", diz.

O que você fez depois que saiu da Varig?

Ele sorri. Pega uma das folhas de papel que tem na mão e a coloca na minha frente.

"Fui trabalhar na TAM, a convite do Comandante Rolim. Lá estruturei toda a área internacional da empresa, que tinha problemas. Cuidei, inclusive, da seleção de pessoal no exterior como Paris, Nova York e Buenos Aires. Tivemos uma ótima relação e eu ele. Fiquei lá até 2001, quando ele faleceu", conta.

Volto meus olhos para o papel que ele colocou na minha frente e a primeira coisa que vejo é a assinatura do Comandante Rolim. O documento diz:

> A Convenção. O tempo pediu ao tempo/Que tempo o tempo lhe desse/Para fazer, com o tempo/Tudo o que o tempo quisesse/São

> Carlos aqui estamos pedindo/Tempo para tentarmos, mais tarde/ser Senhor do Tempo/Nós estamos aqui/Em busca de inspiração/Para encontrar o futuro/Não para sermos grandes/Mas, sobretudo, para deixarmos de ser pequenos/Hospitaleira e sinceira/São Carlos é cheia de graça/Você saindo ela espera/Você voltando ela abraça. Ao Dr. Rubel, nosso presidente vitalício. Seu admirador: Rolim. São Carlos, 09/02/01.[53]

Luto contra um calafrio assim que termino de ler a carta. Cinco meses depois de escrevê-la, Moura estaria morto e Thomas seria demitido da TAM, evidenciando que ele estava na empresa apenas porque Moura assim o queria.

"Tínhamos um grande apreço um pelo outro", conta. "Um dia, eu estava trabalhando até tarde e o Rolim passou por minha sala. Tinha uma garrafa de vinho nas mãos, vinho bom, importado. Ele me olhou e disse: 'você não adivinha com quem vou jantar hoje'. E como eu não ia acertar mesmo, fiquei em silêncio. Então ele disse: 'estou indo jantar com o barbudo, o Lula'. E diante do meu espanto, ele continuou. 'Temos que construir uma relação com esse sujeito, porque vai que um dia ele ganha a eleição e aí podemos ficar bem'. Ele estava certo, afinal", diz.

Começo a rir, pois percebo que Moura é uma espécie de executivo-fantasma. Em 2003, a TAM foi a maior financiadora da campanha vitoriosa de Lula da Silva, o que revela que, mesmo morto, Moura ainda seguia dando as cartas na empresa. A isto podemos chamar, sem dúvida, de cultura organizacional, pois a cultura das empresas – boas ou más, positivas ou negativas - transcende seus criadores.

Um homem abre a porta e lembra Thomas de uma reunião. Fecho o caderno e me levanto. Ele me oferece uma cópia da carta de Moura e eu aceito. Enquanto seguimos para a porta, ele diz:

"O modelo fundacional da Varig foi muito bom para os funcionários. Ao contrário das empresas que fazem ação social para fora, para outros, a Varig fazia ação social para dentro, para seus empregados. Houve um época de glória, em que tínhamos até um diretor de ensino, orientado a buscar os conhecimentos que a Varig precisava

---
[53] Documento do arquivo de Rubel Thomas, 09/02/2001.

internalizar. Consegue imaginar isso?", pergunta.

"A Varig nunca vai deixar de me impressionar", respondo.

"Volte aqui amanhã. Vou te dar um registro da história da Varig, que mandei fazer quando era presidente. E vou te dar, também, um vídeo, que registra uma reunião minha com os funcionários, em 1992, falando da crise. É muito interessante. Mas você deve procurar o Harro Fouquet, que sabe da história da Varig como ninguém, muito embora ele seja oriundo da Real Aerovias. E procure o Walterson Caravajal, você deve procurá-lo. Pergunte a ele por que ele lutou tanto para criar o Conselho de Curadores", diz em meio a um sorriso irônico.

"Me responda uma coisa", digo a caminho do elevador. "Por que você deixou a TAM, afinal?"

Ele me olha e suspira antes de dizer:

"Eu tinha uma relação muito próxima com o Comandante Rolim, daí ter sido natural o fato de sair depois da morte dele".

Nos despedimos.

Eu não esperava que ele dissesse outra coisa sobre sua saída da TAM, mas se você pesquisar os jornais e revistas da época, vai ler coisas como esta:

> Hoje, uma das maiores armadilhas à frente dos homens de negócios é o tempo. Como, afinal, saber se é melhor esperar até ter certeza da decisão ou correr o risco de pagar para ver? Qual é a fronteira entre a rapidez e a precipitação? Eis a pergunta de alguns milhões de dólares. No caso da TAM, de 40 milhões de reais. Em 2001, a empresa decidiu investir pesado em voos internacionais – um passo aparentemente natural para quem ia tão bem no mercado doméstico. A tacada mais ambiciosa foi inaugurar uma rota de São Paulo para Frankfurt, na Alemanha, decisão tomada pelo então vice-presidente Rubel Thomas, que antes presidia a Varig. Depois de seis meses e de 20 milhões de reais de gastos, a rota foi cancelada. "Foi

uma decisão precipitada", diz um executivo da TAM.⁵⁴

Não procuro Thomas no dia seguinte. Levarei outros 30 dias para voltar ali porque assim que saio de seu escritório o pessoal da e-Press me liga avisando que George Ermakoff, Diretor do Sindicato Nacional das Empresas Aéreas (SNEA) e ex-Diretor de Operações da Varig, ligou dizendo que vai me receber no Rio de Janeiro, no dia seguinte, pela manhã.

Avião? Ônibus? Decido experimentar uma viagem de ônibus desta vez. Volto para casa correndo. Como alguma coisa, coloco algumas roupas, um caderno e o notebook em uma mochila, ligo para Selene Medeiros e digo: "estou indo ao Rio de Janeiro de ônibus". Ele promete me esperar na Rodoviária Novo Rio às 5h30 da manhã. Pela primeira vez, nesta pesquisa, decido testar o serviço de ônibus entre São Paulo e Rio de Janeiro. A experiência não vai ser boa.

---

⁵⁴ Revista Exame, 20/05/2005.

George Ermakoff, ex-Diretor da Varig, Diretor do SNEA

Março de 2007.

Você consegue dormir em um ônibus?

Descubro que não consigo. Chego ao Rio de Janeiro destruído e lá está Selene Medeiros, debruçado sobre a grade de metal, me esperando na Rodoviária Novo Rio que, de "novo", tem só o nome, pois tudo ali parece velho e usado. Digo a ele que preciso tomar um café, pois temo dormir em meio à entrevista com Ermakoff. Ele sugere o restaurante do Aeroporto Santos Dumont que, acredita, deve estar aberto a esta hora. Chegamos ao Santos Dumont às 6h30, mas o restaurante só vai abrir dentro de meia-hora. Digo a ele que preciso andar, pois se me sentar em algum lugar, sem um café, vou dormir.

Andamos pelo saguão térreo do aeroporto, olhando pessoas que chegam para pegar seus voos. De repente, Medeiros me olha e pergunta: "Já falou com o Fajerman?" Digo que a assessoria de imprensa da TAM me informou que o Fajerman tinha sido proibido pela direção da empresa de falar sobre a Varig, algo que, de fato, não me surpreendeu.

"Pois o Fajerman acabou de passar aí, é aquele sujeito ali de paletó marrom", diz Medeiros e aponta.

Começo a correr atrás do homem de paletó marrom e vou gritando: "Fajerman, Fajerman!".

Ele se volta e me olha, mas segue andando meio de lado, como um caranguejo. Digo quem sou e ele sorri. Diz que já ouviu falar a meu respeito e acerca da minha pesquisa e que imaginou mesmo que nos encontraríamos em algum momento. Entrego a ele um cartão e digo que ouvi coisas terríveis a respeito dele e que preciso ouvi-lo para esclarecer tudo. É uma isca, claro. Estranhamente, ele não me pergunta que "coisas terríveis eu havia ouvido", como seria natural esperar. Ele tira um cartão do bolso e me entrega. Diz que está indo ao exterior mas que, quando voltar, pode falar comigo. Uma semana, quinze dias talvez, um mês no máximo. Olho o cartão estarrecido. Está sujo, desbotado, amassado, um cartão que não faz jus ao cargo que ele ocupa na TAM.

"Me ligue", diz ele e se despede.

Esta será a última vez que o verei, pois ele não vai retornar ligação nenhuma, nem responderá e-mail algum. O restaurante abre, afinal, e peço um café duplo. Conto a Medeiros minha reunião com Thomas e ele me escuta atentamente. Falo da carta de Rolim Amaro Moura a Thomas e do fato de que algo, naquela relação, me parece estranho. Medeiros me fala do casamento imperial da filha de Thomas, no Copacabana Palace, que reuniu celebridades trazidas de avião de todo o país e até do exterior. Pergunto se o pessoal da Varig não se revoltava com esse tipo de acontecimento e ele me diz que não, que era preciso viver a Varig para compreender que seu presidente, como Thomas na época, era visto como alguém muito especial:

"O povo da Inglaterra jamais acharia ruim, ou despropositado, o fato da rainha dar uma festa. Era assim que essas coisas eram vistas na Varig. Havia até aqueles que falavam da festa com orgulho, pois o casamento da princesa tinha sido registrado em todos os jornais", conta e me faz rir. O termo que ele usa, "a rainha", faz mais sentido do que imagino no momento.

Ichak Adizes, um professor norte-americano, escreveu um livro chamado "O Ciclo de Vida das Organizações"[55], onde aponta diferentes etapas de vida de uma empresa. Ele destaca uma que classifica como "aristocracia", um momento particular, já de decadência, onde o comando da empresa julga que não há motivo para alarme, que tudo está sob controle, que a empresa é melhor do que todas as demais somadas e que a concorrência é motivo para riso. É um momento de vida onde, por meio de festas pomposas, as glórias de um passado distante são constantemente lembradas, como que para exorcizar as ameaças que o presente começa a evidenciar. As teses de Adizes me

---

[55] Adizes, I. Ciclo de Vida das Organizações. São Paulo, Thomson Pioneira, 1998.

veem à cabeça com intensidade quando escuto Medeiros contar a história do casamento da filha de Thomas. Ali, mais uma vez, aprendo a respeitar as teorias, pois, como veremos, elas explicam o mundo, explicam os atos humanos, explicam o modo como as coisas aconteceram e irão ainda acontecer.

Medeiros me deixa na porta do SNEA e me pede para ligar assim que a entrevista com Ermakoff terminar. São 8h30. A secretária de Ermakoff me diz que ele ainda não chegou e pergunta se quero café. Sim, quero café! Estou com sono e o sofá na sala de Ermakoff é terrivelmente confortável para alguém que está sem dormir.

Ermakoff chega acompanhado de outro homem, Ricardo Gondim, consultor do Sindicato Nacional das Empresas Aeroviárias (SNEA), uma entidade que muitos, em minhas entrevistas, afirmam ser controlada pela TAM assim como o PT controla o Sindicato Nacional dos Aeronautas. Ele é um homem grande, de voz grossa e intensa, impossível de não notar. Pergunta se quero café e digo que sim. Quando me vê abrindo o caderno e preparando a caneta, pergunta:

"Você não vai gravar?"

Digo que sim, se ele não se importar, mas também gosto de anotar trechos que julgo importantes.

Ele não se importa.

A verdade é que gravo em um gravador digital todas as entrevistas que faço porque, no Brasil, as pessoas costumam "esquecer" o que disseram quando essas afirmações geram algum tipo de polêmica.

Ele começa realmente do começo. Diz que a Varig foi a primeira companhia aérea brasileira, fundada em 1927. Começou a operar com um hidroavião e os passageiros eram levados até o embarque em um barco. Fala da verticalização que a Varig precisou desenvolver para atuar como, por exemplo, o fato de que a companhia teve que fabricar computadores porque o governo brasileiro havia proibido a importação de equipamentos nos anos 80. Thomas havia falado sobre isso no dia anterior. A Varig, diz ele, chegou mesmo a fabricar cozinhas de bordo, pois não havia ninguém que fizesse aquilo no

Brasil. Tinha uma divisão de ensino, uma divisão de engenharia, divisão de projetos de máquinas, desenhistas, todos contratados pela empresa, pois não tinha como comprar esses serviços no mercado. É possível mesmo que a Varig tenha ajudado a desenvolver os profissionais para esses mercados, mas quem se importa com isso hoje?

"O que poucas pessoas entendem, muito menos jornalistas, é que a atividade aérea usa capital intensivamente e tem pequena margem de ganho, sendo muito suscetível a situações como inflação acelerada, crises cambiais, conflitos, guerras ou até terremotos e maremotos, pois tudo isso inibe a procura por passagens aéreas por um certo tempo, reduzindo as receitas", explica.

Essa arte de equilibrar conflitos, acredita Ermakoff, obriga as empresas aéreas a se reinventarem o tempo todo, mas nem todas conseguem. Imagine você ser obrigado a criar uma megaestrutura verticalizada para fazer computadores, carrinhos de alimentos, reparos em poltronas, treinamento e educação de funcionários, médicos e dentistas, complementação de aposentadorias, construção de casas para funcionários, tudo isso para descobrir, tempos depois, que precisa desmobilizar rapidamente estas coisas para poder sobreviver em uma competição feroz com empresas cujos conceitos de qualidade e segurança deixam muito a desejar.

"Nesse sentido, um exemplo importante são os investimentos em tecnologia da informação. Uma vez que você investe e cria um parque técnico, como vai mudar isso do dia para a noite, sem pagar um alto preço?", questiona.

Além de informações que já conheço, sobre a "desregulamentação" promovida por Collor e PC Farias, e os competidores que a Varig passou a enfrentar, sozinha, Ermakoff aponta outro dado que eu desconhecia. A Constituição de 1988, diz ele, trouxe várias mudanças ao mercado de trabalho, com elevação de encargos sociais, do ICMS sobre passagens aéreas de 4% para 8% e aumento de 50% no valor das tarifas aeroportuárias que, no Brasil, são uma das mais caras do mundo.

Então ele volta a citar coisas conhecidas como os impactos da Guerra do Golfo nas operações das companhias aéreas, que pegou as empresas, inclusive a Varig, em uma espécie de contramão, pois a empresa estava comprando aviões que logo se tornariam um peso uma vez que passariam a voar vazios.

"Vivíamos uma espécie de terrorismo dos fabricantes, que diziam que se não comprássemos aviões naquele momento, entre 1988 e 1989, só teríamos a possibilidade de fazer novas aquisições em 2005, mas era bem provável que aquilo tudo não passasse de blefe", comenta.

E era.

Ermakoff relembra a compra dos aviões em yens, em função da moratória declarada por João Figueiredo, no final do regime militar. Ele esclarece que o yen se valorizou 300%, elevando a dívida da Varig para o equivalente a 12 aviões quando, na verdade, a companhia havia comprado apenas três[56]. É este endividamento, diz ele, que desestabilizou definitivamente a empresa.

Assim, no início dos anos 90, praticamente todas as maiores companhias aéreas do mundo, inclusive a Varig, estavam tecnicamente quebradas, afirma Ermakoff, uma crise que se traduzia em graves problemas de liquidez, que levaram muitas a atrasar pagamentos de fornecedores.

"Naqueles anos a GE Capital planejava liquidar a Varig, mas ainda tinha dúvidas sobre se deveria fazê-lo ou não. Eu era diretor da empresa e participei de várias negociações muito tensas e difíceis, onde a impressão que sempre ficava era a de que a GE entendia muito bem a crise das companhias aéreas em todo o mundo, mas não entendia a crise da Varig", critica.

Esta declaração é relevante.

Evidencia um descompasso no modo como a GE via a Varig e concorrentes em situação similar, pois se a GE entendia e aceitava que outras companhias estivessem em dificuldades em função da crise mundial, rejeitar essa mesma premissa em relação à Varig parecia ocultar outros interesses. E, de fato, ocultava, como veremos adiante.

Ermakoff assinala que a Varig foi ao Governo Itamar e pediu uma carta de aval do

---

[56] Rubel Thomas citou cinco aviões.

Governo Brasileiro que serviria para apoiar as negociações com a GE. Rubens Ricúpero[57], Ministro da Fazenda, concordou em fornecer a carta, mas, apesar dessa garantia, a GE exigiu uma reestruturação da Varig com a criação de um conselho de administração onde os credores teriam assento e poderiam determinar o presidente da empresa e os ajustes que a companhia deveria fazer, inclusive demissões de funcionários.

"Raramente vi a imprensa reconhecer que todas as concorrentes da Varig como Alitália, TAP, AirFrance, as norte-americanas United, American, Delta receberam ajuda significativa de seus governos, algo superior a US$ 15 bilhões, mas a Varig nunca teve nada", diz Ermakoff.

Então, ele se lembra de uma história que evidencia a natureza dos governantes do país: o transporte da mala diplomática. Por anos a fio a Varig transportava a mala diplomática do Governo Brasileiro gratuitamente, mas quando a empresa assinalou que precisaria passar a cobrar, o governo mudou o fornecedor para a DHL, pagando pelo serviço.

Mas a história mais preciosa ainda não é esta.

Ele se lembra que muitos diplomatas brasileiros recebiam da Varig uma passagem gratuita de primeira classe quando vinham ao país para reuniões e quando voltavam aos países onde serviam. Era uma cortesia da Varig para um público muito especial, que representava o Brasil no exterior. Nenhuma outra empresa fazia ou faz isto. No entanto, a Varig detectou uma estranha anomalia na concessão deste benefício.

Um determinado embaixador ligava e pedia uma passagem de primeira classe entre Rio de Janeiro e Roma, por exemplo. Emitida a passagem, poucos dias depois, o embaixador ligava e dizia que tinha uma passagem de primeira classe que ele queria desdobrar em quatro passagens para a classe econômica. Então fornecia os nomes das pessoas que voariam em classe econômica entre Rio de Janeiro e Roma. Como a proporção era exatamente essa, ou seja, uma passagem de primeira classe equivalia a quatro passagens de classe econômica, e como o pedido vinha de um embaixador, a passagem era desdobrada sem questionamentos. No entanto, poucos dias depois, quatro

---

[57] O ministro do escândalo da parabólica, quando afirmou que o que era bom se divulgava e o que era ruim se escondia. A despeito dessa brilhante visão ética, segue como articulista em vários jornais.

funcionários do serviço diplomático brasileiro ou quatro familiares do embaixador ligavam dizendo que tinham passagens de classe econômica e pediam uma cortesia para transformá-las em primeira classe. Assim, uma passagem gratuita de primeira classe se tornava quatro passagens gratuitas de primeira classe, com as despesas pagas gentilmente pela Varig, a pedido do corpo diplomático brasileiro.

"Isso aconteceu centenas de vezes enquanto eu estava na Varig", relata.

Endividada e fragilizada, a Varig não suportou o último golpe que, na opinião de Ermakoff, foi a "abertura" do mercado promovida por Collor e que, como vimos, tinha o claro objetivo de favorecer uma companhia em particular, a VASP de Canhedo. Ermakoff lembra-se de Canhedo em uma reunião de empresários do setor, no início dos anos 1990:

"Com sua empáfia tradicional, o Canhedo nos disse que o mundo teria não mais do que 20 companhias aéreas e que a VASP, obviamente, seria uma delas".

A entrada de Canhedo nesse mercado foi algo como a visita de um elefante a uma loja de cristais. Ele começou a se endividar e comprar aviões em um momento em que o mercado estava com excesso de ofertas de assentos, aliando a isso uma política de preços que só era possível explicar se Canhedo tivesse o suporte do Governo Federal.

Ermakoff assinala que, neste momento, o grande pecado do Governo Federal foi o de permitir essa concorrência predatória, pois isso comprometia de modo irreversível as companhias aéreas mais tradicionais, que já atuavam no mercado há vários anos, como a Transbrasil, Varig e a própria VASP.

Segundo Ermakoff, as manobras se sucediam e todas elas pareciam ter um só objetivo: impedir que a Varig tivesse condições de se reerguer. Um exemplo disso, ele assinala, foi a decisão do Governo FHC de que os aeroportos centrais em São Paulo, Rio de Janeiro, Belo Horizonte e Distrito Federal só poderiam receber determinado tipo de jatos, com a capacidade diminuída, como foi tentado na crise mais recente do setor aéreo, quando um avião da TAM, com evidentes problemas de manutenção, matou quase 200 pessoas em mais um acidente em São Paulo.

Para não ficar de fora desse mercado, a Varig decidiu então encomendar jatos da

Embraer, com capacidade para não mais de 100 assentos. Mas eis que o Governo FHC muda então de ideia, autorizando a TAM a pousar aviões de grande porte nesses aeroportos, o que tornava os jatos encomendados pela Varig pouco competitivos.

"Nesse momento, tínhamos aqui na presidência da Varig o Ozires Silva, um dos fundadores da Embraer. Eu presidia a Rio Sul, que havia encomendado os jatos da Embraer. Disse a ele e aos demais diretores que a Varig não era competitiva com os jatos da Embraer e que o melhor a fazer era cancelar o pedido. Embora isso fosse inequivocamente o melhor a fazer para a Varig, o Ozires vetou o cancelamento da compra, dizendo que isso afetaria o nome da Embraer, algo que ele não podia aceitar. Perguntei se ele era presidente da Varig ou da Embraer e ele me disse que o assunto estava encerrado", revela.

Não sei se é o sono ou o excesso de café, mas luto contra uma vertigem. Penso na imagem de Ozires Silva me recebendo na Unisa e na pergunta que poderia ter feito se soubesse disto lá atrás. Mas sempre há tempo. Enquanto escrevo, tempos depois das entrevistas, percebo que preciso interromper o relato de Ermakoff por um momento para clarear as coisas.

Muitos podem achar que o mundo corporativo é suscetível a momentos como o relatado por Ermakoff, onde pessoas como Ozires Silva, no exercício da presidência da Varig, defendem interesses lesivos à empresa apenas para proteger organizações com as quais têm relações afetivas como a Embraer, que ele criara e privatizara.

Conheço demais os executivos e as organizações para acreditar nessa balela.

A atitude de Silva, de vetar o cancelamento do pedido à Embraer, revelava, claramente, o baixo compromisso dele com a Varig, como outros executivos da empresa vão demonstrar, mas evidentemente escondia algo muito mais significativo, que valeria a pena investigar. Pressenti isso assim que Ermakoff relatou esse diálogo entre ele e Ozires Silva.

Vamos voltar um pouco no tempo.

Ozires Silva foi levado ao comando da Varig pelo Conselho de Administração da empresa, onde tinham assento os credores da companhia: GE, Banco do Brasil, Distribuidora BR e Unibanco. Este diálogo ríspido entre Ermakoff e Silva ocorreu em 2001. Achei que seria interessante pesquisar quaisquer elos que pudessem ligar estes credores à Embraer, pois, eu acreditava, a decisão de Silva de vetar a devolução dos aviões não se explicava apenas por seu "amor" à Embraer.

Confesso que foi até fácil demais.

Bastou o Google.[58]

Veja um trecho do relatório da Infoinvest, uma empresa que produz relatórios para investidores sobre o mercado de ações, acerca do que o Unibanco estava fazendo em 2001 no mercado de ações:

> Em mercado de capitais, pelo segundo ano consecutivo, o Unibanco liderou os *rankings* de originação e distribuição de renda fixa da Associação Nacional dos Bancos de Investimentos - Anbid, com um volume de subscrição de R$ 3,1 bilhões em operações onde atuou como Coordenador, representando 19% de participação no mercado. Esta atuação posicionou o Unibanco em segundo lugar no *ranking* de novas emissões domésticas na América Latina, segundo a Thomson Financial. **No segmento de renda variável, o Unibanco foi coordenador da tranche brasileira da oferta global secundária de ações preferenciais no valor de R$ 1,8 bilhão da Embraer S.A.**, atuou como coordenador contratado na oferta global secundária de ações preferenciais de R$ 1,7 bilhão da Petrobras S.A. e como coordenador da oferta pública de fechamento de capital da CPEE - Cia. Paulista de Energia Elétrica S.A.[59]

É evidente que o cancelamento do pedido dos jatos da Embraer, pela Varig, traria prejuízos à imagem da empresa de aviação no exato momento em que o Unibanco, que tinha assento no Conselho de Administração da Varig, estava distribuindo ações da fabricante de aviões no mercado financeiro. A pergunta inevitável que esta revelação nos coloca é: quais eram os padrões éticos que os credores da Varig adotavam quando

---

[58] A informação foi confirmada junto à INFOinvest e à BM&F Bovespa.
[59] Relatório da Infoinvest, de Janeiro de 2002.

tomavam decisões no Conselho de Administração da empresa? Queriam de fato salvá-la? Pensavam nos empregados da empresa? Nos clientes? Na sociedade? Ou somente em seus negócios?

Ermakoff assinala que a Varig talvez tenha sido a empresa brasileira que contratou o maior número de consultorias empresariais sem que tenha conseguido qualquer ajuda prática na solução de seus problemas. Foram 12 consultorias, entre elas empresas de renome como Booz Allen e McKinsey, sem contar a InvestPartners, entre muitas outras, que propuseram planos de ajustes sistematicamente sabotados pela Fundação Ruben Berta.

Para Ermakoff, no entanto, foi justamente a criação desse conselho, onde os credores tinham assento, que fragmentou o poder de decisão na companhia, levando a uma situação de conflito permanente que paralisou a empresa. E com a crescente fragilização da companhia, surge, então, no horizonte da Varig, Rolim Amaro Moura, o Presidente da TAM.

"Um dia, em 2001, recebo uma ligação do Comandante Rolim, que presidia a TAM. Isso foi pouco antes dele morrer. Ele me disse: *'Estou nomeando você como meu porta-voz aí na Varig para trabalharmos juntos pela fusão de nossas empresas, pois do contrário vamos ambos à falência'*. Ele me ligou de um quarto de hotel, dizendo que estava muito preocupado com o futuro da TAM e da Varig", conta.

Olho-o por um momento e, como ele para de falar, pergunto:

"Imagino que você recusou a oferta, não?"

"Claro que aceitei!"

"Aceitou?", questiono, surpreso, pois não consigo imaginar um diretor de uma companhia que aceita trabalhar por uma solução que o próprio comando da organização já havia rejeitado.

"Sim, aceitei, e aceitei porque era a melhor coisa a fazer, a única alternativa realmente viável para as duas companhias. Mas antes de dizer se aceitava a missão ou não, eu perguntei a ele: *'Quero saber qual será o nome dessa futura empresa Varig-*

TAM?' E ele respondeu: 'Varig, sem dúvida. Não tenho apego algum à marca TAM. A nova empresa será Varig'. Então eu perguntei: 'E como fica a administração da empresa?' E ele respondeu: 'Vamos profissionalizar a administração da empresa, mas, antes disso, eu vou presidir essa nova companhia por dois anos, pelo simples fato de que eu sou o único sujeito que eu conheço que tem os culhões necessários para enfrentar esses pilotos da Varig'. Depois dessa conversa comecei a articular um jantar que reunisse o Comandante Rolim e o Yutaka Imagawa, que presidia a Fundação Ruben Berta, para bater o martelo sobre a questão", diz.

"O Imagawa topou?"

"Sim, o jantar aconteceu no restaurante Mássimo, na Alameda Santos, em São Paulo. Estávamos lá eu, o Yutaka, o Comandante Rolim e o Shigeaki Ueki[60]. O Rolim apresentou ao Yutaka o plano de fusão das duas empresas. Foi um jantar muito amigável, onde o Yutaka mais ouviu do que falou. A proposta era juntar as empresas para fazer frente a ações predatórias como as promovidas pela VASP que, em alguns momentos, vendia passagens por algo como R$ 1, em uma atitude irresponsável, que comprometia a saúde financeira do setor como um todo", conta.

"E?"

"E? Nada!", diz ele, rindo. "O jantar terminou, cada um foi para um lado prometendo pensar a respeito e ponto final. O Yutaka jamais voltou a atender outra ligação do Rolim. Um dia, o Rolim me ligou, furioso, dizendo: 'Ermakoff, quem esse japonês[61] pensa que é? Falo com o Fernando Henrique[62] na hora em que eu quero e esse japonês filho da puta não atende uma única ligação minha? Quem esse cara pensa que é? Esse negócio vai andar ou não?' Eu ainda tentei falar com o Yutaka a respeito, mas ele se recusava a debater qualquer questão que envolvesse a fusão com a TAM. Então, logo depois, o Rolim morre e aí a fusão Varig-TAM foi sepultada com ele", conta.

Não consigo evitar um calafrio. A carta a Rubel Thomas, a garrafa de vinho importado para jantar com Lula da Silva, o convite a um diretor de uma empresa concorrente para

---

[60] Ueki, Ministro de Minas e Energia do regime militar, além de Presidente da Petrobras, integrava o Conselho de Administração da TAM. Sua participação na reunião evidencia a importância do encontro.
[61] "Esse japonês", no caso, era uma referência a Yutaka Imagawa.
[62] "Fernando Henrique", no caso, era uma referência ao Presidente da República Fernando Henrique Cardoso.

transformá-lo em um "porta-voz da TAM", imagino que Moura jogava um jogo voraz de cooptação que tanto podia angariar seguidores, como Ermakoff e Thomas, quanto desafetos zangados, infelizes e, eventualmente, violentos.

A relação tão próxima entre Ermakoff e Moura possibilitou, inclusive, confidências. O presidente da TAM confessou a Ermakoff que tinha admiração por Ruben Berta e que sonhava implementar o mesmo modelo fundacional criado pelo mito organizacional da Varig. Mas Ermakoff, aparentemente, não era ingênuo a ponto de acreditar totalmente na conversa de Moura, pois reconhece que havia uma grande diferença entre o fundador da TAM e o criador da Fundação dos Funcionários da Varig:

"O Berta era um homem muito mais prudente no que diz respeito à parte técnica", diz.

Controlo o risco.

Talvez esta seja, de fato, uma forma delicada de mostrar o baixo compromisso de Rolim com aspectos como manutenção e segurança de voo, o que pode explicar os acidentes em que a empresa se envolveu desde 1999. No entanto, para qualquer um que tenha conhecido Moura e a TAM, a conversa dele sobre querer imitar o "modelo fundacional" criado por Berta é risível.

"Assim, sem muitas alternativas de financiamento, a Varig começou a buscar recursos através do fundo de pensão dos trabalhadores, o Aerus, e essencialmente através da retenção de dinheiro devido à Infraero, o que significava cobrar a taxa de embarque do passageiro e não repassá-la à entidade aeroportuária", explica.

A conversa com Ermakoff dura sete horas, sem interrupções. Em vários momentos, luto desesperadamente contra o sono. Ele diz que as mudanças na estrutura de comando da Fundação Ruben Berta liquidaram com a capacidade de reação da companhia. Os sete curadores, diz ele, tinham poderes iguais e se consideravam, todos eles, como presidentes ou reis ou vice-reis. Assim, as visões diferentes acerca de um mesmo problema levavam a embates e adiavam as soluções como, por exemplo, a fusão com a TAM.

"Chegamos a uma situação onde só eram possíveis duas soluções: a intervenção do governo federal ou a fusão com a TAM. Em algumas reuniões com representantes dos governos FHC e, mais tarde, Lula, alertei a todos eles que a quebra da Varig seria perniciosa ao Brasil, pois iríamos transferir, de imediato, uma receita de US$ 2 bilhões para companhias aéreas estrangeiras, que era justamente o faturamento da Varig com os brasileiros que viajavam ao exterior", diz ele.

E assim se deu.

São quatro horas da tarde. Estamos falando desde as nove da manhã. Ele diz que precisa parar, pois se não comer algo pode desmaiar de fome. Nesse momento chega Odilon Junqueira, ex-diretor de Recursos Humanos da Varig, que, em algum momento da história da empresa, ocupou o cargo de gestor do fundo de pensão dos trabalhadores, o Aerus. Trocamos cartões, mas não conseguirei falar com ele, a despeito dos recados que deixo.

Saio do SNEA e ligo para Medeiros.

Encontro uma cafeteria e peço um café, uma água e um pastel de palmito. Estou cansado, com sono e a cabeça zonza. Penso no jantar que reuniu Imagawa, Ermakoff, Ueki e Moura, quatro homens discutindo o futuro de duas companhias com milhares de empregados e milhares de destinos.

O que deu errado?

Selma Balbino, Presidente do Sindicato Nacional dos Aeroviários

Março de 2007.

Se entre os aeronautas – pilotos e comissários – a representação sindical é única, ou seja, há um único sindicato nacional para representá-los, muito embora isso não signifique uma representação de fato, entre os aeroviários – pessoal de terra – reina o caos.

Há um Sindicato Nacional dos Aeroviários, mas, com o passar do tempo, surgiram representações locais, algumas das quais apenas de fachada, autorizadas a funcionar por uma indústria de liminares alimentada por corrupção de juízes, uma corrupção que levou à divisão dos trabalhadores, à fragmentação da arrecadação e à fragilização da representação sindical. Há quem diga que esse caos vai chegar aos aeronautas em breve, pois já há pedidos de registros de sindicatos locais, alguns dos quais feitos pela TGV.

Selma Balbino é presidente do Sindicato Nacional dos Aeroviários. Mulher simples e determinada, ela tem uma virtude: diz o que pensa. Para muitos, no entanto, isso é um defeito. Ela defendia a intervenção do Governo Federal na Varig, pois é exatamente isso o que a lei determina. Mas outros sindicatos se contentaram com menos. Ou mais, dependendo de como se olhe a questão.

Ela me recebe em uma sede provisória do Sindicato Nacional dos Aeroviários, no centro do Rio de Janeiro, pois a entidade precisou sair dos conjuntos que ocupava em função da falta de recursos. Como já sabemos, as grandes fontes de receitas dos sindicatos eram a Transbrasil, VASP e Varig, que nos tempos de glórias não se opunham à sindicalização dos trabalhadores. Mas, hoje, TAM e Gol inibem a sindicalização dos aeronautas e aeroviários, daí porque a receita dessas entidades caiu dramaticamente.

Quando chego, ela me diz que pode ser presa a qualquer momento em função de uma ação movida contra ela pela TGV que alega calúnia e difamação. Balbino está ansiosa e visivelmente preocupada. Falamos em uma sala, a portas fechadas, à qual só funcionários da entidade tem acesso. A crise da Varig, diz ela, levou à falência dezenas de pequenas empresas que prestavam serviços à companhia aérea, que ficaram sem receber:

"Este lado da crise, jornal nenhum registra. A SATA[63] não pagou o 13º salário, não pagou o reajuste de salário, demitiu 1.700 pessoas, parcelando as dívidas trabalhistas em até dez vezes", critica.

Balbino assinala que o setor aéreo é uma espécie de bolsa sem fundo, pois cobra-se de tudo e não se presta contas de nada. Ela lembra, por exemplo, um "seguro aeronáutico", cobrado pela Infraero, sobre o qual nunca se disse nada, nunca se prestou contas, não se sabe sequer para que servia, mas certamente foi parar no bolso de alguém ou alguns. Ela mesma lembrou que a Infraero vinha sendo presidida até 2006 pelo ex-senador e ex-governador Carlos Wilson, ligado ao PT, sobre quem pairam suspeitas de superfaturamento de obras na reforma do Aeroporto de Congonhas, no valor de R$ 16 milhões.

Ela para por um momento e respira.

A Varig.

"Sim, sobre a Varig, pouca gente diz que a verdade inquestionável é que a Varig teve tudo o que desejou dos militares. Os militares entregaram a Panair à Varig, que herdou aviões, pessoas, estações de rádio e ferramentas. Até o sucessor de Ruben Berta veio da Panair, Erik de Carvalho, pois a Panair era uma empresa insuperável. Você leu o livro "Pouso Forçado"? Lá você conhece toda a história e vai ver o quanto esta fase final da Varig é semelhante ao que viveu a Panair", diz.

Ela narra uma série de acontecimentos que já conheço, como os congelamentos de

---

[63] A SATA é outra companhia da Fundação Ruben Berta, que cuida dos serviços de terra, como, por exemplo, o transporte de bagagens entre o avião e as esteiras nos aeroportos. No passado, atendia todas as empresas aéreas, mas, há alguns anos, a Gol optou por outra companhia alegando que manter a SATA estimularia o "monopólio" da Varig. Queria dizer Fundação Ruben Berta.

preços promovidos por Sarney, a "desregulamentação" promovida por Collor, a crise cambial de FHC. No entanto, ao contrário de Camacho, que acusara a Varig de ser insensível para com os trabalhadores, Balbino diz que a relação entre o capital e o trabalho era melhor na Varig e que a responsável por isso era a Fundação Ruben Berta. No entanto, ela assinala que a direção da empresa dividiu os trabalhadores em duas "classes". Na primeira classe estavam os aeronautas, os pilotos, os mecânicos de voo, os comissários; e na segunda classe estavam os demais, os aeroviários inclusive.

"Os aeronautas sempre tiveram muitos privilégios, como uma regulamentação, por exemplo, enquanto os aeroviários nada recebiam", diz.

Peço que ela me explique quem são exatamente os aeroviários e ela relaciona os trabalhadores:

"É o pessoal de terra, aquelas moças e moços gentis que trabalham no check-in, os despachantes e operadores de voo, mecânicos e os burocratas em geral", diz ela.

"Os presidentes da Varig eram, então, aeroviários?"

"Sim, com exceção daqueles que eram comandantes ou pilotos", explica.

Segundo Balbino, a arrogância dos pilotos da Varig era proporcional ao gigantismo da empresa, o que explica, por exemplo, a posição da Associação dos Pilotos da Varig que ambicionou, em vários momentos, assumir o controle da companhia.

"A TGV é o resultado da cultura da Varig, uma cultura arrogante, imperativa, onde todos ali se julgavam melhores do que os demais. Na Varig, os pilotos se julgavam, sim, como "a empresa", enquanto que os demais sabiam ser pobres mortais", conta.

Ela assinala que a fragmentação dos aeronautas começa a tomar forma em 2002, quando o Sindicato Nacional dos Aeronautas fechou um acordo com a Varig e a Associação dos Pilotos da Varig formalizou outro acordo em bases melhores, o que abriu o caminho para a criação do Sindicato dos Pilotos, uma ação barrada por Lavorato no Supremo Tribunal Federal (STF). A limitação do poder dos pilotos, algo que os sindicatos apoiavam, só teve respaldo, diz ela, na gestão de Yutaka Imagawa, que enfrentou a APVAR e demitiu vários comandantes.

Balbino acredita que o Governo Lula da Silva poderia ter solucionado a crise da Varig assumindo uma postura mais digna e promovendo uma intervenção na companhia, o que era facultado ao governo em função do fato de que o serviço aéreo é uma concessão pública. As desculpas de Lula da Silva, de que a intervenção não tinha amparo legal, diz Balbino, eram totalmente falsas e motivadas por outros interesses, que logo se evidenciaram.

Ela recorda que o ex-Ministro da Casa Civil, José Dirceu, era um fervoroso defensor da fusão entre Varig e TAM, alegando que o país precisava apenas de uma grande companhia aérea, que pudesse enfrentar as estrangeiras em condições de igualdade, o que era algo insano de se imaginar quando se avaliam as condições de tributação às quais as companhias aéreas brasileiras são submetidas. No entanto, a posição de Dirceu se chocava com as visões dos sindicatos, da CUT e do próprio Ministro do Trabalho à época, Luiz Marinho, todos contrários à fusão, especialmente em função do fato de que uma associação TAM-Varig se daria de modo a beneficiar a primeira e em detrimento de milhares de trabalhadores da segunda.

Esse antagonismo de posições, conta ela, levou a uma ruptura entre Dirceu e os sindicatos, pois a partir de um determinado momento o todo poderoso ministro já não recebia mais os sindicalistas. Em um encontro, ela se recorda, Dirceu disse:

"Quando essa TGV acusou o governo de forçar uma fusão para beneficiar a TAM, nenhum de vocês defendeu o governo, então agora o problema é de vocês".

Com o governo recusando-se a intervir na Varig e o consequente aprofundamento da crise, os sindicatos, conta Balbino, foram a Brasília procurar Lula da Silva. Era 2005. O Presidente da República os recebe por um momento, mas diz que tem um compromisso importante com os dirigentes do PMDB e pede que esperem em outra sala.

"Quando o Lula voltou, ele nos disse que pediria ao José Alencar, Vice-Presidente da República e Ministro da Defesa, que encontrasse uma solução para o problema da Varig que preservasse os empregos. Nos pediu que voltássemos no dia seguinte, pela manhã, pois o Alencar nos receberia", relata.

Pela manhã, Alencar os esperava. Os sindicalistas chegaram: lá estavam Selma

Balbino, José Caetano Lavorato e Graziella Baggio, entre outros.

"O Alencar mandou ligarem para a Fundação Ruben Berta, pois ele queria falar com o presidente da instituição, o [Ernesto] Zanata. Quando o Zanata atendeu, o Alencar disse assim: *'Presidente, estamos aqui numa conversa de presidente para presidente, pois estou ligando a pedido do Presidente Lula. No entanto, você sabe, manda quem pode, obedece quem tem juízo. Estamos muito preocupados com a situação da Varig e queremos encontrar uma solução que permita salvar a empresa. O Governo Federal está disposto a apoiar uma operação de salvamento da Varig junto ao BNDES, que liberaria recursos para a companhia fazer frente a suas necessidades de caixa mais urgentes. No entanto, é necessária uma contrapartida da Varig, um sinal de boa vontade. Queremos que a Fundação Ruben Berta indique para seu Conselho de Administração alguns nomes que vou encaminhar ao senhor por fax'*. O fax foi enviado. No fax, o Governo pedia que a Fundação Ruben Berta nomeasse o Lavorato, o [Jorge] Gouvea[64] e o [Gilmar] Carneiro[65] para a direção da empresa, em cargos como o de presidente e diretor financeiro, justamente os que controlavam a aplicação dos recursos que chegariam do BNDES. O Zanata respondeu que encaminharia a proposta do governo à Fundação Ruben Berta, para análise. E foi só. Dias depois, o governo soube a resposta, quando a Fundação colocou na presidência o David Zylbersztajn, que muitos diziam ser um homem do PSDB", conta.

Uma mulher entra na sala e diz que há uma pessoa procurando-a. Ela se agita e pergunta quem é e o que a pessoa quer.

"Você conhece essa pessoa?"

A mulher diz que não e Balbino pede que ela diga que não a encontrou, que ela não veio ao sindicato hoje. Sinto a tensão naquele diálogo e percebo que nossa conversa está perto do fim.

E sobre o leilão da Varig?

Ela me olha e suspira. Diz que foram cometidas várias atrocidades no processo pelo

---

[64] Petista que chegou a atuar no Conselho de Administração da Varig em 2003, indicado pela Previ.
[65] Petista que era dirigente do Sindicato dos Bancários.

Juiz Ayoub como, por exemplo, permitir a atuação de um consultor que trabalhava para a Varig, um advogado chamado Júlio Lobo, ligado à TGV, que aparecia também como advogado de um dos credores, o que comprometia a legitimidade do processo de venda empresa.

"E o juiz?"

"Ele ignorou nossa petição".

Ela se levanta e pede desculpas. Diz que tem que sair, mas que podemos conversar outro dia.

"Por que o Sindicato Nacional dos Aeronautas não questionou isso?", pegunto, levantando-me.

Ela ri.

"O pessoal dos aeronautas aderiu ao sindicalismo virtual. Eles não fazem nada, apenas mandam e-mails pedindo que os trabalhadores mandem e-mails para o STF, para os deputados, para os senadores. Tudo agora é por e-mail. É mais cômodo assim, mais fácil, fica parecendo que você está fazendo alguma coisa quando, na verdade, não está", diz e se despede, desaparecendo por uma porta lateral.

Há uma sensação de medo no ar, que dominava Balbino e se propagou para os funcionários do sindicato. Abro a porta para o corredor e um homem me olha, como se esperasse outra pessoa. Olho-o intensamente, pois ele não me parece confiável. Avalio seu rosto e, depois, suas mãos, que estão vazias. Ele é baixo, magro e tem uma aparência doentia, que se expressa claramente em seu olhar fixo e em um boné surrado que usa meio de lado na cabeça, o que lhe dá uma aparência bandida.

"A Selma *tá* aí?", pergunta o sujeito.

"A Selma foi para São Paulo hoje cedo", respondo e ele me olha confuso.

"Achei que ela *táva* aí", rebate ele, olhando para a porta.

"Lamento, mas ela precisou ir, tinha uma reunião importante", minto.

Ele ergue os ombros, suspira e desce as escadas rumo à rua.

Espero que ele se vá antes de seguir pelo mesmo caminho.

Yutaka Imagawa, ex-Presidente da Fundação Ruben Berta

Abril de 2007.

Meu celular toca e é Rubel Thomas.

Estou em São Paulo, cuidando de assuntos relacionados ao mestrado.

"Levy, o que é que você fez? Seja lá o que você fez, deu certo, pois o japonês vai te ligar", diz em tom eufórico, enquanto tento entender o que está acontecendo.

Então ele me explica que Yutaka Imagawa, o ex-Presidente da Fundação Ruben Berta, ligou para ele perguntando se eu o havia entrevistado, de fato.

"Eu disse a ele para falar com você, pois é importante que ele coloque sua versão; eu disse a ele que se ele não falar, outros falarão. Ele vai te ligar, hoje, hoje com certeza", me diz.

Agradeço a ele pelo apoio.

A ligação de Imagawa a Thomas tem uma explicação.

Depois de vários telefonemas frustrados, todos eles atendidos por Dona Adelina, mulher de Imagawa, apelei para uma carta, a velha e tradicional carta, enviada pelos Correios. Em apenas uma página, expliquei os objetivos de pesquisa e enfatizei o fato de que eu buscava apenas compreender o que havia acontecido a essa empresa extraordinária. Ao final, listei vários nomes de pessoas com as quais eu havia conversado, entre elas Ozires Silva e Rubel Thomas.

Isso explica o fato dele ter ligado para Thomas.

Imagawa não me ligou naquele dia, mas no dia seguinte. O celular tocou e, quando atendi, ele disse:

"Levy?"

"Sim".

"É Yutaka".

Assim, direto e objetivo, como se nos conhecêssemos há anos.

Estava no meio de uma das minhas entrevistas de mestrado e pedi desculpas ao entrevistado pois aquela era uma ligação muito especial e há muito esperada. Marcamos uma conversa para o dia seguinte, no escritório de uma consultoria no centro da cidade de São Paulo. Quando cheguei, ele estava à minha espera. Me apresentou algumas pessoas que trabalhavam no escritório e falamos em uma sala grande, com os outros consultores atentos ao que se dizia e ajudando-o, vez ou outra, com datas, nomes e números.

Imagawa é um homem pequeno, de cabelos brancos e olhar duro. Ele fala baixo e pausadamente. É difícil imaginá-lo gritando. Vejo-o e converso com ele e percebo que Ozires Silva não falou sério, pois Imagawa fala sim coisa com coisa. Conto-lhe com quem já conversei, mas não entro em detalhes sobre as conversas.

E ele também não me pergunta.

Começa me dizendo que em um passado remoto a Fundação Ruben Berta era algo assim como um pequeno departamento dentro da Varig, muito embora, pelo estatuto, fosse a responsável pela gestão da empresa. No meio da gestão de Rubel Thomas, diz ele, o estatuto da Fundação Ruben Berta foi alterado. Nós conhecemos essa história muito bem e sabemos que não foi um movimento pacífico, o que ele confirma.

Ele assinala que, a despeito do fato de que os profissionais da Varig eram pessoas muito experientes no mercado de aviação, quando ascendiam a postos de comando, onde era preciso tomar decisões complexas, nem sempre estavam preparados para esses desafios, o que evidenciava uma carência de formação de talentos. Mecânicos de voo, uma profissão já quase extinta, pois os computadores assumiram suas atividades, nem sempre dão ótimos gestores, o mesmo valendo para pilotos, comissários ou administradores. Este, de fato, é um fenômeno comum em gestão de pessoas e explica não apenas a decadência da Varig, mas as crises e as decadências de milhares de outras empresas.

"No entanto, era inegável que os profissionais da Varig eram capacitados, pois a empresa cresceu muito nos anos 60, 70 e até parte dos anos 80", diz.

Então ele relaciona a sequencia de crises que se abateu sobre a Varig com Sarney, Collor e FHC, principalmente, e diz que essas crises afetaram dramaticamente aquelas companhias que, como a Varig, tinham grandes estruturas, o que é algo lógico e sensato e faz parte de praticamente todos os depoimentos tomados até aqui, sejam eles de defensores ou detratores da Fundação Ruben Berta. A Varig talvez seja o exemplo mais perfeito e acabado de como os governos brasileiros, de modo geral, são maléficos para a economia e as organizações.

"Mas até os anos 90 a Varig era a maior operadora nacional e internacional do país, o que evidencia que a sua fragilização foi coisa relativamente recente", relata.

Imagawa assinala que a mudança no modelo de gestão da Varig foi determinada pelas sucessivas crises que a empresa enfrentou e que a fragilizaram, todas elas, ressalta ele, resultado da inépcia de vários administradores que faziam da Fundação Ruben Berta uma espécie de refém.

"Havia, sempre houve, profundas diferenças de visão entre o acionista controlador, a Fundação Ruben Berta, e aqueles que geriam os negócios da empresa, os executivos contratados para isso. Em muitas situações, em muitos momentos, essa diferença de visão era provocada por interesses divergentes: os interesses globais da Fundação Ruben Berta, interessada em preservar seu bem mais precioso, a Varig; e os interesses desses executivos, muitas vezes orientados ou instrumentalizados por grupos como os de credores, cujos interesses nem sempre eram os da Varig", conta e isso, para mim, já é mais do que evidente.

Assim, prossegue Imagawa, a mudança no modelo de gestão foi necessária para impor limites aos gestores da empresa, para que eles soubessem que o que se esperava deles era uma administração profissional, voltada para resultados. Ele me diz que, na época em que Martins articulou o afastamento de Thomas, ele era Superintendente de Contabilidade:

"Não participei do golpe contra o Rubel", diz e aquela afirmação me surpreende.

Golpe?

"Sim, as coisas não foram conduzidas de maneira ética", diz.

Com a entrada em cena do Conselho de Curadores, Thomas desaparece da Varig – e vai para a TAM. Assume então Willy Engels, que era o Vice-Presidente Técnico, uma área de enorme importância estratégica. No entanto, Imagawa assinala que a gestão de Engels foi desastrosa, pois gerou perdas irrecuperáveis para a companhia em função da contratação de consultorias pouco capacitadas para compreender o funcionamento da Varig e do mercado de aviação. Naquele momento, os curadores decidiram tirar Engels e colocar Fernando Pinto em seu lugar, um funcionário de carreira da Varig que muitos chegaram mesmo a achar que seria o sucessor de Thomas.

Imagawa assume a direção do Conselho de Curadores em 1995 e, segundo ele, começa a exigir mais profissionalismo da direção da Varig. Ao mesmo tempo começa a empreender uma mudança radical na estrutura da empresa, separando áreas de negócios e transformando-as em empresas como os hotéis, o banco, a área de logística e a área de manutenção.

"Percebi que o negócio Varig era tão grande e diversificado que colocar à frente dele apenas um executivo era extremamente arriscado. Daí porque chamei a Deloitte e patrocinei um estudo visando a criação de uma *holding*, a FRB Participações, que controlaria todas as empresas que seriam criadas", explica.

No entanto, uma mudança dessa magnitude exigia o apoio dos credores, o que sempre foi algo difícil de alcançar. Mas a fragmentação da Varig em várias empresas, controladas por uma *holding* que se reportava ao Conselho de Curadores, assinala Imagawa, despertou a fúria de Fernando Pinto, que se recusava a abrir mão do poder que até então vinha acumulando.

"Administrar o Fernando Pinto tornou-se um problema, pois ele questionava tudo. As pessoas relutavam enfrentá-lo, muito embora ele estivesse fazendo uma administração irresponsável e ruinosa em vários sentidos, inclusive no que diz respeito à maquiagem de resultados", diz.

Ele para por um momento para atender o celular que está tocando. É evidente, para mim, que o movimento articulado por Imagawa, de criar uma *holding* que estaria sob controle da Fundação Ruben Berta, era uma ação que visava a reconquista do poder perdido para o Conselho de Administração, onde figuravam representantes de credores que, como já vimos, não tinham os interesses da Varig em mente quando tomavam decisões.

"O Fernando Pinto já havia sido um desastre quando havia administrado a Rio Sul anos antes, mas seu poder de negociação e barganha era algo que merecia reconhecimento, pois conseguira ser indicado pelos credores como presidente da empresa", diz, evidenciando, claramente, a essência do confronto que consumia a Varig, pois o presidente que ele buscava enquadrar era um aliado dos credores.

Como já sabemos, Fernando Pinto comandou a empresa em um momento delicado, quando a Varig enfrentava a competição exacerbada da VASP, de Canhedo, que vendia passagens aéreas como se fossem bananas, sem ser admoestada pelo Governo Federal. Segundo Imagawa, o que talvez pareça incompreensível para muitos daqueles que usam o mantra da concorrência para explicar porque a Varig desapareceu enquanto a TAM "prosperou" é o fato de que uma companhia aérea pode escolher duas alternativas quando se vê pressionada por uma concorrência predatória: endividar-se ou cortar custos, inclusive muitos daqueles gastos necessários à manutenção de equipamentos e treinamento de pilotos.

A Varig endividou-se.

Assim, relata Imagawa, o Conselho de Curadores pediu a renúncia coletiva do Presidente Fernando Pinto e do Conselho de Administração. Com o afastamento de Fernando Pinto e a "renúncia" do Conselho de Administração, que Imagawa articulara, descobriu-se o custo da guerra de preços na qual a Varig se metera: um endividamento de R$ 1,2 bilhão que precisava ser equacionado por meio de visitas a credores. É de extrema relevância constatar, aqui, que a intensificação do endividamento da Varig e sua crescente fragilização se deram sob a gestão direta dos credores da companhia, que seguiram indicando nomes para o comando da organização como os que Imagawa aponta a seguir.

"Em 30 dias organizamos um novo conselho de administração, desta vez com nomes como Luiz Carlos Vaini[66], Gesner de Oliveira[67], Ozires Silva e Harro Fouquet. Me reuni com eles e disse o que esperávamos. A primeira coisa, aliás, era que avaliassem a saída do Fernando Pinto e o que fazer com a herança que ele, irresponsavelmente, nos deixara", diz.

Imagawa relata que suas recomendações eram ignoradas. As pessoas, diz ele, assim que assumiam seus postos, começavam a fazer o que bem entendiam, como se fossem, eles próprios, os donos da empresa.

"A cadeira de Presidente da Varig foi, em várias décadas, mais importante do que o posto de governador da maioria dos estados brasileiros", conta.

Digo que uma das queixas de Ozires Silva era que ele ficava sabendo de coisas pelos jornais. Imagawa ri. Ele conta que Ozires Silva foi chamado para uma posição que o Conselho de Curadores havia idealizado como a de *chairman*, em função de seu nome, prestígio e reconhecimento nacional.

"Esperávamos que ele nos ajudasse a abrir portas, a resolver pendências junto ao Governo Federal, a nos representar junto a instâncias nas quais deixáramos de ter representação. Mais eis que, de repente, o Ozires começa a se envolver com questões operacionais de uma empresa que ele não conhecia e não entendia e esta é uma das razões pelas quais assumi também o posto de Vice-Presidente do Conselho de Administração, pois era importante que ele tivesse por perto alguém que entendia da Varig", assinala.

---

[66] Do Conselho Federal de Contabilidade, que se recusou a falar para este estudo.
[67] Doutor em Economia pela Universidade da Califórnia, outro que omite em seu currículo o fato de ter passado pela Varig.

No entanto, em função dos embates constantes, Imagawa diz que Ozires Silva o procurou e comunicou sua saída, pois sentia que não era necessário. Como ele não indicara ninguém para sucedê-lo, Imagawa assumira o posto de Presidente da Empresa.

Imagawa diz que também foi humilhado pelos gestores da GE, quando foi aos Estados Unidos renegociar dívidas. Disse que já participou de reuniões tensas na vida, mas na GE era diferente, pois os gestores da empresa ofendiam as pessoas com as quais se reuniam, um constrangimento vivido por outros diretores da Varig, como Martins e Caravajal, apenas para citar alguns. Ele fez diversas visitas a empresas, entre as quais a Boeing, a Airbus, a GE e várias outras, conseguindo ampliação de prazos e redução de valores, o que deu um resultado operacional positivo à empresa em setembro de 2001.

"Pouco antes de sair o Ozires me procurou para dizer que as empresas de leasing, que alugavam aviões à Varig, estavam pressionando para receber. Determinei o "groundeamento"[68] dos aviões 727 e, imediatamente, iniciei os procedimentos para a redução de pessoal equivalente, mas aí o grupo de voo, especialmente esse pessoal da TGV[69], resolveu se insurgir", diz.

Ele reconhece, como muitos antes dele, que a Varig precisava de talentos e, por essa razão, patrocinou cursos de MBA para executivos da empresa como Manuel Guedes e George Ermakoff, que foram estudar em Harvard, com as despesas pagas pela Varig.

"Nunca li nada sobre isso", digo espantado e ele ri. "Nem mesmo o Guedes e o Ermakoff me falaram sobre isso".

"Me desculpe você, que é jornalista, sei que nem todos são iguais, sei disso. Mas parei de ler o que a imprensa escreve sobre a Varig pois a distorção é tão brutal que chega a ser revoltante", comenta e eu o entendo.

Eu o entendo.

Por vezes, em relação à Varig, tive a estranha sensação de que a imprensa brasileira

---

[68] "Groundeamento" é um jargão usado para explicar a paralisação de um avião, que é recolhido e deixa de voar. Tem a ver com a palavra "ground", em inglês, que significa "chão".
[69] Como já vimos, é neste momento que a TGV deflagra seu movimento de "Ação Industrial", que tinha como objetivo a tomada do poder na empresa, mas como tática a premissa de acarretar perdas à companhia, através da elevação de custos.

parecia funcionar à revelia da realidade, registrando fatos, acontecimentos, números, reuniões, encontros e declarações que simplesmente não existiram. Mas, para um bom entendedor, meia distorção basta, porque a imprensa brasileira, assim como muitas outras, em todo o mundo, tem seus próprios interesses e patrocinadores.

"Quando fui à GE renegociar as dívidas, fui xingado de nomes que eu não ousaria repetir. Entendo que credores façam seu papel de cobrar dívidas. Penso, até, que é possível recorrer à justiça quando essas demandas não se resolvem, mas a prática da GE de ofender os executivos das empresas com os quais negociavam sempre me despertou curiosidade, pois eu me perguntava se aquele comportamento ajudaria a resolver uma pendência, qualquer pendência. O fato era que a GE agia assim apenas com a Varig, pois muitos outros clientes da GE, em todo o mundo, enfrentavam dificuldades como nós, mas não eram desrespeitados dessa forma", revela.

No entanto, apesar de ouvir expressões como "cretino", "filho da puta", "japonês nojento", entre outras coisas, Imagawa saiu de lá com a redução da dívida, a redução dos valores do leasing e a substituição dos antigos 767-200 por novos 767-300.

Digo que não entendo.

Como uma empresa tão furiosa como a GE, que ofendia seus parceiros, podia, ao final, fazer tantas concessões?

Ele explica:

"Simples. O mundo estava em crise, as torres gêmeas tinham sido destruídas, a guerra estava no horizonte. A GE tinha problemas com companhias aéreas em todo o mundo, não apenas a Varig. Muitos dos aviões que ela alugava estavam sendo devolvidos por empresas aéreas de diversos países. O que me espanta é que se estamos em uma crise global, que leva, inclusive, à necessidade de devolver aviões, por que a Varig é a única errada?", assinala.

Mas há uma explicação e nós a veremos adiante.

A negociação com a GE possibilitou uma redução de custos da ordem de 40%, pois a Varig detinha 28 aviões da locadora. Essa negociação, assinala Imagawa, permitiu, inclusive, ajustes de preços com outros lessores[70], que não podiam mais ignorar o fato de que o mundo estava em crise.

No entanto, a crise interna na Varig tornava-se mais e mais grave, exatamente em função dos conflitos entre duas estruturas de poder: os curadores (a prata da casa) e os conselheiros (os estrangeiros). Nesse momento, assinala Imagawa, ele deixa a posição de vice-presidente da Varig, pois os credores confundiam seu cargo com a Fundação Ruben Berta.

"Então, esse movimento foi entendido como fragilidade. Os credores se reuniram e exigiram que a Fundação Ruben Berta renunciasse a seus interesses na Varig e nomeasse Ozires Silva como o presidente da companhia. Obviamente, essa era uma proposta que, de tão ingênua, de tão leviana, não deveria sequer ter sido feita. Claro que recusei. E disse aos conselheiros que Ozires Silva não tinha feito nada pela Varig e que, uma vez no comando da empresa, seguiria fazendo exatamente isso. Nada", diz.

Então, o Conselho de Administração indica Arnim Lore para comandar a Varig.

Novo *round*, a mesma luta. Várias fontes confirmaram que Lore representava um credor em particular: o Unibanco. E nós já vimos como o Unibanco se comporta em relação à Varig.

"Se com os outros integrantes do Conselho de Administração as relações já eram difíceis, com o Arnim beiraram o insuportável. Ele simplesmente não prestava contas do que fazia e tomava decisões como se fosse um agente da massa falida", relata.

Imagawa se lembra de um episódio que seria emblemático dessa postura arrogante do Conselho de Administração. Tentando equacionar a dívida da empresa, ele tropeçara com um valor de R$ 40 milhões devido ao INSS. Na época, havia um comprador interessado para a fazenda que a Varig mantinha, terras adquiridas muitos anos antes por Ruben Berta e que acalentaram seu sonho de criar a Varig Agro, uma empresa voltada para o agronegócio.

"Negociei com o comprador das terras a seguinte solução: ele ficava com a

---

[70] Empresas que compram aviões de fábricas como Boeing e Airbus e os alugam para companhias como a Varig.

propriedade e, em troca, quitava a dívida da Varig com o INSS, o que foi aceito e resolvido. No entanto, quando vejo o relatório do Arnim sobre as dívidas da Varig, eis que reaparecem ali os R$ 40 milhões devidos ao INSS, que não deveriam estar ali. Quando o questionei sobre isso, ele disse que estava fazendo seu trabalho e que não me devia explicações", conta.

No entanto, assinala Imagawa, Lore cumpriu muito bem seu papel de representante do Unibanco no Conselho de Administração da Varig, pois agira para liquidar todos os débitos da companhia aérea com o banco, fato que foi confirmado pelo Presidente da GE do Brasil, por George Ermakoff, por Carlos Luiz Martins e, como veremos adiante, reconhecido pelo próprio Lore.

"Com as negociações que fiz, eu havia reduzido o endividamento da Varig para algo em torno de R$ 700 milhões. No entanto, assim que o Arnim assumiu ele começou a listar as dívidas da Varig e eis que o endividamento que ele aponta é da ordem de R$ 2 bilhões. Muita coisa que estava ali como dívida já havia sido quitada ou não procedia, como, por exemplo, a dívida com o INSS. Ao final, percebemos, claramente, do que se tratava: ao inflar artificialmente o endividamento da Varig, o objetivo do Conselho de Administração era criar uma situação que permitisse a tomada do poder, afastando a Fundação Ruben Berta", conta.

Imagawa assinala que compreendeu claramente que o Conselho de Administração declarara guerra à Fundação Ruben Berta quando os conselheiros, entre eles Arnim Lore, atuaram para impedir que a Airbus desse um crédito de US$ 300 milhões à Varig para a compra ou locação de aviões da companhia, o que, como já vimos, é prática comum.

A intensa disputa pelo poder entre a Fundação Ruben Berta e o Conselho de Administração vai ceifando executivos em grande velocidade. Em dezembro de 2002, a Revista Exame registrou assim a demissão de Arnim Lore:

> [Arnim] Lore saiu pela mesma razão que seus antecessores: entrou em conflito com os sete curadores da Fundação Ruben Berta, controladora da Varig. Os curadores não aceitaram o plano para reestruturar uma dívida de 2,8 bilhões de reais, elaborado por Lore e o comitê de credores. Para seu lugar, convocaram Manuel Guedes,

diretor de controladoria e de relação com os investidores da empresa. Mas, ao contrário de Lore, Guedes não possui credibilidade com o governo e os credores, que não acreditam no interesse dos controladores de realmente fazer um plano para reestruturá-la. "Espero que ele tenha sucesso nas negociações", afirma Lore. "As dificuldades da Varig são imensas e exigem uma rápida solução." [71]

Em 2003 Imagawa, já cercado e pressionado por todos os lados, indica Roberto Macedo para a presidência da empresa, mas Macedo vai durar pouco. Lembre-se de que, naquele ano, Fajerman articulava o "code sharing".

O Jornal do Brasil registrou assim a saída de Imagawa em 26/07/2003:

> A Varig demitiu ontem o executivo símbolo da resistência ao modelo de fusão com a TAM, elaborado pelo Banco Fator. Os curadores da Fundação Ruben Berta, acionista majoritária da Varig, destituíram Yutaka Imagawa do Colégio Deliberante da FRB, instância máxima de poder da empresa, integrado por 220 funcionários.
>
> Com a decisão, Imagawa não pode ocupar mais nenhum cargo executivo na Varig, só judicialmente. Ontem, foi depositado em juízo a sua verba de rescisão. Nos corredores da empresa, comenta-se que o depósito teria sido de R$ 56 mil.
>
> Imagawa trabalhou cerca de 30 anos na Varig. Começou como gerente da área de contabilidade. No início de 1999, foi eleito presidente do Conselho de Curadores da FRB, representação do Colégio Deliberante, composto por sete pessoas. Começava assim uma era de cinco anos de poder - o líder dos curadores é o cargo individual de maior influência na companhia gaúcha.
>
> Controverso, Imagawa colecionava inimigos na mesma velocidade em que cativava admiradores. Do lado das inimizades, até o governo enxergava no executivo um empecilho para a fusão. Entre

---

[71] Revista Exame, 05/12/2002.

os admiradores, uma pessoa contou que Imagawa não era contra a fusão. Ele questionava, veementemente, a participação de 5% prometida à Varig na empresa resultante da união.

Quando esteve no poder, Imagawa chegou a divulgar um comunicado chamando de "inaceitável" o modelo de fusão, elaborado pelo Banco Fator. Defendia alternativas para se buscar uma solução para a companhia.

- Ele é sensato, comedido, tem boas ideias e poder de oratória, de argumentação. Ele foi um líder - afirmou uma pessoa próxima ao executivo.

Entre os contrários ao modelo de gestão de Imagawa, sobram críticas:

- A saída de Imagawa é o encerramento de uma era que significou a pior fase da Varig - disse um funcionário.

Na mesma reunião que optou pela demissão de Imagawa, os curadores da FRB decidiram votar pela aprovação do contrato de fusão na assembleia de 2 de agosto. Será quando os membros do Colégio vão ratificar duas outras assembleias. Uma de 30 de abril, quando o modelo de união foi aceito, e outra de 24 de maio, na qual foi destituído o Conselho Curador integrado por Imagawa e Gilberto Rigoni. Após essa assembleia, espera-se eliminar a possibilidade de novas liminares contra a fusão. Até agora, já foram duas. Procurado, Imagawa não foi encontrado para se pronunciar. [72]

Houve, ainda, uma tentativa de impedir as assembleias que votariam pela fusão, quando Rigoni e Imagawa conseguiram liminares na Justiça que vetaram a realização dos encontros, liminares estas que foram cassadas em seguida. No momento em que ele estava de saída, a FRB Participações indicou Carlos Luiz Martins que, como já sabemos, tinha o aval dos credores. A luta pelo controle da Varig estava decidida em favor dos credores, que removeram, assim, o último obstáculo à realização de seus interesses.

---

[72] Jornal do Brasil,

Imagawa para de falar e dá sinais de que precisar ir. Então, antes que ele encerre a conversa, digo:

"Tem uma coisa que eu preciso te perguntar. O Ermakoff me falou que você ignorou o Comandante Rolim Moura, da TAM, quando ele tentava explicar a você porque Varig e TAM deveriam se fundir para enfrentar a concorrência predatória da VASP e Transbrasil. Ele me falou de um jantar no Massimo, em São Paulo, onde vocês conversaram, junto com o Ermakoff e o Ueki, do Conselho de Administração da TAM. Após essa reunião, você nunca mais atendeu o Moura. O que houve?"

Ele ri e afasta a cadeira da mesa antes de falar.

"O Ermakoff não é tão ingênuo, ele é bem mais esperto do que demonstrou ser para você. Afinal, paguei um MBA para ele em Harvard, ele é mais esperto do que isso. Ele não te contou toda a história. Naquele jantar, naquela noite, o Rolim me disse que a Varig e a TAM deveriam articular a quebra da VASP. Ele queria um plano para que as duas empresas atuassem em conjunto visando quebrar o Canhedo. Eu disse a ele, claramente, textualmente, que não faria isso. Disse que uma ação coordenada de Varig e TAM contra a VASP, do jeito que o governo odiava a Varig, iria ser interpretada como *dumping*, ou coisa semelhante, e a Varig poderia ser punida, agravando mais a situação da empresa. Então o Rolim me disse que Varig e TAM deveriam se unir. Eu disse: *'Ok, tudo bem. Me apresente uma proposta concreta desse plano de fusão, como fica Fundação Ruben Berta, como fica a Varig, a TAM, me mostre essas coisas'*. O Rolim nunca me apresentou plano algum. O Ermakoff não é tolo a ponto de acreditar que o Rolim quisesse, de fato, uma fusão com a Varig. O Rolim não queria fusão alguma, ele queria, isto sim, desarticular a Varig para poder tomar o controle da empresa pagando pouco ou, de preferência, nada. E ele teria conseguido se não tivesse morrido", revela.

Harro Fouquet, ex-Diretor de Planejamento da Varig

Abril de 2007.

Harro Fouquet é um homem raro.

Conhece a história dos segmentos ferroviário e aeronáutico do país como poucos. Um dia, ainda jovem, no final dos anos 50, mandou uma carta ao presidente da Real Aerovias, a maior empresa aérea do Brasil à época, propondo rotas alternativas de voo para lugares que não eram servidos por estradas ou ferrovias. Por conta dessa carta, foi chamado para uma conversa na empresa e saiu de lá com um emprego na área de planejamento de voos.

Com a incorporação da Real Aerovias pela Varig, em 1961, ele chegou à companhia de Ruben Berta, de quem se tornou um seguidor, muito embora os "puros de origem" da Varig o chamassem de "calças pretas"[73]. Assim, já em 1961, ele confirmava algo que é fato ainda hoje: a maior conquista das empresas em processos de fusão e aquisição é, exatamente, as novas cabeças que elas agregam a seus quadros de pessoal.

Ele me recebeu em sua casa, um apartamento em um condomínio bem perto do Aeroporto de Congonhas e a uma ou duas quadras de uma praça que leva o nome de sua família. Traz algumas pastas com muitos documentos e, quanto fala, vai mostrando coisas. Me diz que está pensando em escrever um livro sobre a história da aviação brasileira, não apenas sobre a Varig. Digo a ele que meu propósito é bem diverso, pois o que quero é, apenas, explicar como a Varig chegou a um final tão inglório.

Mas Fouquet diz que não se surpreendeu com o fim da Varig, pois, segundo ele, faz

---

[73] Nome depreciativo dado aos profissionais oriundos da Real Aerovias pelos "variguianos" em função da cor do uniforme que usavam.

parte da história da aviação brasileira o fato de que as menores empresas incorporam sempre as maiores, como aconteceu entre Real e Aerovias, Varig e RealAerovias, Varig e Panair e agora Gol e Varig.

Ele começa dizendo que, em 1961, o Presidente Jânio Quadros ambicionava integrar, em uma só companhia, as operações internacionais da Varig, Panair e Real, mas Ruben Berta se opôs a esta solução e é fácil entender as razões disso. Naquele momento, quando as operações internacionais da Varig não se comparavam às da Panair, aceitar uma fusão implicava em perda de poder e, quiçá, do comando da operação. Este depoimento é importante porque revela que a posição de Berta acerca da "fusão" Varig-Panair, quatro anos depois, considerando a reunião das empresas "importante para o crescimento do setor no país", era, na verdade, uma "mudança" de posição face a uma nova realidade: agora ele podia comandar a fusão. Isso apenas evidencia o perfil de Rubem Berta, idêntico ao de muitos grandes empresários brasileiros, que é capaz de conviver com opiniões antagônicas com muita naturalidade e desprendimento.

"O Berta temia que as companhias aéreas fossem afetadas por seguidas intervenções do Governo Federal, algo que ele pedia a Deus, repetidamente, que não ocorresse, mas que continua a ocorrer até hoje", diz.

Desenhando em um papel, Fouquet explica a visão de Berta:

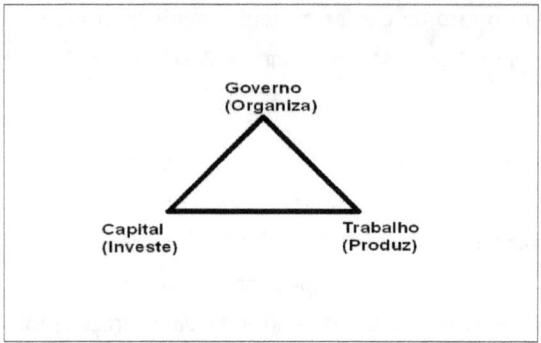

Olho o desenho que ele faz e tento imaginar a cabeça de quem o produziu. Este é o mundo de Ruben Berta, um mundo de faz de conta, perfeito, dominado por uma Divina Trindade: Governo, Capital e Trabalho.

Ao mesmo tempo em que defendia a ideia asséptica de que o governo organiza, o capital investe e o trabalho produz, como mundos isolados e apartados, Berta se sentia um eleito de Deus, pois acreditava que, ao contrário das outras companhias, na Varig o capital e o trabalho viviam "em harmonia". Só vou compreender que Berta separa radicalmente o discurso da prática quando entrevisto Yutaka Imagawa e ele me explica como agia Rolim Amaro de Moura, da TAM. Aliás, podemos assinalar que esta é uma marca da cultura brasileira: uma separação radical entre discurso e prática, entre o que se diz e o que se pratica, seja nas empresas ou na política. Fouquet mostra que Berta propunha uma integração de empresas como Varig, Panair e VASP por meio de uma esdrúxula participação acionária cruzada, que só funcionaria em um mundo sem competição, ou seja, em mundo nenhum.

Fouquet volta a escrever e mostra como Berta via a composição acionária dessa empresa hipotética e imaginária:

	VASP	Varig	Panair
VASP	70%	15%	15%
Varig	15%	70%	15%
Panair	15%	15%	70%

Assim, Varig e Panair teriam 15% cada uma da VASP e 70% de suas próprias ações, configurando uma amarração de interesses indissolúvel. Segundo Fouquet, Berta assinalava, constantemente, que era preciso que o setor aéreo encontrasse alternativas viáveis para a sobrevivência antes que o Governo Federal se sentisse estimulado a por em prática uma solução estatal, através da criação da "Aerobrás".

Este era o mantra.

Esta era a ameaça a evitar.

Então, repentinamente, surge um papel nas mãos de Fouquet.

Uma carta.

"Uma carta do Comandante Rolim", diz.

A quem?

"Para mim. Ele me escreveu quando eu era Diretor de Planejamento da Varig", explica.

E o que diz a carta?

Rolim Amaro de Moura diz a Fouquet o quanto o admira por seus conhecimentos sobre aeronáutica, sobre a história da Varig, sobre suas relações com Ruben Berta, de quem Moura se dizia um "fã". Olho a carta. Em menos de um segundo alinham-se em minha mente outros fatos similares, como a carta açucarada a Rubel Thomas e a ligação a Ermakoff. Quando coisas assim se alinham, enxergo uma intenção, um plano, um movimento articulado rumo a um determinado objetivo.

Tento tirar aquilo da mente, pelo menos naquele momento.

Fouquet está dizendo que, em 1961, em um movimento sigiloso, Berta tentou comprar ações da Panair diretamente da PanAm, a empresa mãe da companhia aérea brasileira que o presidente da Varig tanto ambicionava. Esse movimento secreto, que visava fragilizar a direção da Panair, foi detectado e barrado por Rocha Miranda, um dos acionistas da Panair. Assim, a todo momento, entre o claro e o escuro, entre a luz e a sombra, reconhecemos a dualidade de Berta: em seus discursos ele fala sobre a ordem, o mercado, o crescimento, a nação; mas suas práticas são todas orientadas para a destruição da concorrência e a transformação da Varig em uma grande companhia aérea, o que ele de fato conseguiu.

Seria por isso que Moura, da TAM, tanto o admirava?

"Como era Erik de Carvalho?", pergunto.

Fouquet suspira.

A Varig incorporou a Panair em 1965. Um ano depois, Ruben Berta estava morto e havia indicado Erik de Carvalho para sucedê-lo:

"Foi uma sucessão difícil, conturbada, questionada. Grupos internos da companhia não aceitavam o fato da Varig ser comandada por alguém que viera da Panair, quando havia muitos ali que estavam com Berta desde o princípio. Os mais inconformados eram os gaúchos, que questionaram essa escolha", afirma.

Esta observação nos permite, então, colocar em perspectiva a própria sucessão de Berta. Erik de Carvalho, embora fosse tido como um profissional sério, frio e racional, havia caído em desgraça na Panair por ter participado de uma tentativa de golpe contra a direção da empresa. Demitido, foi contratado por Ruben Berta como seu vice-presidente em 1955. Com a cassação da Panair, eis que Erik de Carvalho aparece no aeroporto do Galeão ao lado dos comandantes da Varig que levariam o Boeing 707 a Lisboa, determinando o recolhimento do DC-8 da Panair e a transferência dos passageiros para o Boeing da Varig. De alguma forma, aquele era um momento de vingança para ele e ele certamente o desfrutou.

Fouquet me pergunta o que penso dos militares, do Governo Militar, e refreio a língua. Uma pergunta assim tem que ser respondida com cuidado. Digo que não os admiro, mas que alguns deles, de fato, acreditavam fazer o melhor pelo país e isto é o máximo que consigo dizer. Então ele me diz que os militares tinham um plano consistente de reforma do setor aéreo brasileiro, "eliminando" do cenário empresas problemáticas ou deficitárias e criando uma grande e sólida companhia.

A Varig?

A Varig.

Ele assinala que o que se viu depois dos militares, com Sarney, Collor, FHC e Lula da Silva, foi uma crescente fragilização do setor aéreo brasileiro, pois estes presidentes nunca entenderam, de fato, que o mercado aéreo é delicado, trabalha com margens limitadas e não pode ser entregue à concorrência predatória promovida por empresas como VASP e TAM e mais tarde a Gol, pois isto deteriora a saúde financeira das empresas e, finalmente, a segurança de voo. Vimos o resultado disso algumas vezes ao redor da pista do Aeroporto de Congonhas, em São Paulo.

"Os militares sabiam disso, sabiam que várias empresas competindo em um mercado estreito, com guerra de preços e práticas de concorrências desleais, levavam à fragilização das companhias e, mais, a situações de risco, pois aspectos como a segurança de voo seriam relegados a segundo plano", conta.

Embora seja sensato regular a competição no mercado aéreo, pois, em última instância, o que está em jogo são vidas humanas, o fato inegável é que os militares decidiram regular o mercado aéreo através do poder das armas, fechando uma empresa sadia, entregando seus ativos a outra e perseguindo todos aqueles que se opuseram a esta atrocidade. Mas, como muitos irão testemunhar, os anos dourados da Varig se deram sob o regime militar, que a empresa apoiou de modo escancarado. E nesse momento, era Erik de Carvalho quem estava no comando. Aqui, acho importante abrir um parênteses e mostrar a você uma declaração de Carvalho ao jornal interno da empresa, quando a seleção brasileira de futebol conquistou o tricampeonato, no México:

> A conquista definitiva da Taça Jules Rimet representa, sem dúvida, o maior feito do futebol mundial em todos os tempos. Por

isso mesmo, os 90 milhões de brasileiros constituíram-se, sob a invulgar e patriótica liderança do Exmo. Sr. Presidente Emílio G. Médici, na maior e mais vibrante torcida que já se uniu, em qualquer época. [74]

Segundo Cristiano Fonseca Monteiro, autor do texto "A trajetória da Varig: do nacional desenvolvimentismo ao consenso neoliberal"[75], Erik de Carvalho manteve a tradição inaugurada na gestão de Ruben Berta de transportar os presidentes em suas viagens internacionais e criou outras oportunidades de afirmar a companhia como uma "empresa oficial", como, por exemplo, na introdução de um novo avião em sua frota ou quando da inauguração de um novo voo. Foi o caso do lançamento do *Boeing* 727-100 e da implementação de um voo entre Porto Alegre e Brasília, que em sua inauguração transportou autoridades de toda a região sul.

Monteiro registra que:

> Articulando-se à imagem de "empresa do país", o Relatório Anual de 1971 da diretoria da Varig reconhece "a importância da colaboração dos funcionários, da confiança dos acionistas, da fidelidade dos passageiros e, em toda a sua profundidade, é esse reconhecimento extensivo ao nosso Governo que, desde a salvadora Revolução de março de 1964, achava-se voltado para a inadiável obra de criar, no Brasil, as condições básicas e autênticas para o desenvolvimento socioeconômico, em ritmo acelerado e autossustentável, como síntese perfeita da 'grande tarefa nacional' que hoje a todos os brasileiros cabe executar. E em meio a este panorama de uma Nação que procura desenvolver-se à altura da grandeza de seu território, de sua tradição e de seu povo, não poderia a Varig faltar com seu esforço e colaboração em sua importante área de atividade: o transporte aéreo." [76]

As coisas pareciam ir muito bem quando o destino interviu. Em fevereiro de 1979, Erik de Carvalho sofreu um derrame que o incapacitou para o comando da empresa. Ele

---
[74] Erik de Carvalho, em Rosa dos Ventos 1970, n. 37.
[75] Você pode acessar esse texto em http://www.ifcs.ufrj.br/~ppgsa/publicacoes/programa_publicacoes_lugarprimeiro6.htm, acessado em abril de 2007.
[76] Idem.

entrevou-se, não andava, nem falava e era impossível mesmo compreender se entendia algo do que lhe era dito.

"Para piorar, ele não havia, ainda, escolhido um sucessor, o que deixou o jogo sucessório na Varig totalmente aberto. Nos meses seguintes, uma sequência de cenas lamentáveis se seguiram. Os diretores da Varig iam buscá-lo logo cedo em casa e o levavam para todos os lados em uma cadeira de rodas. Os diretores ficavam olhando-o para observar suas reações, se ele concordava ou discordava, se mexia a sobrancelha ou piscava o olho, se gostava ou desgostava. Um dia, em um voo, perguntaram a ele se ele concordava que Hélio Smidt o sucedesse e então ele se agitou, sacudiu a bengala, ficou tenso e perturbado, evidenciando claramente, pelo menos para mim, que não queria ser sucedido por Smidt. No entanto, com o afastamento dele, Smidt assumiu, pois, afinal, ele era o sobrinho e o herdeiro de Ruben Berta", conta.

A mulher de Fouquet surge na porta e eu percebo que é o momento de deixá-lo descansar. Ele tossiu bastante durante nossa conversa e parece debilitado por uma gripe. Diz que vai me mandar alguns textos que andou escrevendo e deixo com ele meu cartão. Alguns dias depois recebo um e-mail dele, com um texto intitulado "A bandeira brasileira, agora ausente da ásia":

> Como não poderia deixar de ser, a realidade no campo do transporte aéreo no Brasil é alarmante. Números recém divulgados pela ANAC mostram que, em um ano (outubro de 2005 X outubro de 2006), o tráfego de passageiros-km das companhias brasileiras no segmento internacional apresentou queda de 53%. Em outras palavras, ao não equacionar problemas internos, cedemos aos concorrentes estrangeiros mais da metade do nosso "market share" global, conquistado ao longo de cinco décadas. A quantificação dessas perdas e seu impacto negativo sobre a variação do PIB e de outros indicadores importantes, deveria ser objeto de estudo para profissionais qualificados das áreas da economia e da sociologia. Em razão da relevância estratégica, os fatores expostos são incontestavelmente de elevado e permanente interesse nacional. Sobretudo para nós, habitantes da América do Sul (localizada geograficamente do lado oposto às regiões mais populosas do

mundo), as linhas aéreas intercontinentais – por sua importância atual e futura – constituem vias de comunicação inalienáveis, ou seja, um autêntico "patrimônio nacional". Conforme foi mencionado, grandes conquistas são resultantes da visão, da capacitação e da persistência, praticados durante períodos longos, às vezes por gerações seguidas. Para assegurar aos nossos descendentes uma vida digna e, igualmente, salvaguardar o patrimônio nacional, exortamos nossos governantes a não menosprezar os ensinamentos que a história proporciona, assim como os predicados que caracterizam e distinguem os verdadeiros estadistas.[77]

---

[77] Documento do arquivo de Harro Fouquet, 22/11/2006.

Luiz Bassani, ex-comandante da Varig

Abril de 2007.

Encontro com Luiz Bassani, ex-piloto da Varig e editor do site "O Avião"[78], por meio dos e-mails distribuídos por Zoroastro Lima e Vera Lúcia. Ele pergunta se pode publicar o artigo que escrevi para a Gazeta Mercantil e eu digo que sim. Marcamos então uma conversa em uma empresa de um amigo dele, situada no bairro do Butantã, em São Paulo. Quando chego à empresa, por volta das 17h, me espanto com o poderoso esquema de segurança que encontro à porta. Câmeras, intercomunicadores, portas de aço, cães e guardas armados de modo ostensivo, que me olham intensamente, como se eu fosse uma ameaça em potencial.

"Eles foram assaltados há pouco, por 10 ou 15 homens armados, que invadiram a empresa e levaram tudo, daí porque agora tomam esse cuidado todo", explica Bassani enquanto buscamos uma sala para conversar.

Nos sentamos em uma sala com pouca iluminação, de onde posso ver uma área de *call center*, onde muitas moças falam ao telefone. Ele me diz que a destruição da Varig se deve, essencialmente, à batalha que a companhia travou contra a Associação de Pilotos da Varig (APVAR), a mesma comandada por Élnio Borges, da TGV, uma luta sem trincheiras, que começou em 2001 com o movimento chamado "Ação Industrial", que já conhecemos.

"Nesse movimento, o grupo da APVAR seguia um manual produzido por um grupo sindical dos Estados Unidos, que orientava os trabalhadores a promoverem perdas sistemáticas à empresa. Assim, vários desses pilotos voavam de modo perdulário,

---
[78] www.oaviao.com.br

consumindo grandes quantidades de combustível e onerando a companhia mais e mais", conta.

Esse movimento, explica, foi o resultado do fato de que a Varig se recusou a ceder a uma chantagem: na época de Rubel Thomas, os pilotos foram estimulados a contribuir com a empresa, promovendo economias de custos. Entre 1992 e 1993 o empenho dos pilotos resultara em cortes de custos entre US$ 2 milhões e US$ 3 milhões por mês, um valor extraordinário. Em 1994, os pilotos pediram a Rubel Thomas 10% da economia que haviam promovido, mas o pedido foi negado. A partir daí, começaram a gastar US$ 1 milhão a mais por mês.

Segundo Bassani, a radicalização dos pilotos começou quando eles ouviram narrações sobre a festa de casamento da filha de Rubel Thomas, custeada pela Varig, no Hotel Copacabana Palace, no Rio de Janeiro. Um ex-piloto da empresa referiu-se assim à festa, em um blog na Internet:

> Corria o ano de 1994. O presidente da Varig era o Sr. Rubel Thomas, gentilíssimo cavalheiro e excelente anfitrião. Não havia outro assunto na companhia aérea senão o casamento da filha do "seu Rubel". A alta sociedade brasileira e internacional estava em polvorosa. Houve farta distribuição de passagens para todo o jet set e aviões fretados para a boda. Determinou-se muita fartura e bom gosto: as tulipas vieram da Holanda, as rosas colombianas enfeitavam a nave da igreja e os convites estavam bordados com pedras brasileiras semipreciosas. Puro luxo. O hotel ofereceu os salões como cortesia, segundo relato do chefe do catering da época, que se viu assoberbado com menus elaborados pelos mais famosos chefs de então. Caviar belluga e Veuve Cliquot, em generosa quantidade, foram embalados e embarcados rumo ao banquete. As louças maravilhosas, os cristais e os mais finos talheres ostentavam o logotipo da companhia aérea. Uma forma de propaganda elegante, evidentemente. Um espetáculo definitivamente de luxo que teve a cena roubada pela cabeleira acaju púrpura exibida pelo presidente da empresa patrocinadora da festança. Hoje a Varig é só

uma moribunda. Mas será que o casamento deu certo?[79]

"Como um piloto consome mais combustível?", pergunto.

Há várias maneiras. Por exemplo, pode solicitar para voar abaixo de uma determinada altitude alegando turbulência, o que consome mais combustível pois a resistência do ar é maior; e pode mandar colocar mais combustível nos tanques do que o necessário, levando à eliminação de mais combustível quando o avião está em procedimento de pouso.

Digo a Bassani que ouvi, várias vezes, expressões como "grupos", "choque de grupos", "disputa de grupos". Quero saber que "grupos" são esses: pilotos, comissários, burocratas, pessoal de terra?

Ele sorri.

"Quem não viveu a Varig, não sabe o que era aquilo", diz. "Não era possível separar os grupos por categorias profissionais, por exemplo. O pessoal da Cruzeiro, que a Varig incorporou nos anos 70, nunca se misturou, eles se isolavam. Por outro lado, nunca foram aceitos", conta e então compreendo a alegria de Zoroastro Lima quando me disse que a "Varig teve o que mereceu".

Ele assinala que os grupos não tinham fronteiras claras, misturavam-se segundo interesses de momento, evidenciando o caráter de sistema político da organização. Mas ele reconhece que os pilotos, de modo geral, eram um grupo à parte, especialmente em função das articulações da APVAR.

Ele relaciona fatos que já conheço, como a "desregulamentação" promovida por Collor, como uma das causas do aprofundamento da crise da empresa, mas tento evitar essa visão mais macro da crise, pois, para falar a verdade, não acredito que ela explique a decadência da empresa.

"Eu soube de aeromoças que levavam papel higiênico e café para os aviões nos últimos meses da Varig, para que os clientes não sentissem falta disso. Pagavam isso com

---

[79] Publicado em http://mentesquementem.blogspot.com/2006/04/lembranas-da-varig-por-blini.html, acessado em abril de 2007.

dinheiro do próprio bolso. Uma pergunta que ninguém me respondeu é por que as pessoas amavam a Varig a esse ponto, quero dizer, de trabalhar sem salário e ainda comprar coisas para que os clientes não criticassem a companhia?", pergunto.

Ele suspira e pensa por um segundo antes de responder. Uma sombra passa por seu rosto e sinto que ele luta contra uma lembrança incomoda:

"Vou te contar uma história que talvez explique isso. Eu era piloto da Varig quando, um certo dia, recebo uma ligação da minha mulher dizendo que meu filho, de 18 anos, tinha morrido ao cair com um avião monomotor que ele estava aprendendo a pilotar em uma escola no interior do Rio de Janeiro. Aquela notícia foi devastadora. Informei ao meu superior e fui ao interior, com minha mulher, buscar o corpo do meu filho. De volta ao Rio, após o sepultamento, estou em casa, à noite, quando meu chefe me liga. Ele disse que lamentava o que havia acontecido e me perguntou o que eu estava precisando. Disse a ele que queria trazer a irmã de minha mulher, que morava em Vitória, mas que precisava de uma passagem para ela. Ele disse: "feito, que mais?". Disse que precisaria tirar uns dias de férias, pois minha mulher estava arrasada e ele disse: "feito, que mais?" Respondi que, naquele momento, eu precisava daquilo. As pessoas amavam a Varig por essa razão. Se algo te acontecesse, você podia contar com a Varig. Não a empresa, institucionalmente, mas as pessoas com as quais você trabalhava e se relacionava. Podia contar com elas para o que fosse necessário", relata.

Olho-o.

Aquele depoimento me perturba.

Você conheceu o Fajerman?

Ele ri. Me garante que Fajerman não falará comigo, pois o ex-vice-presidente da Varig é um homem oportunista, que traiu a Varig sem nenhum escrúpulo e não vai querer responder perguntas incomodas. Então, ele lembra de um episódio envolvendo Fajerman e outro importante executivo da Varig, que já conhecemos:

"Um dia, eu acabara de pousar um avião em Madri. Quando estacionei o avião, notei outro boeing da Varig parado ali, que já deveria ter partido com destino a Paris. Havia agitação no interior do avião e pressenti problemas. Pouco depois, um sujeito do escritório local da Varig pede para falar comigo. Quando nos encontramos, ele me pergunta se eu poderia pilotar o outro avião até Paris, pois os pilotos que haviam trazido o avião do Brasil até a Espanha tinham desaparecido e ele não sabia o que fazer. Fiquei chocado com aquilo, pois um piloto da Varig não costumava abandonar o posto, o que dirá dois. Concordei em levar o avião, mas perguntei quem eram os pilotos. Ele me respondeu: Alberto Fajerman e Carlos Luiz Martins. A caminho de Paris, o funcionário da Varig me chamou pelo rádio para dizer que os dois pilotos haviam sido localizados, vivos e bem de saúde, em um bordel em Barcelona", conta e começa a rir, para concluir em seguida:

"Essa gente nunca se preocupou com a Varig, apenas com eles próprios".

Rubel Thomas, ex-Presidente da Varig

Abril de 2007.

Estou de volta ao escritório de Rubel Thomas. Ele me dá uma cópia da história da Varig, que ele encomendou a um jornalista quando ainda era presidente da empresa e, o mais importante, um DVD com um vídeo que registra um encontro entre ele e funcionários da base de Porto Alegre, em 1992, em um momento tenso da história da empresa. Ele quer me mostrar o vídeo e pede a um homem, alguém que trabalha com ele, que coloque o DVD em um notebook. Nos sentamos diante do computador e esperamos que o vídeo comece.

Então ele começa.

É impossível deixar de notar a logomarca "JEANMANZON", em amarelo vazado, bem grande, na parte inferior da tela.

Aquilo me espanta.

"Por que Jean Manzon?"[80], pergunto.

"Porque só fazíamos nossas filmagens com eles", responde Thomas.

Um letreiro informa:

> "Este vídeo resume as palestras do presidente e diretores da Varig realizadas no Rio de Janeiro, São Paulo e Porto Alegre em abril de 1992. A exibição deste material é de uso exclusivo interno da

---

[80] O Studio Jean Manzon produziu mais de 900 filmes e documentários, entre os quais muitos de exaltação das obras da ditadura militar brasileira.

Varig".[81]

Logo após o letreiro, surgem imagens de um enorme auditório, com cerca de 1.500 a 2.000 pessoas que olham fixamente para um palco. Nesse palco, grande, por quase toda a sua extensão, uma gigantesca mesa acomoda homens sisudos, que esperam que as pessoas se sentem.

"Mas a marca do Jean Manzon não vai sair daí?", pergunto, incomodado com aquela marca enorme, absurda, bem no centro da imagem, na parte inferior.

"Mas foram eles que fizeram!", rebate Thomas, irritado.

Tento ignorar aquela marca "JeanManzon" enorme, na tela, enquanto o presidente da Varig está falando, mas não consigo. Aquilo me incomoda e irrita. Como era possível que a Varig, uma das maiores companhias do Brasil à época, aceitasse algo assim, um fornecedor megalomaníaco, que estampava sua marca por cima da imagem de um cliente que falava de crise, cortes, demissões e outras tragédias? Vemos um trecho do vídeo e nos despedimos. Em casa, à noite, coloco o vídeo no DVD e, com o caderno ao lado, faço anotações. Quando Rubel Thomas começa a falar, estamos de volta a 1992.

"Vamos ver se conseguimos decolar [esta reunião] no horário, como faz a Varig... usualmente", diz Thomas, enquanto espera que as pessoas se sentem. Os "variguianos" que chegam por último têm que se sentar à frente, cara a cara com a gigantesca diretoria da empresa que paira ali, sobre todos, como uma terrível ameaça. Lembre-se de que, neste momento, a Varig já havia demitido entre 5.000 e 8.000 pessoas e o clima dentro da empresa não era dos melhores.

"Quero falar de nossa alegria por estarmos aqui, em Porto Alegre, para falarmos de forma franca sobre os problemas da Varig", começa a dizer Thomas. "Estamos gravando este encontro, pois o vídeo será enviado a todas as bases da empresa, em todo o mundo. Mas antes de começarmos, quero apresentar a diretoria executiva, que está aqui comigo, para que vocês associem nomes a fisionomias. Peço que os diretores se apresentem da esquerda para a direita".

---

[81] Depoimento de Rubel Thomas a funcionários, gravado em abril de 1992 pelo Studio Jean Manzon. Você pode ver um pequeno trecho desse depoimento no link: http://goo.gl/uMqu9N

Então, um a um, os diretores começam a se apresentar. Reconheço ali alguns deles, mas estão mudados, mais jovens, afinal 15 anos se passaram. Conto 25 diretores, mais um presidente, ou seja, uma diretoria executiva de 26 pessoas, que representavam áreas tão diversas quanto a de manutenção, gestão de pessoas, finanças, tráfego, serviço de bordo e até conselheiros aposentados.

Embora o letreiro tenha dito que era um resumo das palestras do presidente e dos diretores, somente Thomas fala. Ele começa dizendo que a crise é dura e que levou, infelizmente, a demissões, gerando incertezas. Sabemos o que essas demissões provocaram, mas é Thomas quem vai nos mostrar seus reflexos mais malignos.

Ele diz:

"Por que esta reunião? A crise é a dura realidade presente. Mas há vozes difundindo boatos, mentiras, com o intuito de confundir, gerar a discórdia, por isso estamos aqui. A situação é dura, difícil, infelizmente tivemos que fazer cortes, mas quero falar francamente com vocês para evitar que os boatos alastrem mentiras".

Ele se revela na defensiva. Mostra, claramente, que está ali porque os boatos o acuaram. Vai evidenciar isso outras vezes. Diz que a fonte do poder na Varig é o Colégio Deliberante da Fundação Ruben Berta, "com algo entre 500 e 550 membros", e me choca o fato de que o Presidente da fundação ignora o número exato dos membros do Colégio Deliberante. Engana-se, também, pois como o Colégio Deliberante representa os funcionários, a fonte de poder na empresa era exatamente aquelas pessoas que o encaravam, sentadas bem à sua frente.

A cada cinco anos, prossegue ele, o Colégio Deliberante escolhe o presidente e o vice-presidente da Fundação Ruben Berta:

"Esta eleição ocorreu no ano passado e o presidente escolhido fui eu e o vice-presidente o Joaquim Santos, que está aqui ao meu lado. A Fundação Ruben Berta é a *holding* que controla a Varig e irá à assembleia de acionistas, amanhã, para escolher o presidente e o vice-presidente estatutários. E também neste encontro, por minha indicação, a assembleia de acionistas elege os companheiros para o Conselho de Administração", diz ele e a frase "por minha indicação" reverbera em minha mente.

Ele fala alto, claro, em tom duro, às vezes tira e volta a colocar os óculos. De momentos a momentos, a câmera mostra a enorme plateia que está quieta, taciturna, ouvindo em total silêncio, muitos de cabeça baixa, evidenciando o clima do momento que vivem. É importante perceber que muitos, ali, tinham parentes na empresa que foram dispensados.

"O Conselho de Administração elege a Diretoria Executiva, que é esta diretoria que está sentada nesta mesa e que eu escolhi para trabalhar comigo e estou muito satisfeito com ela", diz, evidenciando, em uma curta frase, o fluxo de poder na empresa, pois ao mesmo tempo em que relata que o Conselho de Administração "elege" a Diretoria Executiva, ele logo emenda que essa mesma diretoria foi escolha sua. É importante destacar que este "conselho de administração" ainda é totalmente "variguiano", pois os "estrangeiros" só chegarão a esse conselho em 1994.

Imagens, sinais, acontecimentos. Estas coisas todas estão inter-relacionadas na cultura de uma empresa. Ele continua afirmando que "dentro" da Diretoria Executiva existe, ainda, um Comitê Executivo:

"Liderado por mim, que sou o Presidente, o companheiro Santos, Vice-Presidente, mais o Engenheiros Engels, Vice-Presidente Técnico, e o Walterson, Vice-Presidente de Administração e Recursos Humanos. E eu ainda acumulo a Vice-Presidência de Marketing, cujo companheiro está em formação".

Interrompo o vídeo aqui porque aquela é uma informação inusitada. Um vice-presidente de marketing em formação? Como? Não há gente capaz no mercado? Escrevo. Noto como o poder na Varig se desdobra em camadas até chegar a um núcleo que concentra as principais esferas de poder: a presidência, que acumula a vice-presidência de marketing, por onde passam muitos recursos; a vice-presidência técnica, que coordena as poderosas áreas de voo e operações; a vice-presidência de administração e recursos humanos, que concentra unidades poderosas como as de finanças e controle de pessoal.

Play.

"Esta é a estrutura que existe em nossa organização...", prossegue Thomas, "...então não tem o menor fundamento...", diz e para, tirando os óculos, "...eu já estou na Varig...", paro o vídeo e volto e ele repete esta mesma sequencia. Percebo que ia dizer algo e parou. O que não tem "o menor fundamento"? Deixo o vídeo seguir: "...eu já estou na Varig... comecei aqui em Porto Alegre em 1959, portanto vou fazer 33 anos na empresa, estou feliz com o meu trabalho, eu o escolhi, é o meu primeiro emprego[82] e não pretendo sair tão cedo...", prossegue.

Não acredito no que ele acabou de dizer. Se havia dúvidas de que estava acuado, essa frase se encarrega de mudar tudo.

"... é um trabalho muito difícil, não é fácil não, mas eu estou muito feliz e muito contente com o que eu faço, portanto não tem o mínimo fundamento algum comentário que eventualmente tenha existido dentro da empresa", completa, colocando os óculos e abaixando a cabeça.

Que comentário existiu?

É óbvio que ele fala dos boatos que circulavam sobre sua saída. A câmera mostra a plateia e não há reação alguma. As pessoas, os "variguianos", estão ali mas é como se não estivessem, tamanho é o silêncio. Ele evidencia fragilidade ao se defender de algo que não consegue sequer nominar. Dito isto, começa a falar da crise.

Diz que está ali para debater problemas e o primeiro deles é a ociosidade. Quer que todos ali ajudem a combater a ociosidade. "Se há uma área com 20 pessoas, que, segundo vocês mesmos, pode fazer as coisas com 15, não ajudamos a empresa mantendo 20 pessoas na área", exemplifica.

Vocês mesmos? Que executivo diria algo semelhante? Entregar aos próprios empregados a decisão do corte?

"O mundo está muito competitivo e só vão sobreviver as empresas leves, de baixo custo. As empresas pesadas não vão sobreviver", vaticina.

Ele volta a reiterar que não quer tirar o emprego de ninguém, pois o maior valor da Varig são as pessoas. Mas, em seguida, começa a enumerar as perdas da indústria

---

[82] Na verdade, a Varig foi o primeiro emprego de muitos daqueles que o ouviam naquele momento.

aeronáutica mundial:

"Segundo dados da IATA, a indústria da aviação perdeu US$ 7 bilhões nos últimos dois anos em função da recessão mundial e de acontecimentos como a Guerra do Golfo. Na Ásia, a Japan Airlines perdeu US$ 64 milhões; nos EUA, a American perdeu US$ 240 milhões, a Delta perdeu US$ 275 milhões e a United US$ 494 milhões e estão hoje amparadas pela lei que protege empresas em concordata; mas naquele mesmo país faliram a PanAm, a Midway e a Easthern. Na Europa, a AirFrance perdeu US$ 127 milhões, mas recebeu um aporte do governo francês de US$ 510 milhões; a Ibéria perdeu US$ 497 milhões, mas recebeu aporte governamental de US$ 1,2 bilhão; a Lufthansa perdeu US$ 250 milhões e nada recebeu; a TAP perdeu US$ 41 milhões e recebeu dois aportes, um de US$ 246 milhões a título de capitalização e mais US$ 238 milhões a título de subvenção, isso em um país do tamanho de Portugal", relaciona.

Os números que Thomas desfia estão corretos. De fato, ao contrário da maioria dos países, que protegeu suas companhias aéreas nas crises mais agudas, o Brasil optou por uma nova modalidade de "proteção": recebia apoio aquela empresa que tivesse melhor relação "política" com o Governo Federal, sendo que as demais eram abandonadas à própria sorte. Naquele momento, a empresa "eleita" pelo governo Collor era a VASP.

Ele fala dos mais de 500 aviões parados nos Estados Unidos, como havia noticiado o Fantástico na semana anterior, e trata do cenário nacional, onde, nos últimos seis anos, o país vira desfilar todo tipo de plano de salvação nacional: Cruzado 1 e 2, Bresser, Collor 1 e 2 e, quiçá, o Collor 3, que se avizinhava, com uma provável troca de ministros:

"Nada disso deu certo e esses planos todos nos atrapalharam, às empresas e a vocês, pois todos estamos ficando mais pobres", comenta, buscando empatia com a audiência que segue taciturna.

Thomas explica aos funcionários que uma rentabilidade ótima no mercado da aviação é de 5% a 6%, algo impossível de se alcançar quando o país enfrenta uma inflação de 20% ao mês.

"Vivemos uma demanda estagnada há seis anos, ou seja, há seis anos que o mercado de aviação nacional não cresce. Continuamos transportando 14 bilhões de passageiros/km. No mercado internacional, seguimos com demanda estagnada por três anos", diz.

Não bastasse isso, prossegue, "quando levamos nossos custos ao DAC para autorização de reajuste da tarifa, pedimos 30% e eles autorizam apenas 20% e somente 15 dias depois de nossa solicitação, quando a inflação já consumiu metade do reajuste concedido". Ele lembra que o Brasil não tem mercado interno suficiente para acomodar três empresas nacionais voando ao exterior[83], o que iria, fatalmente, fragilizar todos os concorrentes.

"Mas isso é uma decisão do governo e cabe a nós acompanhá-la e não questioná-la; no entanto, para operarmos com lucratividade teremos que reduzir custos", constata.

Ele critica de modo contundente o que considera "um erro do governo", ou seja, o fato de que a entrada de VASP e Transbrasil no mercado aéreo internacional trouxe ao Brasil as poderosas American e United:

"Isso foi um tremendo erro do Governo Federal, pois está havendo um forte aumento da oferta de assentos em um momento em que há uma retração econômica, o que vai fragilizar justamente aquelas companhias que atuam em mercados limitados como o Brasil e com custos maiores, como as brasileiras", diz.

Logo ele se lembra de algo e faz uma ressalva:

"O que estou falando diz respeito ao DAC[84], especificamente ao DAC, não ao Ministério da Aeronáutica, uma instituição que merece todo o nosso respeito", lembra.

Essa ressalva mostra, de fato, o espírito "militar" da Varig.

Thomas ressalta que a estagnação do mercado, a elevação de custos, a concorrência desleal com gigantes como American e United, elevou o endividamento da Varig, que precisou recorrer a empréstimos através de bancos europeus para quitar dívidas no Brasil:

---

[83] Na verdade seriam quatro em breve, coma entrada da TAM.
[84] Departamento de Aviação Civil, do Ministério da Aeronáutica, substituído pela ANAC.

"Os juros, no Brasil, são de 60% reais[85] ao ano[86], o que torna inviável a rolagem de dívidas no país. Por isso, a Varig captou recursos na Europa, a taxas menores, quitando dívidas no Brasil. Temos, ainda, um patrimônio de US$ 513 milhões, mas precisamos nos precaver", comenta.

Ele enfatiza a necessidade de prestar um serviço de qualidade. Reclama que a Varig perdeu suas principais características que eram "uma saudável agressividade e um constante entusiasmo", que ficaram perdidos no tempo.

As pessoas na plateia o olham como se olhassem um trem que passa ao longe.

Não há emoções naqueles olhares.

"Nosso serviço é bom, mas pode ser melhor, coisinha detalhe", ressalta. "Precisamos melhorar nosso serviço, torná-lo excelente, fazer inveja aos concorrentes nacionais e também aos internacionais. Como já disse, temos concorrentes do maior nível. Citei aqui os americanos, mas temos também a concorrência da British Airway, que vai a Londres; da Lufthansa, que vai a Frankfurt; da KLM, que vai à Holanda. No mês passado, a British Airway ofereceu passagens com 45% de desconto. Eu não posso dizer à British que não dê descontos, o único que posso fazer é reduzir nossos custos", enfatiza.

Em seguida, ele assinala que a Varig precisou fazer três adequações nos últimos meses de 1991 e nos primeiros meses de 1992, reduzindo a oferta de assentos em 50%:

"Vejam bem, vejam esses números, reduzimos nossa oferta de assentos em 50% e, mesmo assim, estamos voando com apenas 50% de aproveitamento", alerta.

E, no entanto, o "plano" para conquistar clientes, que ele afirma e reafirma a todo momento, é o aprimoramento da qualidade, melhor qualidade, qualidade insuperável. Há uma profunda incoerência no discurso de Thomas. TAM e Gol mostraram que conquistaram o mercado doméstico justamente percorrendo o caminho inverso, ou seja, limitando a qualidade, o serviço de bordo, o nível de atendimento, os serviços agregados à venda de passagens, tudo isso para oferecer um preço menor, pois, afinal, em tempos de crise para as companhias aéreas e para os passageiros, o preço final das passagens

---

[85] Acima da inflação.
[86] Hoje são mais de 120%.

tem primazia sobre aspectos como "qualidade de serviço de bordo". Já comeu barrinhas de cereal na Gol ou sanduíches empacotados na TAM? O que parece evidente é que os diretores da Varig não voavam nos aviões da concorrência e deveriam tê-lo feito.

Ele cumprimenta os funcionários pelo esforço de redução de custos. Diz que está sentindo que todos os setores da empresa estão unidos nessa empreitada, mas há um grupo que vem mostrando empenho especial: o grupo de voo.

"Pela primeira vez nos meus 33 anos de empresa vejo o grupo de voo totalmente empenhado em reduzir custos, dando sugestões, economizando, atuando com responsabilidade", comemora.

Então me lembro do depoimento de Bassani. Aquele empenho do grupo de voo, no entanto, vai ter um preço. Em alguns anos os pilotos vão reivindicar 10% da economia que promoveram e a recusa em atender este pedido vai desembocar no movimento de ação industrial, uma violenta tentativa de tomada do poder na empresa por parte da Associação dos Pilotos da Varig (APVAR).

Ele lamenta o fato de não poder cumprir a convenção coletiva, pois não tem recursos para isso. Diz que os credores propõem uma fusão entre todas as empresas do grupo, a Varig, a Rio-Sul e a Nordeste, mas não explica o que a direção da empresa fará a respeito. Comunica que cancelou o contrato com a empresa de alimentação, que produzia refeições para os passageiros, pois foi alertado da queda de qualidade nos alimentos. Acho estranho este discurso. Qualidade, qualidade, qualidade, quando começavam a surgir concorrentes que não se preocupavam sequer com refeições a bordo.

"Estamos sendo criticados porque criamos uma nova joint-venture com o grupo Marriot, para a estruturação de uma empresa de alimentação. Mas é importante que vocês saibam que a Varig não gastou um centavo a mais em alimentos do que já gastava e, mesmo assim, nos tornamos sócios de uma empresa de alimentos com o grupo Marriot. Isso é aproveitar uma oportunidade e não desperdiçar dinheiro", defende-se.

Leio nas entrelinhas o tempo todo, afinal essa é a minha profissão. Para uma empresa que teve que cortar a oferta em 50% e ainda assim viaja com 50% de ociosidade, "manter o que gastava em alimentação" apenas para abrir uma joint-venture com o grupo Marriot é certamente um grande erro.

Ele enumera os negócios potenciais que podem ajudar a Varig a diminuir suas perdas e fala da "Agro Varig", um empreendimento iniciado por Ruben Berta, no setor do agronegócio, que, naquele momento, significava fazendas no interior do Brasil que mais consumiam recursos do que geravam qualquer tipo de renda.

"Mas, o que mais precisamos ter é austeridade, disciplina e lealdade entre nós", argumenta. "E o que é disciplina entre nós? Há poucos dias, eu soube de um episódio lamentável. Um avião nosso, que decolava de Miami para o Rio de Janeiro, tinha apenas três passageiros na primeira classe, pessoas que tinham pago entre US$ 5.000 e US$ 6.000 pelo bilhete[87], cada uma. Com o avião em voo, um funcionário da Varig, aqui da empresa, que voava de classe econômica, se achou no direito de ir para a primeira classe e, ainda por cima, levar outros três companheiros com ele, perturbando os passageiros que estavam na primeira classe e que haviam pago pelos bilhetes. Isso não pode acontecer. A regra diz, claramente, que qualquer ajuste de passagem deve ser feito em terra, jamais em voo. Isso não se faz, isso não pode acontecer", reclama.

Ele volta a falar sobre qualidade, qualidade e qualidade e termina dizendo que as pessoas podem fazer perguntas. Nenhum diretor falou, apenas ele. Então, quando imagino que vou, finalmente, conhecer que tipo de perguntas os "variguianos" faziam à direção da empresa, um manto negro toma a tela.

---

[87] Já imaginou isto? Houve época em que pagávamos US$6.000 por um bilhete para Miami.

Walterson Caravajal, ex-Vice-Presidente de Administração e Recursos Humanos e Walterson Caravajal Júnior, ex-Diretor de Planejamento da Varig

Abril de 2007.

Pesquiso nomes na Internet o tempo todo. Em um momento, encontro um "Walterson Caravajal" que, suponho, foi o Vice-Presidente de Administração e RH da Varig e um dos sete primeiros curadores da empresa quando Rubel Thomas foi empurrado para fora da companhia, em 1994. Mando um e-mail.

Dois dias depois recebo a resposta. É o Walterson, mas o filho, não o pai. Ele me diz: "Talvez você esteja se referindo a meu pai, que foi o Vice-Presidente da Varig. Eu também trabalhei na Varig, mas acho que você quer mesmo falar com ele", responde, me dando o e-mail do pai.

Digo que gostaria de falar com ele também, se fosse possível, pois Walterson Caravajal Júnior trabalhou com Harro Fouquet, na diretoria de planejamento, uma área estratégica na companhia.

Mando um e-mail para Walterson Caravajal e dez dias depois recebo a resposta:

"Moro em Angra dos Reis e não saio de minha casa por nada deste mundo. Se você se dispuser a vir, conversamos", responde.

Ligo para Isaac Levy, meu tio, que tem um simpático hotel em Ubatuba, na Praia da Lagoinha, no litoral norte de São Paulo, mas já foi executivo de grandes corporações. Conto a ele sobre minha pesquisa e ele diz: "Varig? Caramba, você só se mete em encrenca!". Digo a ele que preciso de uma base de apoio, pois meu plano é sair de São Paulo em uma sexta-feira à noite dirigindo meu carro, dormir em Ubatuba, ir para Angra dos Reis no sábado pela manhã, falar com Caravajal, voltar à noite, dormir outra vez em Ubatuba e retornar para São Paulo no domingo. Ele diz: "Venha, tenho poucos hóspedes agora".

Marquei com Caravajal às 10h da manhã, mas, embora a estrada esteja vazia, chego por volta das 11h. Subestimei a distância entre Ubatuba e Angra dos Reis, muito embora tenha trabalhado três anos na Revista 4 Rodas e percorrido aquele mesmo caminho várias vezes nos anos 1980. Pouco antes de chegar ao condomínio onde ele mora, vejo uma cena estarrecedora. Barracos e barracos amontoados em morros de terra nua, diante do mar verde, lindo, simplesmente resplandecente de Angra dos Reis. Horror e beleza ali, frente a frente, como em uma luta de vida e morte.

Erro a entrada do condomínio e me explicam que é logo ali, adiante, um quilometro e meio. Chego então. Sou anunciado e Caravajal, o pai, me espera à porta, orientando-me como devo estacionar o carro. Fico sabendo que Caravajal Júnior, o filho, está a caminho e nos encontrará para o almoço. Chego a uma sala aconchegante, bem arrumada, com móveis confortáveis, de frente para um jardim e Caravajal me apresenta a mulher, que é muito bonita e bem mais jovem do que ele.

"Ela é minha prima, mas como decidimos que não vamos ter filhos, resolvermos morar juntos", me diz e aquela confissão me surpreende, pois acabamos de nos conhecer.

Ele me mostra a casa, o escritório onde trabalha, o computador onde recebeu meu e-mail, o jardim e, descendo as escadas ainda mais, uma edícula ao lado da qual se pode ver um tanque cheio de água. Ele joga algo na água, que se agita intensamente, revelando que se trata de um criadouro de peixes.

"De vez em quando eu venho pescar aqui", conta ele e aquilo me revela um pouco mais sobre a personalidade deste homem que, muitos dizem, ambicionou se tornar presidente da Varig, mas foi traído por Yutaka Imagawa.

Pescar naquele tanque?

É quase possível pegar os peixes com a mão, pois eles se amontoam em um espaço relativamente pequeno. Então, imagino que Caravajal é um homem focado, determinado, que cria as condições para conseguir o que quer.

Foi assim na Varig.

Ma ele falhou.

Voltamos ao jardim, do lado de fora da sala, e ele me oferece cerveja. Digo que prefiro não beber, pois vou ter que dirigir de volta a Ubatuba. Ele me olha tirando o caderno da mochila e pergunta se não seria melhor gravar. Digo que sim, que vou gravar, mas que também faço anotações no caderno para destacar os pontos que julgo mais importantes da conversa. Enquanto ligo o pequeno gravador Sony e me acomodo no sofá, vou enumerando as pessoas com as quais já conversei e ele sorri. Não me pergunta o que os outros disseram, o que eu já sei, o que eu não sei, e atribuo isso à segurança de alguém que não teme nada nem ninguém.

Caravajal é gaúcho e isso dá a ele um ar de enorme superioridade e força, até uma certa arrogância que se torna difusa em função do fato de que é muito bem humorado. Me diz que o sobrenome dele, de origem espanhola, parece indicar um "falso" espanhol, pois é mais comum encontrarmos "Carvajal", sem o "a", mas que aquele "a" inserido ali, bem no meio, dá ao seu "Caravajal" uma força adicional, um tom mais afirmativo, mais imperativo e eu concordo com ele.

Caravajal conhece Selene Medeiros. Sabe quem é e diz que tem boas lembranças desse mecânico de voo que, hoje aposentando, tendo perdido a complementação de aposentadoria do Aerus, se dedica a espinafrar os poderosos.

"Recebo e-mails dele o tempo todo e me divirto muito", diz.

Ele me conta que Ruben Berta levava a Varig com grande liderança e entusiasmo. Administrava através de papéis sujos que catava pelo chão e onde ia anotando coisas, determinando procedimentos e distribuindo ordens. Quando circulava pelos hangares, os trabalhadores lhe pediam coisas e ele distribuía comandos escrevendo naqueles papéis, autorizando a emissão de passagens para parentes, férias adicionais e concessão de benefícios que o beneficiário levava diretamente à área de Recursos Humanos.

E o RH aceitava aquele papel sujo?

Sim, sem questionar.

Imagino quantos falsários não inventaram "ordens" de Berta que o RH cumpria sem questionar, pois ninguém se atreveria a perguntar ao comandante da Varig se aquela ordem, naquele papel sujo, era dele mesmo. Caravajal estava na sala ao lado quando Berta teve o infarto e morreu. Notou a agitação, a equipe médica da Varig chegando e tentando ressuscitar o líder, o frenesi que tomou conta de todos quando a morte foi constatada e a onda de choque que varreu a empresa quando a notícia se espalhou.

O imperador da Varig estava morto, mas seu sucessor estava já posto.

Segundo Caravajal, talvez a principal qualidade de Erik de Carvalho, além de ser um grande conhecedor do mercado de aviação, era o fato inegável de que ele tinha excelentes relações com as "autoridades", o que significava ótimo trânsito com os militares. Esta informação reforça, de modo contundente, o que o livro "Pouso Forçado" afirmou e reafirmou exaustivamente, ou seja, que a destruição da Panair foi tramada a partir da Varig. Como logo iremos ver, outros executivos da Varig, especialmente Fajerman, tiveram um papel semelhante, mostrando que a história se repete e se repete e se repete.

Uma das primeiras decisões de Carvalho, conta Caravajal, foi renovar a frota da empresa não com os Boeings que a Varig usualmente operava, mas com uma nova frota de DC 10 da McDonnell Douglas, os aviões da Panair, e que, não por coincidência, eram muito utilizados pelo exército norte-americano. Em 1971 e 1972, defende Caravajal, tratou-se de uma decisão muito acertada, pois os aviões eram melhores e seu custo bastante inferior aos praticados pela Boeing.

Ele refuta a tese de que a Varig era uma empresa "pioneira" ou "inovadora": "A Varig não inventou nada", diz.

A rede de hotéis, a empresa de locação de automóveis, as fazendas, a empresa de informática, a empresa de serviços aeroportuários, como a SATA, a corretora de valores, a Varig Travel, tudo isso vinha sendo praticado por outras companhias naqueles tempos, revelando que a empresa era, quando muito, uma observadora atenta.

"Ao longo do tempo, a Varig se tornou uma constelação de 22 empresas, muitas das quais tinham pouca relação com o foco da empresa mãe. Estas empresas eram, quando muito, boas apostas, mas suas estruturas consumiram recursos imensos, o que fragilizou profundamente a saúde financeira da Varig", explica.

Ele revela que várias dessas empresas tinham "despesas ocultas", promovidas por administradores relapsos que, quando reveladas, terminavam caindo no colo da Varig, pois a Varig era a mãe de todas elas. Então, antes que eu pergunte, ele responde:

"Mas essas empresas, em muitos sentidos, acomodavam os relacionamentos de poder da estrutura da empresa, o que levava ao comando dessas companhias, muitas vezes, pessoas que não tinham *expertise* nenhuma naquele negócio. Assim, ficamos sem saber, de fato, se as empresas eram ineficientes e nunca seriam bons negócios, ou se o problema residia na inépcia de executivos que nada entendiam daqueles empreendimentos. Um entre muitos exemplos dessas práticas foi, por exemplo, a nomeação de um advogado, chefe da área jurídica da empresa, para presidir a rede de hotéis Tropical, o que só poderia terminar em desastre", analisa.

Caravajal evidencia, claramente, o fato de que Erik de Carvalho era um "estranho no ninho" quando afirma que, assim que ele morreu, Hélio Smidt afastou todos aqueles que tinham relações com o imperador anterior, trazendo "sua própria tropa de assalto", os gaúchos "puros de origem", entre os quais, certamente, estava ele próprio.

Mas Smidt também se foi e chega a vez de Thomas.

Caravajal assinala que, neste momento, começaram os problemas com as subsidiárias, pois, como vimos, os recursos da Varig minguavam aceleradamente em função do fato de que a empresa havia perdido suas conexões com o governo de plantão. E quem é do ramos sabe que, perder uma conexão, significa perder tempo, dinheiro e oportunidades.

"Santos, Engels e Rubel começaram a divergir em relação ao futuro. Discutia-se muito e resolvia-se pouco. Alguns propunham a venda de subsidiárias, outros atacavam aquela ideia como se fosse uma traição. Com a crise a pleno vapor e pressionada por fatores tanto internos quanto externos, a Varig resolveu mudar de uma autocracia para uma democracia, sem tempo para errar", diz.

Pressões internas, como as produzidas por Martins e pela turma da APVAR; pressões externas, como as produzidas pelos credores, que afinal se tornaram "comandantes" da empresa; a autocracia de um imperador, como Thomas; a "democracia" de um Conselho de Curadores, do qual Caravajal fazia parte; consigo entender claramente tudo aquilo que esta frase oculta, pois é inegável o fato de que o Conselho de Curadores não representou a democratização dos processos de decisão na companhia.

Caravajal está convencido de que os governos que sucederam os militares – e aqui está mais uma confirmação do fato de que as companhias aéreas brasileiras sobrevivem enquanto atendem certos interesses de governo – praticaram uma deliberada ação de desmonte da Varig. Consigo enxergar isso, claramente, mas uma pergunta brilha em minha mente: se os governos Sarney, Collor, FHC e Lula da Silva representavam o lado de lá, o lado ameaçador que promovia o "desmonte" da companhia, a Varig mesmo representava qual lado? Um poder militar, ainda oculto, na pseudo democracia brasileira? O capital nacional em meio a um setor que vai se desnacionalizando a despeito de uma lei que impede esse movimento? O "trabalho", representado pela Fundação Ruben Berta, contra o "capital", representando por companhias como TAM e Gol, com investidores como GE e AIG?

Walterson Caravajal Júnior, filho de Caravajal, chega.

"Eu convenci meu pai a receber você depois que fiz uma pesquisa a seu respeito na Internet. Eu disse a ele: um sujeito que é professor da Metodista, que escreve livros, que é jornalista, certamente não é um mau-caráter", diz Walterson[88] e eu rio porque o fato de ser professor, escrever livros e ser jornalista certamente não torna ninguém um poço de virtude. Além disso, acabo de perceber que se eu uso a Internet para pesquisar sobre meus entrevistados, eles também usam a Internet para pesquisar a meu respeito.

Walterson diz que a desestruturação do poder na Varig se agravou de tal maneira que, em 2001, o plano de recuperação da empresa aprovado junto ao Governo Federal era desconhecido dos diretores da companhia:

"Aprovou-se aquilo porque, de fato, não havia outra opção", diz e aquela observação

---

[88] Como a conversa passa a ser com os dois, para distingui-los usarei Caravajal para o pai e Walterson para o filho.

evidencia a deterioração de uma estrutura de poder a ponto de podermos já observá-la literalmente à deriva.

O pai se retrai um pouco e apenas observa o filho, enquanto ele fala. Voltam a me oferecer cerveja e novamente recuso. Começo a notar os preparativos para o almoço e digo:

"Não quero incomodá-los. Se quiserem, podemos parar por agora e eu volto em uma ou duas horas".

"Você não vai almoçar com a gente?", pergunta Caravajal.

"Não quero incomodá-los", digo.

"Eu contava que você ficaria para almoçar", ele diz.

Então fico para almoçar.

"A Varig começou a competir consigo mesma, atuando com estruturas diferentes, como as que mantinham as operações da Nordeste e Rio Sul. Somente mais tarde, quando a situação já era caótica, é que a direção da companhia optou por fundir essas operações em uma só", diz.

Com a imposição dos credores de uma mudança radical na estrutura de poder da Varig, como já vimos, nasce o primeiro Conselho de Curadores e Caravajal fazia parte dele. Ele assinala que combateu duramente a ideia de que integrantes deste conselho assumissem funções executivas na empresa, como diretores ou até mesmo como presidente, mas não foi ouvido. Em dado momento, estabeleceu-se que apenas três destes conselheiros poderiam acumular cargos executivos, o que, segundo ele, era um grande erro, pois este conselho deveria ter função consultiva, de acompanhamento e de cobrança de resultados. E como cobrar resultados de alguém que faz parte do conselho? Um grave exemplo, ele diz, era a função de Joaquim dos Santos, que além de conselheiro era diretor financeiro da empresa, responsável direto pela administração dos recursos da companhia.

Paramos para almoçar por cerca de uma hora e eu levo o caderno e o gravador para a mesa. Conversamos. Vez por outra, quando acho o tema muito importante, faço uma rápida anotação. No almoço, eles me oferecem vinho e aceito uma taça que deixo intocada. Terminado o almoço, voltamos para o sofá da sala.

"Como você quer continuar isto, vamos por ordem cronológica?", me pergunta Caravajal.

"Pela ordem que vocês acharem mais importante, não quero contar a história da Varig, quero explicar sua decadência", digo.

Walterson acende um charuto e o dá ao pai. Depois acende outro para ele. Ele se recosta na poltrona e diz:

"A Varig começou a viver um perigoso vácuo de poder. As pessoas que comandavam a empresa estavam perdidas, seguiam o primeiro que parecesse ter uma ideia boa. O Fajerman começou a defender o compartilhamento de voos com a TAM, pois isso, segundo ele, daria fôlego para a empresa se rearticular. Ele era o Vice-Presidente da companhia e tinha assumido a presidência algumas vezes, sempre que um presidente saía. Quando ele finalmente nos mostra o plano do compartilhamento de voos com a TAM, coisa que relutava fazer, percebo claramente que aquele era um plano de rendição, ou seja, de entrega da Varig para a TAM. Disse isso a ele. Mais: afirmei, com todas as letras, que ele era um traidor, que estava traindo a Varig. Então ele me disse que a Varig estava morta, de fato, e que ele agora estava pensando em si próprio, em sua carreira, e no cargo de vice-presidente que iria assumir na TAM, pois já acertara tudo com eles", diz e paro de respirar nesse momento.

Jura?

"Falo na cara dele se o encontrar", enfatiza Walterson.

Fico em silêncio.

Penso no encontro com Fajerman no aeroporto Santos Dumont, nas ligações inúteis, nos e-mails que começaram a voltar, em seu cartão sujo e amarrotado, em sua aparência de caranguejo quando começou a andar de lado, sinalizando que tinha pressa mas que, mesmo assim, me ouviria por alguns segundos. Agora o vejo nitidamente como o legítimo representante de uma antiga linhagem que tem em Erik de Carvalho um símbolo. Mas Fajerman é diferente de Carvalho em vários sentidos, pois se o traidor da Panair era uma homem articulado com o poder, Fajerman, nas palavras de Walterson, não passava de um oportunista.

Walterson aprecia o charuto e me pergunta:

"Toma um licor?"

Digo que não, que terei que dirigir para Ubatuba.

A mulher de Caravajal serve o licor e voltamos a falar. Digo acerca do meu estranhamento, isto é, do fato de que notei o nome do Comandante Rolim Moura, da TAM, associado a alguns executivos da Varig, como o próprio Thomas, Ermakoff e Fouquet, e me questiono se o presidente da TAM não vinha tramando contra a Varig em parceria com estas pessoas.

"O Rolim atuou de maneira aberta e escancarada visando desarticular a Varig, atraindo vários dos executivos da empresa para sua esfera de poder e relacionamento, evidentemente prometendo coisas. Que coisas? Não sei, só posso imaginar. O Fajerman disse que tinha negociado o cargo de vice-presidente e isso foi cumprido, de fato, pois ele está lá até hoje[89]. Mas existiram outros, como você mesmo notou. Não sei te dizer se isso é verdadeiro em relação ao Fouquet, pois ele era uma pessoa à moda antiga, ou seja, acreditava em honra, lealdade, essas coisas; mas ficou lisonjeado com o fato de que o presidente de uma empresa concorrente se lembrava dele e o achava importante. Ele tinha uma visão cartesiana e tacanha da realidade, ou seja, sabia quantos aviões tínhamos, avaliava o crescimento do mercado em 3%, 4%, 5% e planejava a compra de aviões dentro dessa realidade, como se nada mais fosse mudar. Quando a Varig, nos anos 1990, precisou reduzir sua oferta em 50%, a grande responsabilidade por esse acumulo de erros era da área de planejamento, comandada por Fouquet, que estimou um crescimento de demanda eterno", diz Walterson.

Sinto um calafrio percorrer a espinha e suspiro. Me pergunto se os "erros" são erros

---

[89] No momento em que escrevo, Fajerman já deixou a TAM e se tornou Vice-Presidente da Gol, a empresa, hoje, melhor "relacionada" com o Governo Lula da Silva.

de fato. O cheiro doce do charuto se espalha pela sala e me traz de volta àquela conversa. "Não importa o que as pessoas falam, importa o que elas fazem", penso e aquele pensamento me leva ante a incrível realidade de homens tramando de modo descarado a ruína da empresa que diziam defender, sem perceber – ou até mesmo percebendo – que as vidas de milhares de pessoas dependiam daquela organização.

Walterson ri.

Ele me olha e diz que um episódio pode explicar claramente como a Varig já não tinha comandante em 2003, o ano da operação de compartilhamento de voos com a TAM:

"O Yutaka, que sairia da Varig no final de julho daquele ano, promoveu uma reunião de funcionários no Hotel Glória, no Rio de Janeiro, no estilo daquelas feitas pelo Rubel, em 1992. O presidente da Varig, à época, era o Roberto Macedo, que voltara à empresa em maio, depois de ter sido demitido pelo Arnim Lore em outubro de 2002. Havia um grande caos no ar. Alguns dias antes, eu havia desenvolvido um plano de recuperação da empresa, que era muito simples: cortes, cortes, cortes. Cortes de linhas deficitárias, cortes de empregos em todas as áreas, segundo determinadas porcentagens, para evidenciar que não se tratava de perseguição política; cortes de despesas, vendas de empresas deficitárias, entre outras propostas mais pontuais. No dia do encontro, eu deveria apresentar o plano, mas havia um problema: nem o Yutaka, do Conselho de Curadores, nem o Macedo, presidente da empresa, tinham visto o plano ou conheciam seus detalhes. Como não havia mais tempo, eles me disseram para apresentá-lo assim mesmo. Apresentei o plano e os funcionários o aplaudiram de pé. Menos um: o Fajerman, que argumentou que cortar voos não era solução. Hoje percebo, claramente, que fosse qual fosse a solução apresentada, ele seria contra, pois sua implementação podia significar a salvação da empresa, algo que ele estava ali para impedir", conta.

Acho chocantes aquelas revelações e não tenho motivos para não acreditar nelas. Caravajal sente minha angustia e propõe uma parada para o café. Vamos à varanda e ele nota fumaça saindo de uma área densamente arborizada. Então pergunta ao caseiro se aquilo é fogo e o sujeito diz que é "fumacê".

O que?

Caravajal ri: "Fumacê é aquela dedetização que a prefeitura faz para matar o mosquito da dengue".

"Você conhece o episódio da liquidação da Escola de Aviação da Varig e sua entrega para a PUC do Rio Grande do Sul? Você era do RH, deve saber", pergunto a Caravajal.

"O que tem?"

Estamos olhando o "fumacê".

"O Guedes me disse que o Thomas transferiu a escola da Varig para a PUC-RS, para a Faculdade de Ciências Aeronáuticas de lá, comandada por uma mulher que ele classificou de gananciosa. Segundo ele, o pessoal que essa escola passou a formar era uma turma que só pensava em dinheiro, carreira e status, sem compromisso nenhum com a Varig", digo.

Ele ri:

"Isso é bobagem. Os alunos formados nessa faculdade não representavam mais do que 3% do total de empregados, logo, não tinham poder algum de causar comoção nenhuma. A única coisa que sei dessa mulher "gananciosa" que o Guedes citou é que ela é lindíssima, além de ótima pessoa, e escreveu um estudo interessante sobre a cultura da Varig, que você devia ler. O Ermakoff tem uma cópia. Se ele não te arrumar, eu tenho uma cópia aqui", rebate.

"Como ela se chama?"

"Maria Regina Xausa, mora em Porto Alegre. Isso do Guedes é bobagem, bobagem mesmo. A escola que saiu da Varig para a PUC formava pessoas segundo critérios muito rígidos definidos pela própria Varig. Quer ver como é bobagem? A maioria dos pilotos que a escola formava era composta por filhos de pilotos da Varig".

Voltamos para a sala e Walterson pergunta:

"Acho que já sei sua resposta, mas vou perguntar assim mesmo. Toma um uísque?"

Rio e digo que não, mas os dois se servem de uísque. Os charutos continuam acesos e imagino que, enquanto estiverem assim, estaremos livres do mosquito da dengue, pois a fumaça agora toma toda a sala. A mulher de Caravajal finalmente se senta a nosso lado e ela logo diz a ele:

"Já contou a ele que os conselheiros queriam que você fosse presidente e você nunca quis?"

Caravajal ri e diz:

"Deixa, esquece isso, é passado".

Ela se cala então.

"Me fala sobre o Imagawa", digo, sem me dirigir a nenhum deles especificamente.

É Walterson quem responde:

"Ele não é conhecido por esse nome, as pessoas o chamam de Yutaka".

"É hábito de jornalista, chamamos todo mundo pelo sobrenome", digo.

"O Yutaka era um homem despreparado para o cargo que ocupava, de presidente do Colégio Deliberante e Vice-Presidente da empresa, com assento, ainda, no Conselho de Curadores. Ele fez negócios pouco justificáveis como, por exemplo, vender a VarigLog e a VEM[90], a qualquer preço, apenas para fazer caixa. Além disso, criou uma série de empresas que fatalmente virariam cabides de empregos, o que, de fato, aconteceu. Mas isso não é o pior...", diz e volta a tragar do charuto.

Espero.

"O pior, mesmo, foram os negócios com a família Folegatti, que controlava a BRA. Questionei o Yutaka várias vezes sobre coisas como móveis da Varig que iam equipar agências da BRA, acordos que poderiam beneficiar a Varig que eram transferidos para a BRA e a todo o momento ele me dizia que aquilo era uma "estratégia", uma estratégia de negócios que eu era incapaz de entender, uma "estratégia" para fortalecer a BRA e fragilizar a TAM. Grande "estratégia" aquela que, na verdade, fragilizava mais ainda a

---

[90] VEM, Varig Empresa de Manutenção, que equivalia à área de manutenção da empresa, vendida para a TAP de Fernando Pinto.

Varig e parecia mesmo ter sido criada para preparar o terreno para ele se transferir para a BRA quando as coisas apertassem", diz.

Caravajal assinala que a mudança da estrutura de poder da empresa, de uma situação de autocracia para uma democracia relativa, não gerou a crise na Varig e é errado supor isso, pois essa mudança foi uma resposta à crise que já estava instalada. Mas ao invés de atenuar os problemas e resolvê-los, a criação do Conselho de Curadores aprofundou os problemas.

"Erramos terrivelmente ao imaginar que a mudança de um modelo autocrático para algo mais democrático mudaria as pessoas automaticamente, pois logo que foi possível a organização retomou o modelo autocrático de governança, estabelecendo uma luta sem trincheira contra inimigos imaginários ou reais que já haviam se instalado no interior da companhia", diz.

Este depoimento é importante porque revela a complexidade da cultura da Varig e o fato inexorável de que não se muda cultura através de decretos ou promessas de um porvir melhor. A nova estrutura de poder, superficial em sua essência, não alterou as relações de poder no interior da companhia, que seguiam buscando preservar seus espaços em um momento em que os recursos se tornavam escassos e as demissões reduziam os tamanhos dos exércitos.

"E o Fernando Pinto? Sei que foi em sua época que ele foi demitido e terminou indo para a TAP", digo, buscando entre minhas anotações a impressão de um texto do jornal português "O Semanário", publicado em 2005.

"O Fernando Pinto é a história de uma fraude. Ele se reunia com o Conselho de Curadores e apresentava números frequentemente inconsistentes, incompletos, dúbios, que mais pareciam mascarar uma certa realidade do que mostrá-la. Tudo era positivo, mas tudo podia ser negativo, dependia de como se olhasse a questão. Por essa razão ele foi demitido", conta Caravajal.

Começo a rir e mostro a ele o texto do jornal português, cujo título era: "Por que ninguém demite Fernando Pinto"?

> Na TAP vive-se em súbita bonança. Na banca percebe-se que a TAP nunca teve tanto dinheiro como agora. Nem no tempo da guerra colonial, comentou ao SEMANÁRIO um banqueiro português. E tudo porque a TAP vendeu o *handling* e recebeu a pronto, comprou os novos aviões mas não os pagou. Para esta ilusão contribui também a imagem que Fernando Pinto faz de si em paga nos media. Nos últimos quatro anos as contas têm sido manipuladas, acredita-se nos meios financeiros. Os resultados da TAP continuam a ser negativos e só não são mais negativos, porque o senhor Pinto compra bilhetes que a TAP efetivamente não vende e reflete isso no balanço, sem que nenhum auditor expressamente o diga. Ainda por cima o senhor Pinto conta com um grupo de jovens MBAs, que desconhecem contabilidade e que avalizam a "brincadeira". Depois, no Brasil, passa a imagem que é importante em Portugal e aqui que é um bom gestor de escala internacional. Tem resultado e a TAP, embora com menos patrimônio, parece estar rica. [91]

Ele ri também e me devolve o papel.

"Vê o que eu digo? Ele está fazendo lá o mesmo que fez aqui. Quando o Yutaka propôs demitir o Fernando Pinto eu concordei imediatamente, pois a questão era muito simples: Fernando Pinto entrou em um guerra estúpida de preços com a TAM e VASP e outras empresas, enterrando ali milhões de reais, o que ampliou significativamente o endividamento da empresa. Não bastasse isso, ele agia de modo perdulário e irresponsável, gastando dinheiro que não tinha em eventos com agências de propaganda apenas para promover sua imagem pessoal. Os jornalistas do Semanário viram o que nós já estávamos cansados de conhecer, se tivessem nos perguntado, teríamos dito", conta.

Walterson adormece e o resto de seu charuto queima no cinzeiro. Caravajal se lembra de que 2.000 funcionários vieram da Panair para a Varig, mas poucos, pouquíssimos, eram pilotos, que preferiram voar fora do Brasil a seguir os passos de Erik de Carvalho.

"Você veio com essa suspeita sobre o Rolim, olha, vou te dizer uma coisa, não há nada aí a não ser coincidência, mas o helicóptero que o Rolim usava quando desabou por falta

---

[91] Jornal Semanário, de 16/12/2005.

de gasolina, com a amante, havia sido comprado da empresa do Marcos Audi, o mesmo sujeito que, agora, junto com esse fundo, comprou e revendeu a Varig", me diz ele, espantando-me. "É tudo coincidência, garanto, mas, como você vê, parece que os atores são sempre os mesmos".

Ele diz que os pilotos sempre foram um grupo à parte, que se julgava superior aos demais. Diz que se orgulha de ter demitido Lavorato e, ainda mais, por ter demitido Élnio Borges:

"Esse sujeito, em uma greve, pegou o quepe de comandante, com a marca da Varig, e arremessou-o ao chão, dizendo que estava em greve, que não trabalhava mais "nesta merda". A "merda", no caso, era a Varig, a empresa que o sustentava, a ele e a todos os pilotos da APVAR. Eu não vi a cena, me contaram. Comissários me contaram e estavam chocados, pois o quepe de capitão é um ícone, um símbolo da organização. Ele arremessou o quepe ao chão, como se fosse lixo. Então, não pensei duas vezes, coloquei-o para fora da Varig", diz e isso me faz lembrar a onda de choque que varreu o aeroporto do Galeão quando o último voo da Panair, vindo de Belém, tinha a bordo uma equipe sem o uniforme, um episódio registrado no livro "Pouso Forçado".

Os pilotos nunca gostaram de Caravajal e Caravajal nunca gostou deles. Era um ódio recíproco. Ele se lembra de um momento também muito revelador da cultura da Varig. Em 1987 ou 1988, em meio a uma greve de pilotos, todas elas lideradas por Lavorato com o apoio de Borges, Caravajal estava ao lado de Hélio Smidt no momento em que o presidente da empresa falava ao telefone com o presidente da Associação dos Pilotos da Varig, o Comandante Escobar:

"Eu estava ali, ouvindo o Smidt choramingando, dizendo "mas não vai dar, presidente?, será que não podemos resolver isso de outra forma?", um presidente da Varig se comportando como um menininho que implora ao pai por uma migalha de satisfação. Aquilo fez ferver meu sangue de gaúcho e de espanhol. Pedi o telefone ao Smidt de modo insistente e ele, ao fim, concordou em me passar o Escobar. Com o telefone nas mãos, eu disse: 'Quem fala? Escobar?' E ele disse: 'Sim, quem é?' Então eu ataquei: 'Escobar, escuta aqui. Quem está falando é Walterson Caravajal, Vice-Presidente de Recursos Humanos da Varig. Você e esses seus 20 amigos da APVAR estão *todos demitidos, estão na rua. Ninguém, está ouvindo?, ninguém vai fazer a Varig se ajoelhar. Portanto você e seus amigos da APVAR estão demitidos, fui claro?'* Ele começou a gaguejar e disse: *'O Hélio sabe disso? O Hélio concorda com isso? Quero falar com o Hélio'* Então eu respondi: *'Você vai ouvir isso da boca do Hélio, espera um momento'. Então tapei o bocal do telefone, me virei para o Smidt e disse: 'Presidente, o senhor tem duas alternativas agora: ou mantém a demissão desses canalhas, que eu já decretei, ou então os readmite e demite a mim, pois não vou ficar na Varig com estas pessoas, que trabalham para destruir a empresa'.* Um silêncio enorme tomou conta da sala. O Smidt me olhou, colocou as mãos na cabeça e disse: *'Mas guri, o que é que tu fizestes?'*. Respondi que havia demitido aqueles sujeitos e os sujeitos queriam ouvir dele se ele mantinha a demissão ou não. Passei o telefone e me afastei. Então o ouvi dizer ao Escobar: *'Olha, o Walterson demitiu então está demitido'*. E desligou. O fato é que esse episódio revela a imensa fragilidade de muitos dos presidentes que a Varig teve e isso, pode acreditar, mata qualquer companhia", conta.

Olho-o e posso sentir em sua voz a força daquele momento extraordinário. Ele balança suavemente e vejo que está com sono. São 20h30. Estamos falando desde as 11h da manhã. Digo que devo voltar a Ubatuba e agradeço muito pelo dia que passamos juntos.

Me levanto e agradeço a ele e à esposa pela acolhida. Ela tenta acordar Walterson, que dorme profundamente. Digo que não há necessidade disso, que ela deve deixá-lo dormir. Quando saímos, olho para o céu, que está cheio de estrelas, mas com nuvens velozes que rolam do mar em direção à terra. Vai chover, penso, e estou certo, pois a chuva me alcança na estrada.

Entro no carro e, minutos depois, estou na Rio-Santos. A chuva começa a bater forte no para-brisas e eu reduzo a velocidade. A estrada está deserta. Frases da entrevista com os Caravajal voltam à minha mente. Há muitos homens, executivos e até autores sobre administração que acreditam que as organizações independem das pessoas, pois ancoram suas operações em normas que se encarregam de dirigir a empresa para o futuro. Não seriam as pessoas, mas as normas, que determinariam a qualidade do movimento que leva uma organização ao futuro, ao sucesso ou ao fracasso. Quanta estupidez! A história da Varig evidencia, a todo o momento, que as pessoas foram determinantes nos destinos da companhia.

Sinto-me entorpecido, como se acabasse de desvendar um grande mistério, mas as explicações são motivo de vergonha e não de júbilo. A conversa foi extraordinária, pois me ajudou a clarear muitas ideias. Mentalmente, revejo o momento em que a esposa de Caravajal diz se ele havia me contado que o conselho de curadores o queria presidente e ele recusara a indicação. Revejo-o dizendo que aquilo era passado e que deveria ficar no passado. Entendo-o. Mas aquela não é toda a verdade. Ele ambicionou, sim, o comando da companhia, mas quem poderia culpá-lo? Dizem que tudo estava certo e que ele entrou na reunião do Conselho de Curadores certo de que sairia dali presidente, mas no momento exato Yutaka Imagawa mostrou sua força, alterando a composição de votos e assumindo o posto. Esse é o jogo. Seja em uma empresa ou uma nação, aquele que consegue articular melhores bases de apoio – inclusive as militares – sairá vitorioso. No entanto, fico pensando se aquele gaúcho espanhol, com suas atitudes intempestivas, não teria sido exatamente o que a Varig precisava naquele momento em que era preciso revolucionar a companhia e enfrentar os abutres que a ameaçavam e que já estavam pousados em seu telhado.

Omar Carneiro da Cunha, ex-Presidente da Varig

Abril de 2007.

Começo a descobrir os truques para dormir em um ônibus entre São Paulo e Rio de Janeiro, ao longo das seis horas de viagem, desde que você vá de madrugada. Primeiro você deve evitar a parada que os ônibus fazem por volta das duas da manhã, em Guaratinguetá. Se descer do ônibus, comer algo ou tomar um café, terá dificuldades em retomar o sono. Deve fazer como faz a maioria dos passageiros: continue em sua poltrona e siga dormindo.

Desta vez, comecei a dormir em São Paulo, por volta da meia-noite, e acordei quando o ônibus encostou na Rodoviária Novo Rio, às 5h45. O tempo voou, eu dormi e chego ótimo para enfrentar o dia. Lavo o rosto, escovo os dentes no banheiro da rodoviária e vou até o ônibus com ar condicionado que me levará ao metrô. Medeiros não irá me buscar, pois tem compromissos com médicos. Pego o ônibus, desço no metrô e pego outro ônibus até Copacabana. Tudo muito rápido e sem trânsito algum e é por isso que adoro o Rio de Janeiro.

Chego ao escritório de Omar Carneiro da Cunha, ex-presidente da Varig em 2005, ainda muito cedo. Marcamos às 9h e estou lá antes das 7h. Ando um pouco pelas redondezas, em busca de um lugar para um café, e tudo está fechado. Encontro um hotel e pergunto se servem café para não-hóspedes. Servem. Compro um jornal e tomo café enquanto espero. O tempo escorre devagar quando você tem tempo.

Às 8h50 estou no escritório dele, em um casa simpática, em meio a uma avenida cheia de árvores. A secretária me recebe e diz que ele vai se atrasar. Espero. Olho ao redor, para uma estante cheias de livros, depois para uma mesa cheia de jornais, pastas e revistas, até que uma placa de metal chama a minha atenção:

No one ever achieved greatness by playing it safe.[92]

Rio e abro o caderno para anotar a frase. Ótima frase. Aliás, ela explica muito do que vários daqueles homens fizeram no comando da Varig nos anos que marcaram o início do fim da empresa. Na estante, noto um livro em particular, já meu velho conhecido: "Imagens da Organização", de Gareth Morgan. Fico admirado quando descubro que Cunha tem aquele livro, um livro escrito em 1984 e que traz a chave para interpretar organizações como a Varig.

Ele chega e pede desculpas pelo atraso. Cunha assumiu a presidência da Varig em 2005, junto com David Zylbersztajn, que se tornara presidente do Conselho de Administração. A nomeação dos dois ocorreu poucos dias depois daquele telefonema de José Alencar, recomendando que o presidente da Fundação Ruben Berta, Ernesto Zanata,

---

[92] Ninguém jamais alcançou a grandeza sendo cauteloso.

tivesse juízo e acatasse os nomes dos sindicalistas que o Governo Lula da Silva queria no comando da empresa como condição para a liberação de um empréstimo do BNDES.

Quando termina de resolver os problemas, Cunha me chama. Subimos para uma sala no andar de cima, onde está o escritório dele, que é bem espaçoso e tem um ar agradável, de biblioteca, pois é tomado por estantes cheias de livros.

Cunha é um consultor que, no passado, foi presidente da Shell do Brasil, a fornecedora de combustível de várias companhias aéreas, entre as quais a Varig. Quando pesquisei sobre ele na Internet antes de marcar este encontro, descobri, no site de sua empresa, que ele omite de seu currículo o fato de ter sido presidente da Varig e consigo entender as razões para isso. Consultores vivem de imagem e a Varig, bem, a Varig... deixa para lá.

Ele começa me dizendo exatamente isso, ou seja, que a Shell do Brasil ajudou o Comandante Rolim Moura, da TAM, a comprar os Fokkers 100 com os quais começaria sua empresa. A Shell, diz ele, apoiou Wagner Canhedo na compra da VASP, passando a dividir o abastecimento da companhia com a BR. Além disso, a Shell tinha um grande *"exposure"* com a Varig, o que, traduzindo, significa que a Varig devia demais à Shell. E isto explica, afinal, o fato dele ter chegado à presidência da companhia.

Ele procura alguns papéis e começa a buscar dados. Noto que são documentos com textos de Harro Fouquet, pois eu já os conheço. Ele diz isso, afinal, que aquelas informações são de Fouquet, um "grande *expert* do mercado de aviação e diretor de planejamento da Varig".

Digo que o conheço e a conversa segue.

Cunha lembra que o desaparecimento de grandes marcas como Varig, PanAm e muitas outras, pode ser explicado pelos momentos de instabilidade econômica, pois o negócio de aviação é extremamente delicado, trabalha com margens estreitas e riscos elevados. Ele cita, por exemplo, a existência de sorvedouros de dinheiro sobre os quais os diretores não tinham controle algum, como o acordo internacional com a IATA, uma entidade que garante os recebimentos de passagens vendidas no exterior:

"Como a IATA era avalista daquela compra malsucedida de aviões em yens, toda vez que entravam recursos nas contas internacionais da Varig essas receitas iam direto para a IATA, sem que pudéssemos fazer nada. Assim eram consumidos entre US$ 20 milhões a US$ 30 milhões por ano", lembra.

Outro problema que agravou a situação do caixa da empresa foi a incapacidade da Varig de se livrar de linhas aéreas deficitárias, apenas porque elas atendiam determinadas demandas do Governo Federal, que sequer ajudava a empresa. Assim, enquanto a linha São Paulo-Los Angeles podia até não ser deficitária, a sequencia do voo, de Los Angeles a Narita, no Japão, certamente era.

"A verdade pura e simples é que a Varig era como se fosse uma companhia estatal, atendendo demandas mais políticas do que econômicas, mas sem nenhum tipo de suporte estatal, o que a levou à ruína", explica.

A primeira coisa que ele notou assim que chegou à Varig foi um armário, na sala da presidência, repleto de relatórios e documentos de dezenas de consultorias, todos propondo soluções que nunca foram adotadas. Ele acredita que a Varig deve ter sido, seguramente, a empresa brasileira que mais contratou consultorias em sua história, sem que isso a tivesse ajudado de qualquer forma.

"Quando cheguei, a convite da Fundação Ruben Berta, a situação era caótica. Era maio de 2005. A ILFC[93], uma empresa que faz locação de aviões, me ligou, logo no meu primeiro dia, para dizer que estava retirando seus 12 aviões da Varig se não recebesse. Eu sabia que, se isso acontecesse, todas as demais companhias que nos prestavam algum serviço e estavam sem receber logo fariam o mesmo", conta.

Segundo Cunha, ele se reuniu com os executivos da Varig e disse que a situação era tão grave que era necessário entrar na Justiça pedindo o amparo da Lei de Recuperação Judicial, que estava para entrar em vigor.

Aqui é importante outro parenteses.

Nos tempos da Panair, em 1965, quando a empresa percebeu que ia ser fechada e

---

[93] Você vai ouvir falar desta empresa outra vez. Guarde o nome.

recorreu à Justiça para pedir concordata, os militares alegaram que, por ser concessionária de serviço público, a Panair não tinha direito a pedir concordata, razão pela qual, ouvido o Excelentíssimo Senhor Ministro da Aeronáutica Brigadeiro Eduardo Gomes, o Juiz Mendonça Filho decretou a falência de uma companhia saudável, mais saudável do que a Varig em 2005.

No entanto, explica Cunha, apesar da situação dramática do caixa da empresa, que perdia mais de US$ 1 milhão por dia, havia forte resistência na direção da Varig de adotar a medida. Cunha se lembra da tranquilidade do pessoal da Varig que, a todo momento, dizia que a situação estava sob controle e que a Fundação Ruben Berta tinha em mãos cerca de 12 propostas firmes para a venda da empresa.

"Eu questionava os executivos da Fundação Ruben Berta sobre como resolver a situação e eles apenas diziam que eu deveria ter calma, que a Varig sempre havia vivido dessa forma, que o Governo Federal devia dinheiro à Varig, que a Varig jamais quebraria e que a ajuda viria, de qualquer modo", conta.

Então, diz ele, surge no cenário a proposta de compra da Varig pela TAP, presidida, naquele momento, assim como hoje, por Fernando Pinto. Cunha assinala que o principal mercado para a TAP é o Brasil, daí que a aquisição da Varig pela transportadora portuguesa era estrategicamente importante.

"Havia na Varig a visão de que a TAP conhecia o mercado e a própria empresa, em função do fato de que era presidida por alguém que fizera carreira na companhia. Fui então ao José Alencar, Vice-Presidente da República, e fiz uma apresentação sobre a situação da empresa e das propostas que tínhamos sobre a mesa e concluímos, nós e o Governo Federal, de que a proposta da TAP era, de fato, a melhor alternativa", conta, acrescentando que Alencar chegou mesmo a conversar com o Primeiro Ministro Português à época, José Sócrates Pinto de Souza, dado o fato de que a TAP tem controle estatal.

Seria interessante tentar compreender, com Alencar, que tipo de jogo ele estava jogando, pois ao mesmo tempo em que dizia que a proposta da TAP era "a melhor", oferecia recursos à Fundação Ruben Berta em troca da indicação de nomes ligados ao sindicalismo petista para o comando da empresa.

Mas agora é tarde.

Cunha conta que ligou imediatamente para Fernando Pinto dizendo que ele tinha que vir imediatamente ao Brasil, caso quisesse ter alguma chance na aquisição da Varig, pois as questões estavam encaminhadas entre os governos de Portugal e do Brasil.

"Pinto chegou ao Brasil e deixou claro que a TAP tinha enorme interesse na Varig desde que, antes, ocorresse um acerto de contas entre Varig e Governo Federal, ou seja, o Governo Federal pagasse os bilhões que devia à Varig por conta do congelamento de tarifas e de ICMS recolhido indevidamente e a Varig quitasse os débitos fiscais que mantinha com o Governo Federal", relata. O curioso é que esse acerto de contas proposto por Cunha para vender a Varig à TAP era exatamente o mesmo que a direção da Varig defendia não para vender a empresa, mas para saneá-la e mantê-la com seus verdadeiros donos.

O ex-presidente da Shell do Brasil estima que o Governo Federal devia à Varig algo ao redor de R$ 4,5 bilhões em função do congelamento de tarifas, um valor já definido judicialmente mas que, como tudo no Brasil, estava sujeito a recursos e protelações eternos. O que se propunha era que o Governo Federal reconhecesse a dívida e abrisse mão de recorrer, estabelecendo então as bases para um acerto com a TAP. Mas além dos R$ 4,5 bilhões, Cunha acreditava que a Infraero devia à Varig ao ao redor de R$ 1 bilhão, em função de tarifações feitas por assentos e não por passageiros, como determina a lei. Outro bloco de recursos para a Varig era composto pelo ICMS recolhido indevidamente por vários governo estaduais, como o de São Paulo, Rio Grande do Sul e Rio de Janeiro, entre outros, que somavam algo próximo a R$ 2 bilhões.

A soma dessa conta impressionante atingia a cifra de R$ 7,5 bilhões a receber, praticamente o montante total da dívida da empresa. Isso evidenciava que, enquanto governos de todo o mundo capitalizavam suas empresas aéreas em função das repetidas crises econômicas, políticas e militares que assolaram o mundo nas últimas décadas, os governo brasileiros, especialmente Sarney, Collor, FHC e Lula da Silva, associados a uma leva de governadores estaduais, atuaram descapitalizando dramaticamente a companhia, que optou por se endividar ao invés de fechar.

"A TAP exigia um acordo que promovesse essas compensações antes de assumir a Varig, pois não queria correr o risco de ser responsabilizada por dívidas fiscais que não teria como honrar", explica.

Segundo Cunha, o Vice-Presidente José Alencar reuniu em uma sala os Ministros da Fazenda, Antônio Palocci, e da Casa Civil, José Dirceu, e cobrou uma solução para a crise da Varig. Cobrou isso, inclusive, em nome de Lula da Silva, que queria uma solução definitiva para o problema, um problema que, no entender de Alencar, passava pelo acerto de contas entre o Governo Federal e a Varig e a venda da empresa à TAP.

Esta informação é simplesmente assustadora porque evidencia a trama de um roubo.

Ao mesmo tempo em que o Governo Federal reconheceria que devia à Varig e faria o necessário para acertar essas pendências, tiraria a empresa de seus legítimos donos, a Fundação Ruben Berta, que reclamava há décadas o recebimento de tudo o que lhe fora cobrado indevidamente. Se era para acertar as contas com a Varig, por que expropriar a empresa de seus donos?

"Era uma segunda-feira. Fomos a Brasília, eu e o Vice-Presidente de Finanças da TAP, Luiz Mór, para um encontro com Murilo Portugal, Secretário Executivo do Ministério da Fazenda e um dos homens de Palocci. Achávamos que tudo estava certo, que a ordem de Alencar seria, afinal operacionalizada, mas estávamos errados. Portugal, do alto de uma enorme arrogância, disse que faria sim o acerto de contas, mas não antes de uma extensa auditoria nos débitos e créditos da companhia aérea, o que era algo que não terminaria antes de um ano. Mas não apenas isso: ele disse, ainda, que uma vez constatado que o Governo Federal devia mesmo à Varig, o que carecia ser provado, o Ministério da Fazenda exigiria, adicionalmente, um grande desconto no valor dessa dívida antes de firmar qualquer compromisso", relembra.

Portugal, o Secretário Executivo de Palocci, deixou claro que a "ordem" de Alencar não seria cumprida. Afinal, quem era Alencar? E Alencar, o Vice-Presidente da República, resignou-se. Cunha assinala que compreendeu, claramente, que aquela encenação escondia o fato puro e simples de que o Governo Lula da Silva nada faria para salvar a empresa. Não do modo como ele, a Fundação Ruben Berta e a TAP desejariam. Teria que ser de alguma outra forma qualquer, que eles simplesmente ignoravam, uma forma que se tornaria evidente em 2006, com a chegada do fundo abutre Matlin Patterson, trazido à cena pelo advogado Roberto Teixeira e pelo Ministro do Trabalho, Luiz Marinho.

Com a retirada da proposta da TAP da mesa, a Varig estava, afinal, diante da necessidade inadiável de aderir ao Programa de Recuperação Judicial. Cunha assinala que os créditos minguaram drasticamente e, no sábado seguinte à reunião com Portugal, a empresa entrava na Justiça Empresarial do Rio de Janeiro com o pedido de recuperação judicial.

"Relacionamos os credores da empresa e entramos com o pedido de recuperação judicial na Justiça Empresarial do Rio de Janeiro, mas eis que começam a aparecer uma série de credores que não tinha suas dívidas contabilizadas, o que me pareceu algo incrível. Apareceram vários milhões de reais em dívidas que não estavam contabilizadas, evidenciando o caos contábil que era a Varig", critica.

Cunha assinala que embora a nova lei de recuperação judicial de empresas proteja a companhia e permita a continuidade dos negócios, como a lei norte-americana, ela acarreta, de imediato, o fim do acesso a crédito.

"Entramos com o pedido de recuperação judicial na justiça carioca e, para nossa surpresa, o tribunal evitou uma decisão imediata, o que seria recomendável, entregando o caso a quatro juízes para que o analisassem. Alguns dias depois, um desses quatro juízes se candidatou a conduzir o processo e este juiz era o Luiz Roberto Ayoub", explica.

Segundo Cunha, a primeira providência da justiça carioca foi custear uma viagem de Ayoub aos Estados Unidos para que ele pudesse conversar com juízes norte-americanos que ameaçavam arrestar os aviões da Varig por falta de pagamento do leasing.

Me pergunto se essa viagem não poderia ter sido substituída por algo mais simples como o Skype ou uma ligação telefônica.

Será que ele viajou pela Varig?

E quem pagou a passagem?

"A situação dos acionistas da empresa não era mais viável, pois o fluxo de caixa da Varig não permitia manter os ativos", diz Cunha enquanto estas perguntas todas giram em minha mente.

Para o ex-presidente da Shell, o modelo que marcou a ascensão da Varig dizia respeito a um mercado consolidado em uma grande companhia aérea, que absorvia aviões, pessoas e custos com estruturas impensáveis em um mercado mais competitivo, com competidores mais ágeis. Além disso, reconhece ele, os diversos cenários macroeconômicos vividos pelo Brasil em curtos espaços de tempo, como congelamentos, confiscos, maxidesvalorizações de câmbio, tudo isso levou ao desastre, um desfecho que não foi só da Varig, mas de muitas outras empresas no país e não só as aéreas. Essa máquina de moer empresas em que se transformou o Brasil, com seus planos mirabolantes e governos incompetentes e corruptos, explica, em boa medida, as taxas de crescimento do País nas últimas décadas, pois é obvio que quando você destrói empresas, você destrói também valor, empregos e renda.

"Para piorar, o modelo de gestão da Varig, seu modelo de governança corporativa, não permitia que a empresa se alinhasse a uma só voz de comando, possibilitando rápidas adequações a mudanças de mercado. Este modelo, que no passado havia impulsionado a Varig rumo ao futuro, impedia a solução de problemas, o que explica a sucessão de executivos e presidentes que tentavam resolver as coisas e simplesmente falharam", diz.

A despeito do vórtice que tragava a companhia, Cunha assinala que nunca, em toda a sua vida, viu tamanho sentimento de honra como na Varig. Ele se lembra do último voo que fez pela empresa, entre Londres e São Paulo, onde vivenciou um serviço impecável, como se a empresa em crise fosse outra e não aquela.

"Eu sabia que aquela tripulação estava atormentada e angustiada com tudo o que se passava, mas naquele momento, naquele instante, posso garantir que nada deixaram transparecer para os passageiros. No meio daquela crise horrenda, com a companhia perdendo valor e sendo ameaçada e chantageada por todos os lados, um auditor da IATA me disse que o serviço da Varig tinha uma alta pontuação, exatamente igual ao da Lufthansa", relata.

Para Cunha, no entanto, aquele mesmo sentimento de "honra por pertencer à Varig" podia explicar a crise, pois todos, na empresa, se sentiam donos dela, o que, frequentemente, tornava assuntos de fácil solução em crises que se arrastavam por meses ou anos a fio.

"Além disso, para piorar, os trabalhadores, os funcionários da empresa, passaram a viver uma grave crise de representação, pois os sindicatos e a associação de pilotos entraram em rota de colisão. As acusações, as ofensas, as informações desencontradas, levaram a uma confusão generalizada entre os trabalhadores, que se dividiram e começaram a defender soluções tão diversas quanto transformar dívida trabalhista em ações da Varig ou exigir a intervenção do Governo Federal na empresa", conta.

Nós sabemos as razões disso e elas se devem, exatamente, ao fato de que nenhuma dessas entidades representava os trabalhadores, mas interesses localizados. Nos últimos momentos, conta Cunha, ele recomendou a contratação do banco UBS[94] e da Lufthansa Consulting, empresa de consultoria especializada no mercado aéreo originada na companhia aérea alemã, para encontrarem compradores para a empresa. Ele chegou a negociar com a StarAlliance, grupo de companhias aéreas ao qual a Varig estava associada, o pagamento de parte da conta da consultoria destinada a encontrar um comprador para a Varig.

"Então, em certo momento, o Juiz Ayoub me chamou e disse que estava pensando em afastar a Fundação Ruben Berta do comando da Varig. Eu disse a ele que essa era a única solução possível, pois a Fundação Ruben Berta travaria qualquer desfecho para a crise da Varig que não contemplasse seus interesses", conta.

Antes do desfecho, Cunha participou, ainda, de uma última tentativa de solução da crise junto ao Governo Federal, que se materializou em uma grande reunião envolvendo José Alencar, Vice-Presidente; Nelson Jobim, do STF; Antônio Palocci, da Fazenda (que foi acompanhado de seu fiel escudeiro, Murilo Portugal); Edson Vidigal, do STJ; o Juiz Ayoub, da Vara Empresarial do Rio de Janeiro; Denise Abreu, da recém-criada ANAC e José Dirceu, da Casa Civil. Segundo Cunha, Alencar voltou a conversar com Dirceu e Palocci, insistindo que o Presidente Lula da Silva queria uma solução para a questão da

---

[94] Vamos voltar a ouvir falar desta operação, que traz á cena, pela primeira vez, o fundo abutre Matlin Patterson.

Varig.

"Enquanto o Alencar batia na tecla de que o Governo Federal queria a salvação da Varig, a Denise, que estava sentada à minha frente, dizia que aquilo era bobagem, pois a Varig estava liquidada. Perguntei a ela se aquela posição não era desrespeitosa para com o Vice-Presidente da República, que defendia a salvação da empresa, e ela me disse que o Alencar não sabia de nada. Havia lá um representante da Advocacia Geral da União, de quem não me recordo o nome, que era radicalmente contra qualquer possibilidade de acordo que significasse o acerto de contas[95]. O Vidigal insistia em dizer que o Governo Federal perderia, de qualquer forma, a ação que a Varig movera reivindicado a defasagem tarifária, o que era apenas uma questão de tempo. E o Portugal, já nosso conhecido, disse que aceitar esse compromisso podia comprometê-lo, pois o Governo Federal, por lei, deveria esgotar todas as possibilidades de recurso antes de formalizar um acordo de pagamento de dívidas, ainda que isso implicasse em fechar a Varig, demitir milhares de pessoas e entregar o mercado aéreo às empresas estrangeiras[96]", conta.

Burocratas.

O que são vidas humanas para eles?

"Quando achávamos que conseguiríamos tirar a Fundação Ruben Berta do comando da Varig, eis que o Zanata, da Fundação Ruben Berta, me liga em Londres, onde havia ido para negociar a contratação das consultorias que se encarregariam da venda da empresa, me dizendo que eu não representava mais a Varig, que estava fora, que fizesse o favor de não negociar mais nada em nome da empresa pois a Fundação Ruben Berta encontrara uma solução melhor", conta.

A solução "melhor" era a entrada no negócio do empresário Nélson Tanure, que havia comprado a Docas, o jornal Gazeta Mercantil e o Jornal do Brasil e tinha planos ambiciosos para a Varig.

---

[95] Essa informação é interessante pois essa mesma Advocacia Geral da União, em março de 2009, reconheceu que o acerto de contas era inevitável, pois o STF entenderia dessa forma, se predispondo a formalizar um acordo nesse sentido. Esse desfecho apenas revela que o acerto de contas não foi feito em 2005 pois isso implicaria em manter a Varig viva e nas mãos de seus legítimos donos, a Fundação Ruben Berta.

[96] Já vimos o quanto isso é falso.

"Você sabia que o Governo Federal tentou colocar sindicalistas no comando da Varig antes que a Fundação Ruben Berta indicasse você e o Zylbersztajn? Você não acha que isso explica o fato de vocês não terem conseguido negociar acordo algum?", pergunto.

"Eu sabia disso. Houve uma promessa de apoio em troca dessas indicações, mas a Fundação Ruben Berta não aceitou o jogo. Você quer saber se isso foi determinante para explicar o comportamento do Governo Federal em seguida? O que você acha?", diz ele, sorrindo.

José Caetano Lavorato, ex-Presidente do Sindicato Nacional dos Aeronautas

Últimos dias de abril de 2007.

Assim que volto do Rio de Janeiro, ligo para Lavorato. Ele concorda em me receber e diz que está fazendo alguns exames médicos, mas que podemos falar no apartamento dele, na zona sul de São Paulo, em um dia da semana.

Chego e ele está preparando seu café da manhã. Me conta sobre seus exames cardíacos que apontaram alguns problemas e fala sobre a dieta que está fazendo. Então, repentinamente, me pergunta com quem eu já conversei ao longo desses 11 meses depois que nos falamos pela primeira vez. Relaciono alguns nomes e ele escuta com atenção, erguendo a sobrancelha de vez em quando.

Deixo-o em paz enquanto ele come um pão com margarina, que ele esquentou em uma grelha, e toma seu café com leite. Olho ao redor e vejo um apartamento pequeno, com roupas e caixas espalhadas, como se ele estivesse acabando de se mudar para o lugar. Quando ele termina, senta-se em uma banqueta e me olha, à espera da primeira pergunta. E ela está em minha mente desde que entrei em seu apartamento.

"Descobri que o Governo Lula da Silva tentou te colocar na presidência da Varig em 2005, mas falhou. O que houve?"

Ele suspira e ri.

Pensa.

Então diz:

"Na verdade, isso começou bem antes, em 2003, tão logo o Lula assumiu a presidência. A Varig estava formando um conselho de curadores[97], já com muitos problemas financeiros. Pouco depois da posse do Lula, eu recebo uma ligação do Sereno[98] me dizendo que estava formando o conselho da Varig e queria que eu indicasse nomes", conta e sinto que preciso interromper a conversa.

"Espera, quero entender isso direito. O Marcelo Sereno, assessor do Dirceu, te ligou e disse que estava "formando" o conselho da Varig? Como assim?"

"Ele me disse que havia uma negociação em curso, que o Dirceu tinha planos para a Varig e estava tudo certo entre o governo e a empresa, daí porque tínhamos que indicar nomes para o comando da Varig. Ele me perguntou o que eu achava do nome de Jorge Gouvêa[99], um conselheiro da Petros, ligado ao Partido dos Trabalhadores, e eu referendei esse nome. Ele me perguntou, ainda, o que eu achava do Gilmar Carneiro, sindicalista, do Sindicato dos Bancários, e eu não tinha nada contra. Ambos os nomes foram aprovados e passaram a fazer parte do conselho de curadores da Varig", diz.

Os nomes de Gouvêa e Carneiro foram referendados para o Conselho de Administração da empresa com a missão de cuidar da fusão entre Varig e TAM, sob a coordenação de José Dirceu. Lavorato reconhece que esta primeira intervenção do Governo Lula da Silva na Varig não resolveu os problemas da empresa, que se agravaram, pois se tratava de uma intervenção orientada para um fim que a Fundação Ruben Berta jamais admitiria.

"Havia, no governo, um embate entre o Dirceu e o Viegas[100]. O Viegas acreditava que a crise da Varig se devia a uma crise do setor aéreo, o que era verdade. Já o Dirceu acusava a direção da Varig, especialmente a Fundação Ruben Berta, de má gestão. O Sindicato Nacional dos Aeronautas, com o meu apoio, propôs ao Governo Federal que visse a solução para o problema da Varig de modo mais abrangente, ou seja, propondo uma solução mais ampla para todo o setor aéreo, especialmente por meio da criação de um novo marco regulatório. Enquanto o Dirceu defendia que a solução para a crise da Varig se resolveria com um fusão com a TAM, nós, eu e o sindicato, defendíamos uma solução mais ampla", diz.

---

[97] Aqui Lavorato evidentemente se engana, pois o Conselho de Curadores da Varig foi criado em 1994. O Conselho em questão era outro, o de Administração, onde os credores tinham assento.
[98] Marcelo Sereno, assessor direto de José Dirceu, na Casa Civil.
[99] Este Jorge Gouvêa não é o mesmo Jorge Hilário Gouvêa Vieira que eu entrevistei, tratam-se de pessoas diferentes.
[100] José Viegas, Ministro da Defesa do Governo Lula da Silva entre 2003 e 2004.

Segundo Lavorato, Viegas começou a ficar farto daquela discussão e convocou o Conselho Nacional de Aviação Civil (CONAC) em abril de 2003, para discutir uma ampla reforma do setor aéreo. Desse encontro nasceu um comitê que, incrivelmente, atuou com efetividade e propôs oito resoluções[101] para o setor aéreo, que abordavam questões como concorrência desleal, ou a prática de baixar o valor das tarifas demasiadamente, para prejudicar competidores; subvenções para linhas aéreas nacionais, de interesse do Governo Federal, que fossem deficitárias; tratamento fiscal diferenciado para operações internacionais, como se fossem atividades de exportação ou de infraestrutura; além de uma outra, que me chamou muito a atenção, que dizia o seguinte:

> **O CONAC RESOLVE RECOMENDAR** à Casa Civil da Presidência da República que, em articulação com o Ministério da Fazenda, o Ministério do Planejamento, Orçamento e Gestão e o Ministério da Defesa, proceda aos estudos necessários para apresentação de proposta que permita que os recursos provenientes das tarifas aeroportuárias e aeronáuticas e seus adicionais, vinculados ao Fundo Aeronáutico e ao Fundo Aeroviário, sejam disponibilizados de forma a propiciar o adequado planejamento das atividades por parte do Departamento de Aviação Civil - DAC e do Departamento de Controle do Espaço Aéreo - DECEA.[102]

"Esta resolução, de apoiar o Departamento de Controle do Espaço Aéreo, foi aprovada?", pergunto.

"Nenhuma delas foi implementada, pois o Comando da Aeronáutica era contrário a permitir que um conselho civil, externo, ditasse como as coisas deveriam ser feitas em seu setor", responde.

Percebo, então, como a inépcia de governantes leva à morte de pessoas.

Este é, sem dúvida, um ótimo exemplo, pois se esta resolução tivesse sido aprovada teria gerado os recursos necessários, já em 2003, para reequipar a área de controle de voo, o que poderia ter impedido acontecimentos como o choque entre o jato Legacy e o

---

[101] Na verdade eram 17.
[102] Resolução do Conselho Nacional de Aviação Civil, de maio de 2003, conforme visto no site do Sindicato Nacional dos Aeronautas em abril de 2007.

Boeing da Gol em setembro de 2006, com a morte de 154 pessoas.

Lavorato assinala que o Comando da Aeronáutica, em uma atitude de desrespeito para com o Governo Lula da Silva, se reunia com Carlos Lessa e Dark Costa, do BNDES, propondo soluções alternativas. Assim, surge um documento do BNDES propondo que o banco apoiasse algumas iniciativas que resolvessem a crise do setor, sem a necessidade de um marco regulatório.

"Então, o problema da Varig, que exigia uma solução rápida, tornou-se uma Torre de Babel no Governo Federal. A Força Aérea, associada ao BNDES, propunha soluções pontuais, voltadas para a distribuição de dinheiro a determinadas partes. Dirceu e o Banco Central apoiavam uma fusão entre Varig e TAM. E os sindicatos, tanto dos aeronautas quanto dos aeroviários, apoiavam as medidas do CONAC e a definição de um marco regulatório claro para o setor, que evitasse a sistemática destruição de empresas. Esse embate bloqueou qualquer solução para a crise do setor, pois o Lula, como nós já sabíamos, só decide alguma coisa quando há consenso entre os grupos que debatem um determinado tema ou questão. Se há consenso, ele adota a decisão de consenso. Se não há consenso, ele evita decidir", conta.

Viegas vai deixar o Governo Lula da Silva em 2004, evidentemente farto da incapacidade do Governo Lula da Silva de confrontar os grupos de poder e impor uma solução que fosse interessante ao País. Fez bem, pois evitou ter em seu currículo a morte de centenas de pessoas que tinham o direito a viajar seguras.

"O jogo do Dirceu era o jogo do Rolim", diz Lavorato e aquela declaração me surpreende. "Ele deixou a Varig apodrecer ao máximo, pois, dessa forma, garantia que a TAM herdaria o mercado da Varig sem precisar investir muito", revela.

Com apoio de Jorge Gouvêa, conta Lavorato, Dirceu conseguiu colocar no conselho da Varig um diretor financeiro afinado com o Governo Federal. Ele não se lembrava do nome desta pessoa, mas, sem dúvida, este diretor financeiro era Luís Fernando Wellisch, funcionário de carreira do Banco Central, com quem eu iria falar em julho.

"O Dirceu repetia, a todo momento, que a solução para a Varig seria dada pelo mercado, como se isto fosse um mantra salvador. Eu disse a ele que concordava com aquela visão e que, como toda solução de mercado, os credores deveriam participar dela. Dado o fato de que o Governo Federal era o principal credor, competia ao Governo Federal liderar esse processo", diz.

Então Lavorato assinala que, considerando o "fato" de que o Governo Federal era um dos principais "credores" da Varig, sua indicação para o comando da empresa, feita por Alencar naquela conversa telefônica com Zanata, aquela mesma em que Alencar diz que "manda quem pode, obedece quem te juízo", era um processo "natural" de indicação de gestores por parte de um credor de peso. Afinal, como vimos, a Varig passou a dar assento em seu conselho de administração a todo tipo de credor, por que o Governo Federal não poderia indicar os seus?

"Em 2005, fomos a Brasília eu, a Graziella e o Gouvêa para falar com o Lula. Ele estava muito ocupado e tivemos que esperar 48 horas para falar com ele. Quando conseguimos, falamos apenas por 30 minutos e explicamos a ele nossa proposta, ou seja, em função do fato de que o Governo Federal era o maior credor da Varig, ele indicaria nomes para o conselho da empresa. Ele nos disse que tinha que atender o Sarney e uma turma de deputados do PMDB, mas que voltaria a falar conosco. No dia seguinte, nos reunimos com o Lula e o Alencar e ficou acertado que o Alencar ligaria para a Fundação Ruben Berta, o que aconteceu. Ele ligou e disse ao Zanata que o Governo Federal queria que a fundação nomeasse um conselho com componentes indicados pelo Governo Federal, porque, dessa forma, teria mais segurança para encaminhar uma solução efetiva para o problema. O Alencar assinalou que os nomes que o Governo Federal indicava eram o meu, o Harro Fouquet e o Jorge Gouvêa para o conselho da Varig. Para a Diretoria Financeira da empresa levaríamos um professor da Unicamp, de nome Luiz Carlos, não me lembro o resto, um sujeito que substituíra o João Sayad no Governo da Marta, em São Paulo.[103] A fala foi cuidadosa, ele não ofereceu empréstimos do BNDES em troca da indicação dos nomes, mas a solução a ser encaminhada seria essa", conta.

No entanto, como vimos, a Fundação Ruben Berta recusou-se a atender a demanda do Governo Federal, o seu "maior credor". Vamos falar com o presidente da FRB à época,

---

[103] Lavorato se refere a Luís Carlos Fernandes Afonso, outro integrante do fundo de pensão dos funcionários da Petrobras, o Petros, que vai assumindo, assim, um interessante perfil, ou seja, funciona como uma reserva especial do PT de "especialistas" em finanças.

Ernesto Zanata, sobre essa questão, mais adiante, mas é evidente que essa "visão" do problema é tacanha pois, como já estamos cansados de saber, o Governo Federal era, também, o maior devedor da empresa. Lavorato reitera que a prática de aceitar credores no conselho de administração de uma empresa é usual e a prova disso é o fato de que a Fundação Ruben Berta colocou vários credores para gerir a empresa em diferentes momentos de sua crise final. No entanto, ele não se lembra de um único exemplo de empresa que tenha colocado em seu comando representantes de devedores.

Com a recusa da Fundação Ruben Berta de aceitar os nomes do Governo Federal e indicar, em seu lugar, nomes como David Zylbersztajn e Omar Caneiro da Cunha, que o Governo Federal entendia serem nomes ligados ao PSDB, estava encerrada a tentativa de salvar a Varig.

"Como o Governo Federal leu aquilo? Como uma afronta. Então, a resposta foi: deixa quebrar. Pelo menos, isso era o que defendiam pessoas como o Luiz Marinho e o Ricardo Berzoini. Pouco depois, o Daniel Mandelli, que comandava a TAM, foi afastado pela família que controlava a empresa. Com isso, as chances da fusão Varig-TAM, que Mandelli defendia, tornavam-se nulas. O Luciano Coutinho, que na época comandava uma proposta de fusão via Banco Fator, conhece bem essa história, pois os opositores de Mandelli, na TAM, eram contra a fusão com a Varig uma vez que achavam que herdariam os clientes da empresa sem precisar fazer força tão logo a Varig quebrasse, o que, de fato, aconteceu", relata.

Ele para de falar e eu penso.

Percebo que preciso insistir na tentativa de localizar Dirceu, muito embora já tenha encaminhado a ele as perguntas por e-mail que ficarão sem resposta, e também com Luciano Coutinho, que prometera me atender diversas vezes antes de ser nomeado presidente do BNDES por Lula da Silva.

"A verdade é que, ao longo dos anos, a diretoria da Varig perdeu em qualidade, perdeu em experiência. As pessoas que assumiam postos de comando na empresa eram despreparadas demais", comenta.

"Mas no sindicato também", digo.

"No sindicato?"

"Sim, no sindicato. O Sindicato dos Aeronautas, por exemplo, que você comandou no passado. A Selma, dos Aeroviários, disse que o Sindicato dos Aeronautas faz sindicalismo virtual, ou seja, envia e-mails. É incapaz, até, de enfrentar uma ação organizada pela TAM e Gol para que os jovens deixem de contribuir com a entidade. A Graziella acha que vai resolver as coisas porque é amiga do Lula. Se a Varig empobreceu intelectualmente, o sindicato, então, nem se fala. Estou tentando falar com ela há meses e ela foge dos encontros que ela mesma marca", provoco, com a certeza de que esta frase chegará a ela.

Ele reluta.

Diz que Baggio é bem-intencionada. Mas assinala que, ao mesmo tempo em que o poder se fragmentava na Varig, o mesmo aconteceu no sindicato, em 1992, quando a entidade muda a forma de gestão e institui um conselho que é eleito de uma forma complexa e permite acomodar, inclusive, oposição e situação no comando da instituição. Essa visão esdrúxula do poder levou, por exemplo, a dar à TGV as condições para que seus representantes convocassem assembleias em nome do sindicato, ampliando a confusão acerca de quem representava os trabalhadores no processo de leilão da Varig.

"Quando tudo começou a dar errado, me chamaram de volta. O brasileiro adora um "salvador da pátria", um Ruben Berta, um Collor de Mello, alguém que vai resolver todos os problemas de todo mundo e instaurar a plena felicidade", diz.

"Você consegue imaginar as razões pelas quais o Dirceu apoiava de modo tão decidido a fusão entre Varig e TAM?", pergunto.

"O Dirceu agiu de modo oportunista, sub-reptício, buscando apenas recompensar um financiamento de campanha", diz Lavorato, me lembrando que a TAM foi a empresa que mais recursos deu à campanha que elegeu Lula da Silva em 2003.

Ele não precisava me lembrar disso.

Comandante Milton Comerlato, ex-Diretor de Operações da Varig

Maio de 2007.

Não posso mais adiar minha ida a Porto Alegre, pois com o avanço do mestrado logo não terei tempo para nada. Encontro o nome de Ernesto Zanata associado ao de uma universidade e ligo para tentar falar com ele. Me dizem que ele só vai à noite. Peço o telefone dele e se recusam a dá-lo. Peço o e-mail e dizem que não podem fornecer essa informação. Pergunto se podem enviar um e-mail meu a ele e a secretária da faculdade concorda. Então mando o e-mail a ela para que ela o repasse ao Zanata. Ao mesmo tempo, ligo para a Faculdade de Ciências Aeronáuticas da PUC-RS atrás da professora Maria Regina Xausa que, segundo eu sei, é coordenadora da instituição. Quando consigo contato com a FACA, uma mulher me diz assim:

"Essa mulher não trabalha mais aqui".

Fico chocado com o modo como ela se refere à professora Xausa e imagino que as coisas não devem ter ido bem para ela na FACA. Recorro, então, à Plataforma Lattes, do CNPq, um sistema que abriga currículos de professores do Brasil inteiro. Encontro-a facilmente e mando um e-mail que ela logo responde. Marcamos uma conversa para o dia 7 de maio, uma segunda-feira, pela manhã, em Porto Alegre.

Volto a ligar para a Universidade onde Zanata leciona e insisto que preciso vê-lo. Naquela noite, recebo um e-mail dele. Pergunto se ele pode me ver na segunda-feira, dia 7 de maio, mas ele diz que estará fora, a trabalho. Pode me ver na terça-feira, dia 8. Marcamos então para a terça-feira pela manhã. Ligo para Comerlato e ele não está. Deixo recado na secretária eletrônica e logo recebo um e-mail com voz onde ele me diz que pode me ver no dia 7 à tarde. Como ainda pretendo encontrar o Bordini, agendo minha viagem para o dia 6, um domingo, com volta no dia 9, uma quarta-feira.

Chego em Porto Alegre no domingo à tarde e me hospedo em um hotel perto do aeroporto. Logo cedo, na segunda-feira, meu celular toca. É a filha da Professora Xausa me dizendo que ela foi internada com pneumonia no fim de semana e não poderá falar comigo. Aquela notícia me abate. Digo à menina que espero que a mãe se recupere logo e mudo meus planos.

Vou à PUC-RS logo pela manhã e, na biblioteca, encontro uma cópia do estudo da Professora Xausa, que tem mais de 500 páginas. Peço uma cópia e vou andar pela universidade enquanto espero. Passeio pela FACA, a faculdade que, em sua origem, era a Escola Varig de Aeronáutica (Evaer) e tudo ali está deserto, como se, por uma estranha coincidência, replicasse o deserto que se transformara a Varig. Mas o fato é que é apenas cedo demais. Quando começo a voltar para buscar a cópia do estudo de Xausa, o celular toca. É Graziella Baggio. Ela me diz que anda muito ocupada, mas vai tentar agendar uma conversa comigo em São Paulo, quando passar pela cidade. Compreendo, rapidamente, que aquela ligação tem algo a ver com minha conversa com Lavorato e percebo a influência dele sobre ela. Não digo onde estou.

A cópia fica pronta e vou almoçar em um shopping nas proximidades. De lá, pego um táxi e vou até a casa do Comandante Comerlato, o ex-Diretor de Operações da Varig nos tempos de Hélio Smidt, que tem um filho piloto e tinha uma filha comissária, morta no acidente de avião da Varig em Abidjan, na Costa do Marfim, nos primeiros dias de 1987.

Comerlato está doente. Tem um apartamento acolhedor, onde ele me recebe sozinho. Noto um quadro com uma pintura onde ele aparece sorrindo, ainda jovem. Vejo réplicas de aviões sobre uma estante. Livros. Móveis antigos e bem conservados. Ele me fala da mulher, que saiu e deve voltar mais tarde, e a casa toda indica, claramente, a presença dela.

Ele me pergunta o que eu quero que ele fale e eu peço que ele me explique as razões que, na opinião dele, levaram ao fim da empresa. Ele suspira. Comerlato foi aluno da segunda turma da Evaer e se tornou Diretor de Operações em 1986, a convite de Smidt. Mas com a morte de Smidt, em 1990, e a elevação de Rubel Thomas ao posto de imperador, Comerlato deixa a empresa. Como vou descobrir, a relação entre esses dois homens era de guerra intensa.

Nos anos 80, como Diretor de Operações, Comerlato comprou um simulador de voo para a Varig que custava algo ao redor de US$ 18 milhões, um equipamento que simulava voo de um jato. E note que US$ 18 milhões, nos anos 80, equivale a uma cifra muito superior nos dias de hoje. Foi duramente questionado por Willy Engels, Vice-Presidente Técnico da companhia, que lhe perguntou:

"Me diga uma única empresa aérea que tem um simulador de jato?"

E Comerlato respondeu:

"Nenhuma, nós somos a primeira! Quando saírem da escola, os pilotos vão voar em jatos e não em turboélices", disse e tinha razão.

Ele se lembra de uma reunião com Ruben Berta, quando questionou os baixos salários que os copilotos recebiam:

"Os copilotos da Varig ganham menos que os motoristas da Cometa. Isso é certo?", perguntara ele a Berta.

O imperador da Varig o olhou com um ar de infinita superioridade antes de dizer:

"Tenho uma ótima relação com o presidente da Cometa, de modo que se alguém quiser uma carta de recomendação para ir trabalhar lá é só me pedir".

Comerlato entrou na Evaer em 1953, tornou-se copiloto em 1955 e em 1958 era comandante de um Douglas DC-3. Em 1972, quando Erik de Carvalho era presidente da empresa, encabeçou um movimento para limitar seus poderes, buscando separar a presidência da Fundação Ruben Berta da presidência da Varig. Martins já nos havia falado sobre este movimento, o que revela que a luta contra o poder imperial na Varig vinha já de longa data.

"Conseguimos reunir 53% dos votos do Colégio Deliberante no sentido de reduzir o poder do presidente, mas o Erik trabalhou arduamente para reverter isso. Ele era frio, duro como pedra, e conseguiu mudar a opinião de vários conselheiros na base do terror, ameaçando-os. Logo, muitos dos que tinham assinado o manifesto pela redução do poder do presidente estavam em apuros. Alguns foram demitidos; outros, como eu, foram para o exílio: me transferiram para Lisboa, onde eu não poderia liderar mais coisa alguma", diz e ri, pois aquilo são apenas memórias.

Antes de ir, porém, ele foi se despedir de Carvalho e disse ao então presidente da empresa:

"Você pode ser um ótimo administrador, mas é lamentável tê-lo na presidência da Fundação Ruben Berta", conta.

Por que?

Porque Carvalho não pertencia à família Varig.

Comerlato lembra que a origem do grupo que articulou a tentativa de golpe era o Clube dos Comandantes, precursor da Associação dos Pilotos da Varig, o que evidencia que até mesmo na Varig a história se repetiu algumas vezes.

Um conselheiro da Fundação Ruben Berta aconselhou-o a ir para Lisboa porque "o que os olhos não viam, o coração não sentia", daí porque estaria a salvo de Carvalho até que a situação mudasse. E tudo muda, afinal. Ele ficou cinco anos em Lisboa e, pouco depois de seu regresso, Erik de Carvalho sofreu o derrame.

"Aí aconteceu um espetáculo grotesco. O grupo de Erik de Carvalho, já percebendo mesmo que perderia o poder na Varig, tentou prolongar a permanência dele no comando da empresa, levando-o para todo o lado de cadeiras de rodas. Eles diziam que o Erik estava bem e não havia razão para substituí-lo, mas o fato é que seus asseclas é que governavam por ele", revela e só então entendo o ritual de carregar o presidente entrevado para todos os lados.

Mas o que levou a Varig à sua crise terminal?

"Ganância", diz.

A Varig tinha 14 Electras, aviões extremamente seguros, que nunca, em todos os anos em que operaram, sofreram um acidente. No entanto, a Boeing começou a pressionar a presidência da Varig para que aposentasse os Electras e adquirisse os 737 que a empresa estava oferecendo, o que foi feito.

"Mas quem era o presidente quando a Boeing começou essa pressão?"

"Rubel Thomas", diz.

A aposentadoria dos Electras, lembra Comerlato, não foi uma decisão pacífica. Houve muita luta e discussão dentro da Varig, mas Rubel Thomas mantinha-se irredutível. Com a chegada dos 737, a Boeing passou a ser a principal fornecedora da Varig que, rapidamente, aposentou também os 727.

"Então, o Rubel trouxe alguns 747-400, que eram pagos, em parte, com os 747-300. A operação era estranha, pois a Varig perdia cerca de US$ 20 milhões em cada avião", conta.

"Mas como assim, uma operação estranha?", quero saber.

"Você vai entender", ele diz e eu tento ser paciente.

Então, lembra-se de ter apostado duas caixas de uísque 12 anos com Carlos Luiz Martins como ele, Martins, não conseguiria derrubar Thomas:

"Eu disse a ele que ele fracassaria, pois os presidentes, na Varig, sempre tiveram muito poder. No entanto, caí do cavalo, pois o Rubel tentou se eleger curador e perdeu feio. Não se elegeria nem para porteiro. Perdi a aposta e paguei o uísque. Se quiser perguntar ao Martins, pergunte", provoca.

Ele me pergunta se falei com o Walterson e digo que sim, com o pai e o filho ao mesmo tempo. Comerlato enfatiza que Walterson, o pai, foi o líder do primeiro conselho de curadores e queria, mesmo, se tornar presidente da Varig.

"Eu disse a ele: 'Walterson, você vai pagar para ver?' E ele me disse: 'Vou!' E perdeu. O Walterson humilhou os pilotos em 1987 e teve o troco em 1990, quando precisou de votos no colégio deliberante. Mas, naqueles anos, a Varig tinha US$ 2 bilhões em patrimônio e quando chegou ao fim devia R$ 6 ou 7 bilhões. Onde foi parar esse dinheiro todo?", questiona-se.

"Você sabe onde?", pergunto.

"Houve muita malandragem", diz.

Logo ele muda de assunto e fico me perguntando o que vou entender em breve.

Ele me fala do acidente de avião em Abidjan, onde a filha morreu, e sinto que se emociona. Diz que recebeu a notícia do próprio presidente da empresa, Hélio Smidt, que o chamou para irem juntos ao local do acidente:

"Aquele avião foi sabotado, eu estou certo disso. Quando chegamos lá, em meio àqueles destroços todos, encontrei o altímetro e vi que ele ainda marcava 300 metros quando o avião bateu, o que indica que foi alterado, mexido, para apontar uma altitude irreal. Isso explica, por exemplo, porque o piloto não conseguiu recuperar o controle após uma manobra de pouso, pois ele achava que estava mais alto do que realmente estava", conta.

Mas quem?

Então ele deixa de falar de sua filha e começa a falar da filha de Rubel Thomas, que se casou no Hotel Copacabana Palace, com as despesas pagas pela Varig:

"Na noite da festa da filha do Rubel, com todos aqueles gastos e convidados, a Varig estava demitindo 200 trabalhadores da manutenção para cortar despesas, em função da crise que já assolava a empresa", revela.

Quando o Smidt era presidente, qual era o cargo do Rubel Thomas?

"Era Vice-Presidente da empresa".

"Então era o sucessor natural", digo.

Comerlato fica em silêncio por um momento e eu sinto que ele tem muito a me dizer, mas talvez não encontre o caminho. Sinto que preciso ajudá-lo de alguma forma, mas não sei como. Ante seu silêncio, que se torna longo demais, pergunto sobre seu filho, que era piloto da Varig.

"Meu filho foi demitido da Varig no auge da crise. Ele cresceu nessa companhia, mas foi demitido. Ficou um ano sem trabalho. Um dia, ele me ligou e disse: *'Pai, arrumei emprego na TAM'*. Aquilo foi difícil para mim. Desde que ele arrumou emprego na TAM, isso tem mais de um ano, ele não pisa aqui na minha casa. Não porque eu pedi ou quis assim, mas por iniciativa dele e eu sou muito grato por isso, pois eu simplesmente não suportaria vê-lo com o uniforme da TAM", diz e lágrimas inundam seus olhos.

Sinto o coração apertado e me pergunto o que pode ter sido mais doloroso para este homem: a morte da filha, a bordo de um avião da Varig, ou o fato do filho ter ido para a TAM. Não sei avaliar. Outro longo momento de silêncio se impõe e sinto que a nossa conversa está perto do fim sem que eu ainda tenha entendido o que iria entender. Penso. Olho-o. Então vou direto ao ponto:

"Você disse que havia muita malandragem e roubalheira; muitos ex-funcionários me disseram a mesma coisa por meio dos e-mails que eu recebi. Alguns até me deram alguns exemplos, como o caso da corrupção no Acre. Você poderia me dar um exemplo dessa malandragem?"

Ele sorri e se ajeita na cadeira antes de responder:

"Um dia, o Smidt me pediu que eu fosse à Europa renegociar contratos com hotéis que hospedavam a tripulação da Varig. Ele me pediu que eu começasse por Frankfurt, onde a Varig gastava 700 mil marcos por mês. O Smidt suspeitava que esses contratos estavam sobretaxados e me pediu que verificasse isso. Nossos contratos com esses hotéis previam que os reajustes seriam anuais e se dariam de acordo com a inflação local que, no caso da Alemanha, tinha sido de 4%. Fui ao hotel e me reuni com o diretor. Disse a ele que a Varig não pagaria os 4% de reajuste, pois precisava cortar custos. O sujeito se agitou e me disse que não podia fechar aquele acordo. Então eu disse a ele: *'Se você paga propina a alguém da Varig, esqueça esse pagamento, não precisa pagar, nós vamos fechar o contrato com você assim mesmo, sem propina'*. O sujeito ficou em silêncio por um tempo e me disse para voltar no dia seguinte. Quando voltei, ele me disse que fecharia o acordo e, se não tivesse que pagar propina, além dos 4% de reajuste que ele não cobraria, me daria outros 9% de desconto", conta, acrescentando: "O Smidt era um variguiano e como variguiano ele não podia concordar com isso, ele odiava ladrões, especialmente aqueles que, se dizendo funcionários da Varig, roubavam a empresa. Um dia, um sujeito da Airbus procurou o Smidt e ofereceu US$ 1 milhão de comissão se ele determinasse a compra dos aviões da empresa para a Varig. Eu estava na reunião e o que vi o vi com meus próprios olhos. O Smidt botou o cara para fora da sala imediatamente, puxando-o pelo paletó, pelos colarinhos. Tive que segurá-lo para ele não surrar o cara. Ele odiava ladrões e tentava, de todas as formas, trazê-los à tona, revelá-los e queimá-los politicamente".

Olho-o por um tempo, à espera de que ele prossiga, mas ele se cala:

"O cara do hotel em Frankfurt pagava propina a quem?", pergunto.

Ele ri.

"Quando voltei daquela viagem, o Rubel veio me questionar com que autoridade eu havia renegociado os contratos dos hotéis na Europa. Eu disse que ele devia procurar o Smidt e se queixar com ele, mas ele nunca fez isso", diz em meio a um riso de desprezo.

Imagino que tenho a minha resposta.

"Você acha que a compra dos Boeings para substituir os Electras também foi dessa maneira?", pergunto.

"Tudo era dessa maneira".

Olho-o por um momento antes de perguntar:

"O Thomas transferiu a Escola Varig de Aeronáutica para a PUC-RS, que hoje se chama FACA. Por que você acha que isso aconteceu?"

"A Evaer era séria, era respeitada. Até filhos de brigadeiros passavam por ali, com muito orgulho. Era a melhor escola de aviação da América do Sul. Quando foi transferida para a PUC do Rio Grande do Sul, sob o comando dessa professora Xausa, tornou-se um ambiente cheio de politicagem, inclusive com aumento de vagas para acomodar pessoas que não tinham condições de estudar ali. Quando a Evaer estava na Varig, o processo seletivo era rigoroso e chegava a excluir, até mesmo, filhos de comandantes veteranos. Depois que foi para a PUC, entrava qualquer um. A FACA criou, até, um problema adicional para a Varig, pois muitos alunos entravam sob a falsa promessa de que seu tempo de estudo seria contado como tempo de trabalho na Varig. Como tudo na Varig é resolvido em função da antiguidade do profissional, muitos funcionários exigiam promoções considerando o tempo de aula como tempo de trabalho, o que era absurdo. Mas foi essa a promessa que esses alunos receberam da coordenadora do curso, essa mulher, essa Xausa", diz.

Suspiro.

A voz da menina me dizendo que a mãe estava internada, com pneumonia, me pareceu sincera. Comerlato ri quando conto que alguns disseram que Erik Carvalho, entrevado em uma cadeira de rodas, agitava-se quando ouvia o nome de Smidt como seu sucessor, como se não o quisesse:

"Claro que ele não queria o Smidt! É certo isso! Ele detestava o Smidt porque o Smidt representava a cultura da Varig, a autêntica cultura da Varig, que odiava o Erik de Carvalho e tudo o que ele representava", diz e ri.

Mas o que ele representava?

Ele pensa por um momento antes de dizer:

"Subserviência ao poder".

Então, de repente, assim do nada, ele me conta algo absolutamente inesperado:

"Um dia, em 2001, o Rolim me liga e diz: *'Comerlato, reúne aí a velharada da Varig pois eu quero contar para eles o que pretendo fazer quando a TAM e a Varig se fundirem. Quero que eles conheçam meus planos'*. E eu fiz esse favor a ele, reunindo a turma toda para um churrasco com o Rolim ", diz.

"O Rolim te ligou?"

"Sim, ele me ligava muito".

"E você reuniu a 'velharada' da Varig?"

"Sim, reuni. Ele veio a Porto Alegre, falou de seus projetos e disse a todos que gostaria de vê-los quando comemorasse seu aniversário, em breve. Então ele se foi e morreu 30 dias depois".

Estou surpreso.

Me pergunto quantas vezes mais vou encontrar o fantasma de Rolim Moura perambulando pela história da Varig. Comerlato me diz que tem que sair. Já anoiteceu. Descemos juntos ao térreo. Na porta da garagem ele me abraça e diz:

"Você sabe que dia é hoje?"

"Sete de maio", digo.

"Sim, isso mesmo. A nossa Varig está completando 80 anos", diz e tem lágrimas nos olhos.

A coincidência me choca.

Para ele, a Varig segue viva e talvez seja assim, de fato.

Em sua memória.

Ernesto Zanata, ex-Presidente da Fundação Ruben Berta

Maio de 2007.

Descubro que Ernesto Zanata, ex-Presidente da Fundação Ruben Berta, está trabalhando na Gerência de TI da Varig Engenharia e Manutenção, a VEM, empresa vendida para a TAP. Ele me recebe em um prédio localizado dentro de um complexo que, um dia, reunira todas as operações da Varig em Porto Alegre.

"A Varig faria 80 anos ontem", ele me diz e a frase de Comerlato me volta à memória.

Ao menos Zanata usou o tempo verbal correto, de alguém que sabe que a Varig não existe mais. Antes de começarmos a falar, ele quer me mostrar alguns lugares. Caminhamos até um prédio, nas proximidades da VEM, que, segundo ele, abrigou a área administrativa da Varig nos primórdios da empresa. Ali trabalharam homens como Otto Meyer e Ruben Berta. Olho o prédio e acho-o pequeno demais para comportar até mesmo a ideia da Varig, o que dirá toda a empresa.

Caminhamos um pouco mais e chegamos a outro prédio, com ar de abandono.

"Aqui funcionou o Museu da Varig que, hoje, não abre mais. Está fechado e tudo o que está aí dentro deve estar estragando", diz.

Olho a porta fechada e lamento. A memória da primeira companhia aérea brasileira, que foi também uma das grandes do mundo, jaz ali sepultada, talvez para sempre. Uma companhia aérea que em seus tempos de glória era capaz de comprar simuladores de avião a jato por US$ 18 milhões, um luxo que nem mesmo as maiores do mundo podiam ter. Sua história está ali e talvez vá para alguma lata de lixo algum dia.

Voltamos à sala de reunião no prédio da VEM, que revela, ele próprio, abandono e esquecimento. Móveis velhos e desgastados, carpete sujo, vastos espaços vazios. Questiono o estado do prédio e Zanata me diz:

"Isto aqui está abandonado também, a TAP está atrasando salários, o pessoal está desmotivado, buscando uma razão mínima que seja para continuar. Muitos dos que seguem aqui o fazem pela memória da Varig", conta.

Zanata assumiu a presidência do Conselho de Curadores em dezembro de 2003, quando o grupo anterior renunciou, pressionado pela crise. Assim que assumiu, recebeu um telefonema de Adenias Gonçalves, outro diretor da empresa, que se tornou Presidente da Rede Tropical de Hotéis, e disse que a empresa estava parando porque a BR Combustível cortaria o fornecimento de gasolina em função da falta de pagamento. Mas a ameaça não se concretizou porque a BR recebeu ordens do Governo Federal para retomar o abastecimento. Há quem diga que a ordem foi dada por intervenção de Graziella Baggio, do Sindicato dos Aeronautas.

O ex-presidente do Conselho de Curadores assinala que a Fundação Ruben Berta era um modelo excepcional porque não praticava o capitalismo selvagem. Ao contrário de empresas modernas, que criam programas de ação social voltados para públicos externos e esquecem de seus funcionários, a Fundação Ruben Berta fazia ação social para dentro, para seus empregados.

"Os empregados tinham acesso a casa própria financiada, supermercado subsidiado, serviço médico e odontológico, empréstimos, dividendos anuais, como um bônus, muito antes de que se ouvisse falar em bônus no Brasil. Também, ao contrário da maioria das empresas, na Varig os benefícios eram escalonados, sendo que aqueles que recebiam salários menores tinham benefícios maiores. Quando o Brasil desconhecia por completo a figura do plano de saúde, a Varig custeava a internação de seus funcionários em hospitais particulares. O que se fez, com a crise da Varig, foi demonizar a Fundação Ruben Berta e o modelo fundacional que, quer queiram, ou não, garantiu uma longa sobrevida à empresa pelo simples fato de que seus funcionários, de modo geral, lutaram para preservá-la até o fim", relata.

Ele me pede que fale com João Manuel Correia, Diretor da FRB, e também com César Curi, que preside a instituição. Respondi que Curi me pedira para deixá-lo por último, mas que eu pretendia falar com ele em breve.

Zanata relaciona fatos que eu já conheço, como o congelamento de preços, a inflação desenfreada e as crises cambiais, acontecimentos que geraram perdas estratosféricas para a empresa, um dinheiro que não foi recuperado jamais. Ele nega que existissem credores no conselho de curadores, mas confirma que a empresa criou o Conselho de Administração justamente para acomodá-los.

"Foi um erro, um erro lamentável colocá-los ali. Quando discutíamos com eles os planos de recuperação da Varig, invariavelmente essas informações iam parar na imprensa e de uma forma totalmente distorcida, o que revela que os conselheiros de administração tinham compromisso zero com a Varig", denuncia e nós já sabemos que isso é verdade.

Ele ri quando digo que muitos afirmaram que a Fundação Ruben Berta sabotou toda possibilidade de acordo:

"Isso é mentira grossa. Abrimos mão do controle da empresa. No final, defendíamos, apenas, que a Fundação Ruben Berta mantivesse 5% da Varig, pois a instituição tem programas assistenciais em andamento", conta.

Então, em 2005, como Presidente do Conselho de Curadores, Zanata manda ao Governo Federal uma relação de nomes que comporiam o Conselho de Administração da empresa, entre os quais estavam David Zylbersztajn e Omar Carneiro da Cunha.

"Nesse momento, recebo uma ligação do José Alencar, Vice-Presidente da República, que me diz que, já que a Varig devia ao Governo Federal, ele iria sugerir nomes para o Conselho de Administração. Começou a conversa me dizendo que ligava em nome do Presidente Lula e que eu devia entender que "manda quem pode, obedece quem tem juízo". Achei aquilo uma ameaça grossa e mal-educada. Afinal, se a Varig devia ao Governo Federal, o Governo Federal devia muito à Varig, como a própria justiça já sentenciou. Ele queria que colocássemos o Lavorato como Presidente da Varig; o Jorge Gouvêa, do PT e da Petros, como Vice-Presidente; o Harro Fouquet em algum posto de administração e mais alguém para a Diretoria Financeira", diz e então preciso interrompê-lo.

"Eles prometeram alguma coisa em troca dessas nomeações?"

"O Alencar me disse que o governo flexibilizaria ou facilitaria o acesso a combustível da BR e atuaria no sentido de resolver ou ajudar a resolver as dívidas", conta.

"Via BNDES?"

"O BNDES era uma das opções, mas não a única. Havia, como sempre houve, até hoje, a promessa de que o acerto de contas seria feito, afinal; ou seja, que o Governo Federal pagaria o que deve à Varig", relata.

"E o que você fez?"

"Disse a ele que encaminharia a proposta ao Conselho de Curadores, mas que via pouca chance de aprovação em função do fato de que o Lavorato, por exemplo, tinha ações judiciais contra a Varig e colocá-lo no comando da empresa contrariaria a própria Lei das SA. Não é verdadeira a afirmação de que indicamos o David e o Omar como forma de repudiar a indicação do Governo Federal, isso porque o Governo Federal já sabia que estávamos indicando os dois antes de tentar impor os nomes deles para o Conselho de Administração", explica.

Mas a recusa do Conselho de Curadores, assinala Zanata, se deveu a outro fato importante: em 2003, como Lavorato chegou a explicar, o assessor de Dirceu, Marcelo Sereno, havia organizado a indicação de nomes para o Conselho de Administração da Varig, como Jorge Gouvêa e Gilmar Carneiro, nomes aceitos pelos curadores e que chegaram a integrar a estrutura de comando da Varig naqueles anos:

"Esses dois nunca fizeram nada pela Varig, apenas recebiam seus pagamentos. Raramente apareciam. Por que a Fundação Ruben Berta deveria acreditar que em 2005 seria diferente? Inventaram a história de que a Fundação Ruben Berta barrou os nomes do Governo Federal e optou por nomes do PSDB, uma história que foi muito propalada pelo Sindicato e por um bando de jornalistas idiotas. Era uma história conveniente, pois permitia ao Governo Federal lavar as mãos e seguir em sua política de destruição da

Varig. A encenação era tão grotesca que quando íamos a Brasília ouvíamos do Murilo Portugal, do Banco Central, que o Governo Federal deixaria a Varig entrar na Lei de Recuperação Judicial; e do José Dirceu, da Casa Civil, que o Governo Federal não permitiria isso", conta.

Zanata suspira.

Vejo-o e sinto-o terrivelmente cansado e abatido.

"Você não imagina o que vivemos aqui naqueles tempos de crise. Tem noites que sonho com isso e quando acordo não volto a dormir para não sonhar mais. Uma avalanche de picaretas se lançou contra a Varig. Abutres. Recebíamos propostas de todos os tipos, de todos os lugares, que nunca eram sérias, mas nos tomavam tempo de análise e reflexão. Uma vez, recebemos uma ligação de um empresário argentino que nos dizia que queria apoiar a Varig e que estava enviando um cheque de R$ 2 bilhões para capitalizar a empresa. Chegou a pedir o número da conta da empresa. Na data marcada, como o dinheiro não chegava, ligamos a ele e ele nos disse que o depósito voltara, pois havia digitado o número da conta da Varig errado, mas que voltaria a fazer o depósito. Nunca o fez e, estou certo, não pretendia fazê-lo. Mas a questão é: o que leva uma pessoa como essa a fazer algo assim a não ser um ato deliberado de sabotagem, de terrorismo, orientado para fragilizar a empresa? Hoje, recordando essa cena, essas noites que passávamos esperando soluções desse tipo, me sinto envergonhado. Mas, em dado momento, percebemos, mesmo, que isso fazia parte de um jogo deliberado para fragilizar a Varig e impedir que sua estrutura de comando pudesse refletir em paz. Me lembro claramente de um sujeito, que prefiro não nomear, pois não estou seguro de que o que ele falava era verdadeiro, que dizia representar o Ministro José Dirceu, da Casa Civil, que aparecia toda vez que começávamos uma negociação de modo consistente. Ele desqualificava a negociação, dizia que a chance do Governo Federal aprovar aquilo era nula e que tinha alternativas que o Ministro Dirceu apoiaria, propondo, reiteradas vezes, a fusão com a TAM. Quando pedíamos que ele fosse mais claro, que detalhasse esse plano de fusão, como ficariam as participações na futura empresa, ele prometia voltar e desaparecia. Isso é terrorismo ou o não?", questiona.

Pergunto sobre a negociação com Tanure e ele me explica que o acordo com o empresário, que tem fama de comprar empresas em processo de falência e não honrar compromissos com credores, foi votado pelo Colégio Deliberante e aprovado nessa esfera.

"O Tanure nos disse que pretendia transformar dívidas trabalhistas em ações da Varig e que tinha os mecanismos para fazer isso", disse.

As peças se juntam.

Em alguns momentos de minha pesquisa, especialmente entre representantes dos sindicatos, fui informado de que o "investidor secreto" que a TGV dizia ter era justamente Nélson Tanure. A ideia de transformar dívidas trabalhistas em ações da Varig, como vimos lá atrás, era uma articulação da TGV, que dizia representar comissões de trabalhadores como APVAR, ACVAR e AMMVAR que referendavam a iniciativa. Se Tanure "tinha os mecanismos para isso", esses "mecanismos" podiam ser, exatamente, a TGV. Mas os credores votaram contra o acordo com Tanure e a Fundação Ruben Berta não pode concretizá-lo. Fechava-se, assim, o círculo rumo ao processo de liquidação judicial.

Zanata me oferece café. Aceito. Caminhamos até a cozinha e tudo o que vejo ao meu redor reflete abandono e esgotamento. Ele se serve de café de uma garrafa térmica e coloca um pouco em outro copo, que me oferece. Então, enquanto bebe, sorri e diz:

"Uma noite, nunca vou esquecer essas noites terríveis, eu estava aqui, tentando colocar ordem nos pensamentos, quando um piloto da Rio Sul bate à minha porta. Digo que ele podia entrar e se sentar. Então ele se senta à minha frente e diz: *'Presidente, estou com um problema e gostaria de sua ajuda. Meu salário é menor do que o salário dos pilotos que servem na Varig e eu acho injusto, pois fazemos a mesma coisa. Gostaria de saber se não posso passar a receber o mesmo'*. Eu olhei para o sujeito sem acreditar no que ele me dizia. Juro que achei que era brincadeira. Quando percebi que ele falava a sério, eu disse: *'Você tem noção de que a Varig acabou, a Rio Sul acabou, tudo acabou?'* O sujeito me olhou e se levantou irritado: *'Então não vai dar?'*, insistiu, sem sequer ter ouvido o que eu dissera. Respondi que não, que não ia dar mesmo e ele se foi. Entende o que quero dizer? Até o último instante desta empresa, até seus minutos finais, as pessoas pareciam viver em um mundo de conto de fadas, irreal, uma ilha da fantasia", diz e aquele relato me choca.

Por que as pessoas iriam aceitar, serenamente, o fim da cultura empresarial que as abrigara, amparara e educara por toda uma vida? Como aceitar isso?

"A verdade – volta a dizer ele – é que a direção da Fundação Ruben Berta não estava preparada para os desafios que vieram. Eu não estava preparado para aquela horda furiosa que arremetia contra a Varig: o Dirceu, os credores, o Governo Federal, investidores picaretas, empresários do setor vorazes e sem escrúpulos, um mundo inteiro de canalhas que nos rodeava o tempo todo sem que pudéssemos saber ao certo quem era quem, quem estava com a Varig ou contra ela", desabafa.

Zanata se cala e toma seu café. Sinto-o esgotado e arrasado e percebo que é hora de deixá-lo. Me despeço e quando caminho para a saída ele me chama e pergunta:

"Você já falou com o Martins? O Carlos Luiz Martins?"

Digo que sim.

"Pode falar com ele outra vez?", insiste.

Sim, claro que sim.

"Pergunte sobre a visita que ele recebeu do Delúbio Soares e do Silvo Pereira, em 2005, oferecendo ajuda à Varig em troca de dinheiro. Pergunte a ele", diz Zanata.

"Isso ocorreu?"

Zanata move a cabeça afirmativamente e, em seguida, diz:

"Sim, ocorreu. Como eu era Presidente do Conselho de Curadores, o Martins me procurou e disse que recebera uma ligação do Delúbio, que se ofereceu para ajudar a Varig dentro do Governo Federal mediante uma comissão. O Martins me disse que estava disposto a pagar e eu disse que, como Presidente do Conselho, não aprovava essa solução. Eu sei que eles conversaram depois disso. Pergunte ao Martins se ele pagou e depois me diga", pede Zanata em meio a um sorriso irônico.

Agradeço sua acolhida e saio.

Caminho por uma calçada estreita até a portaria central da empresa para pegar um táxi. Olho para o prédio que um dia abrigou a sede central da Varig, quando Ruben Berta e Otto Meyer circulavam por ali, e me pergunto se o Brasil, de fato, mudou ao longo das últimas oito décadas que marcaram a glória e a decadência da Varig.

Carlos Luiz Martins, ex-Presidente da Varig

Maio de 2007.

Durante o resto da terça-feira tento contato com Bordini, mas ninguém atende o telefone em sua casa. No começo da noite, desisto. Ligo para Carlos Luiz Martins e pergunto se ele pode me receber no dia seguinte e ele me diz que sim. Vou ao aeroporto e mudo minha passagem de São Paulo para o Rio de Janeiro. No quarto do hotel, à noite, ligo para Medeiros e faço um relato das conversas em Porto Alegre e aviso que estarei no Rio de Janeiro pela manhã.

"Vou te esperar no Santos Dumont", ele diz.

Quando chego ao Rio, lá está ele. Seguimos para a Barra, pois vou encontrar Martins na sede da Federação de Vela. Medeiros diz que vai me esperar no carro porque não suporta Martins. Ele me conta que, há alguns anos, a TGV enviou para a esposa de Martins um álbum com as fotos de todas as comissárias com as quais o ex-Presidente da Varig teve relacionamentos afetivos, com o nome, endereço e telefone de todas elas, o que o deixou furioso.

Enquanto caminho até o andar da Federação de Vela, vou organizando a estratégia da entrevista. Tenho poucas perguntas a fazer a ele e a principal é sobre a negociação com Delúbio Soares e Sílvio Pereira, do PT. Decido, no entanto, que não será esta a primeira pergunta que farei.

Quando o encontro ele está atarefado. Fala dos preparativos para os Jogos Pan-americanos, no Rio de Janeiro, e do papel da Federação de Vela na organização das competições náuticas. Faço um breve relato das entrevistas que já fiz depois que falei com ele e ele me ouve com ar divertido.

"O Walterson? Como está ele?", pergunta.

Digo que Caravajal está bem, criando peixes, pescando, casado com uma mulher encantadora, enfim, uma vida boa. Martins me diz que Caravajal voltou de uma viagem a Palm Spring já demitido pelo Rubel Thomas, mas entrou em sua chapa para o Conselho de Curadores e ganhou sobrevida na empresa.

"O Bankers Trust, contratado pelo Rubel para promover a reorganização da Varig, pediu a cabeça do Walterson, mas o Walterson se safou entrando na minha chapa para o Conselho de Curadores", conta.

"Por que queriam a cabeça dele?", pergunto.

"O Walterson era mau, cruel, ele humilhava as pessoas e isso se voltou contra ele", diz.

"Você está se referindo àquele episódio do Smidt e o Escobar?"

"Sim, a esse a e a muitos outros, aquele gaúcho era jogo duríssimo, você não imagina quanto. Mas o que é que te trouxe aqui?", pergunta.

"Primeiro, quero te dizer que o Comerlato me disse para confirmar com você se ele pagou as duas caixas de uísque que apostou com você".

Ele ri:

"Pagou sim... falou com o italiano? Como ele está?"

Digo a ele que o "italiano" estava abatido, cansado, triste com o filho que passou a voar na TAM. Mas acrescento que depois de refletir bastante sobre nossa conversa, não consegui entender, ainda, as razões que o levaram a sair da Varig quando parecia que ele ia tirar a empresa do buraco.

"Olha, eu sei que é difícil entender, pois eu mesmo não entendo às vezes. Mas decidi cair fora quando fiquei sabendo que a Fundação Ruben Berta, mais precisamente o César

Curi, que presidia a instituição e a preside até hoje, começou a negociar com uns japoneses, sem meu conhecimento, a emissão de ações no valor de R$ 3,7 bilhões que, naquela época, equivaliam a 15 dias de operações da Bovespa. Isso era tão despropositado que percebi que não teria alternativa a não ser sair", diz ele e ainda assim não me convence.

Penso por um momento e então pergunto se ele foi chantageado, de alguma forma, por alguém, para deixar a Varig e ele diz que não.

Diz que não saiu, de fato, foi "apenas" substituído por Zylbersztajn:

"E o Zylbersztajn destruiu o pouco que restava da Varig", sentencia.

Pergunto sobre a proposta de Tanure, que foi aprovada pela Fundação Ruben Berta, e ele me diz que foi ele quem levou Tanure ao Colégio Deliberante, pois entendia que aquela era a última oportunidade para solucionar a crise da empresa.

"Mas os credores entenderam que o Tanure era um sujeito arriscado, por tudo o que ele já havia feito na Docas, na Gazeta Mercantil e no Jornal do Brasil, então foram à justiça e cancelaram o negócio", diz.

"Conversei com o Zanata e ele confirmou a tentativa que o Governo Federal fez de colocar o Lavorato e outros sindicalistas no comando da Varig assim que você saiu. Ele me falou, inclusive, que você foi procurado pelo Delúbio Soares e o Sílvio Pereira, que ofereceram ajuda em troca de comissão."

"Sim, tem razão, é isso mesmo", responde.

"Abordagem errada", penso.

Retomo a questão de outra forma:

"O que o Delúbio e o Sílvio ofereceram a você? Ajuda do BNDES?"

"Eles me procuraram dizendo que podiam ajudar a Varig junto a determinadas áreas do Governo Federal, mediante o pagamento de uma comissão. Mas, antes, queriam um adiantamento, pois para conseguir a ajuda seria necessário "distribuir" alguns recursos", conta, fazendo o sinal de "aspas" quando falava "distribuir". "Falei com o Zanata e o Zanata me disse que não endossava aquilo. Então voltei a falar com eles e fui claro: pagamento contra entrega. Se eles arrumassem a ajuda para a Varig, eu pagava a comissão. Saíram de minha sala dizendo que eu logo teria notícias deles e, de fato, tive sim, muitas notícias: eles foram parar nos noticiários policiais por causa do mensalão, nunca mais me procuraram e eu rezo todos os dias para não voltar a ver a cara deles".

Olho-o por um momento, que se prolonga demais. Diante de meu silêncio, ele prossegue. Assinala que buscou um entendimento com os dois porque os achava muito perigosos. Lembrava-se de 2002, quando os mesmos Delúbio Soares e Sílvio Pereira foram procurar Yutaka Imagawa na Varig para pedir ajuda para a eleição de Lula:

"O Yutaka negou-se a ajudá-los. Disse que a Varig estava em dificuldades e nada podia fazer para ajudar o PT. A conversa foi tão ríspida que, ao final, o Delúbio se levantou, enfiou a mão no bolso e sacou uma nota de R$ 10, jogando-a sobre Yutaka e dizendo que aquilo era para ajudar a "pobrezinha" Varig. Assim que eles se elegeram, nós vimos o que fizeram. Por essa razão eu os recebi", explica.

David Zylbersztajn, ex-Presidente do Conselho de Administração da Varig

Junho de 2007.

Desde minha conversa com Martins, um mês inteiro se passou. O mestrado exigiu atenção integral, sem falar no trabalho, há muito negligenciado. Tenho pouco tempo para transcrever as entrevistas que vou fazendo, de modo que a maioria permanece registrada no gravador, nos três cadernos que vou usando e no notebook que me acompanha nas viagens. Isso me preocupa muito, pois esses cadernos começam a assumir grande importância. Perdê-los ou esquecê-los em algum lugar pode custar demasiado porque embora o gravador reúna os áudios das entrevistas, o caderno registra os pontos mais importantes que merecem ser considerados no texto final.

Sigo em frente.

Há meses vinha buscando David Zylbersztajn pela Internet. Encontrei-o em uma empresa de consultoria sobre energia e petróleo, um segmento que ele conhece muito bem, pois foi presidente da Agência Nacional de Petróleo (ANP) no Governo FHC.

Zylbersztajn tem um problema: seu nome. Ele é grafado das maneiras mais esdrúxulas e diversas e é exatamente o que digo a ele quando começamos a falar. Ele tem um escritório na zona sul do Rio de Janeiro e sua sala é um caos controlado, pois está repleta de livros, revistas, jornais e documentos espalhados por todos os lados, até mesmo sobre o sofá, onde me sento, bem diante de sua mesa. Olho-o e me surpreendo com sua aparência. Embora seja cedo, ele aparenta não ter dormido: está com a barba por fazer, a roupa desalinhada e um ar cansado e impaciente.

É importante lembrar que Zylbersztajn chegou à Varig em 2005, junto com Omar

Carneiro da Cunha, para presidir o Conselho de Administração da empresa, a convite da Fundação Ruben Berta, que chegou a informar o Governo Federal previamente sobre as nomeações. No entanto, você vai se lembrar também, o Sindicato dos Aeronautas e o Governo Federal "entenderam" aquela nomeação como uma opção da FRB "pelo PSDB", o que pareceu servir para justificar a não realização do acerto de contas com a empresa, mas isto era, evidentemente, apenas um pretexto.

Imagino que Zylbersztajn vai criticar o Governo Lula da Silva, mostrando o jogo político que marcou seu momento à frente da empresa, como fez Cunha, mas estou enganado. Ele elogia as ações do Governo Federal e diz que faria a mesma coisa.

Aquilo me surpreende.

"O problema central, a causa de toda essa tragédia, foi o sistema de governança corporativa da Varig, que era caótico. Havia vários níveis de hierarquia, chefes, subchefes, sub subchefes, que impediam ou limitavam qualquer solução. As relações de poder na Varig beiravam o surreal, pareciam existir em um universo à parte, sem conexão com a realidade. Tinha horas que eu, como Presidente do Conselho de Administração, pedia determinadas providências e as pessoas se voltavam para mim e diziam: *'Você agora está falando com um membro do Colégio Deliberante e não tem autoridade para me pedir nada'*. Essas pessoas simplesmente não me deixavam trabalhar. A todo momento pediam reuniões, determinavam ações, cobravam coisas inexequíveis, fazendo da empresa uma torre de babel monumental", relata.

Me pergunto como é que ele, um executivo experiente, não conseguia enxergar nisso as artimanhas de uma cultura organizacional defendendo seu espaço, sua maneira de ser, pensar e agir. Muitos não compreenderam isso.

"O Governo Federal agiu certo ao não liberar nenhum recurso, eu faria a mesma coisa", comenta.

Zylbersztajn volta a criticar o comando da FRB. Diz que os executivos da fundação eram despreparados, ruins, incompetentes e que isso foi determinante nos rumos da crise e do destino final da companhia. Ele assinala que o Governo Federal, "obviamente", antes de liberar qualquer recurso, queria ter a certeza de que a

Fundação Ruben Berta não teria poderes para determinar como esses recursos seriam aplicados, uma garantia que o governo jamais teve.

Aquele depoimento me inquieta.

Mas quem ia administrar os recursos?

Os administradores profissionais, diz ele.

Suspiro.

A ideia de que os "administradores profissionais" da empresa eram "neutros" já foi exaustivamente desmentida. Já vimos que muitos deles, como Ozires Silva e Arnim Lore, apenas para citar dois, representavam e defenderam interesses de credores que conflitavam com os interesses da Varig, prejudicando a companhia.

Outros entrevistados disseram a mesma coisa sobre Zylbersztajn e Cunha.

Meu celular toca inesperadamente e peço desculpas. Vejo pelo visor que é uma ligação do Rio de Janeiro e pergunto se posso atender. Ele diz que sim. Atendo e descubro que, finalmente, minhas tentativas de localizar Nélson Tanure deram resultado. A secretaria dele me diz que ele me receberá no dia 29 de junho, em seu apartamento, na Vieira Souto, no Rio de Janeiro.

Desligo o celular e peço desculpas.

Zylbersztajn diz que rejeita a tese - que a direção da Fundação Ruben Berta reiterava - de que o Governo Federal era o responsável pela crise da empresa, pois a Varig jamais se "adaptou à nova realidade de mercado". Pergunto se era possível uma empresa se adaptar a coisas como o congelamento de Sarney, a "abertura" de mercado de Collor articulada para favorecer a VASP; a explosão do câmbio no Governo FHC e à corrupção no Governo Lula da Silva e ele me diz: "Muitas empresas se adaptaram".

Pergunto se essa "adaptação" não explicaria as taxas pífias de crescimento do Brasil nas últimas três décadas e ele pensa por um momento antes de dizer que seria uma saída fácil justificar a crise da Varig pela situação do País.

Embora discorde dele, decido deixá-lo seguir. Ele assinala que conheceu vários pilotos na Varig que estavam sem voar há mais de dois anos mas que seguiam como funcionários da empresa, pois o Colégio Deliberante não autorizava demissões e cortes. Pergunto se ele desconhecia os cortes de mais de 12.000 empregados promovidos pela empresa desde Rubel Thomas e sua resposta foi: "Nunca acreditei nesses números".

"O Sindicato Nacional dos Aeronautas, a Associação dos Pilotos da Varig e a Fundação Ruben Berta se uniram contra mim e o Omar pelo fato de que defendíamos a fusão da Varig com a TAM, uma solução que, acreditávamos, era a melhor para ambas as empresas e o País", conta.

Pergunto se ele acredita que a cultura da Varig aceitaria pacificamente a fusão com a TAM e ele me diz que não, que não seria pacífico, mas que algumas centenas de demissões resolveriam facilmente o problema, pois os empregados remanescentes entenderiam o recado.

"Ao final, nos últimos momentos, o Plano de Recuperação Judicial foi a última boia de salvamento que apareceu, pois nada mais havia restado. Quando o Martins saiu e nós chegamos, os lessores[104] cobraram as dívidas com os aviões no dia seguinte", revela.

Zylbersztajn assinala que Rolim Moura, o Presidente da TAM, morto em 2001, nunca pretendeu assumir, de fato, a Varig, pois a empresa tinha um passivo monumental. Segundo ele, Moura articulou, sim, a deterioração da empresa, com o objetivo de conquistar seu mercado. Isso explicaria, segundo Zylbersztajn, o fato da TAM não ter feito lance algum pela Varig no leilão.

"Em toda essa crise, a imprensa brasileira foi de uma nulidade impressionante. Esteve mais perdida do que cego em tiroteio. Raramente entendia o que estava se passando. Houve até alguns casos de má-fé, quando foram inventadas reuniões que nunca existiram. De modo geral, a imprensa, os jornalistas, nunca entenderam muito bem o que estava acontecendo", diz ele e, neste caso, concordamos integralmente.

Segundo Zylbersztajn, o Sindicato Nacional dos Aeronautas delirava ou agia de má-fé quando dizia que ele representava o PSDB na Varig:

---

[104] Lessores são empresas de leasing, que alugam aviões para companhias aéreas. A GECAS é uma delas.

"Isso era de uma pobreza mental enorme, pois tanto eu quanto o Omar eramos muito bem tratados pelo Governo Federal", diz.

Ele enfatiza que a Associação dos Pilotos da Varig, a APVAR, comandada por Élnio Borges, era uma entidade que vivia em um mundo de delírio. Atacava por atacar, não tinha plano, não tinha projeto algum:

"O lance da TGV, fictício, tinha como premissa a ideia absurda de que resultaria na concessão de um empréstimo do BNDES. Eles alegavam que o BNDES havia dado empréstimo à TAP para a aquisição da VEM, mas omitiam ou ignoravam que o BNDES só dera o empréstimo à TAP depois que obtivera o aval do Governo de Portugal", comenta.

Zylbersztajn acredita que a Varig teve 60 anos de benesses que desperdiçou. E esse desperdício se deve ao fato de que o comando da Fundação Ruben Berta era despreparado, não tinha qualificação nem formação necessária para enfrentar os desafios que vieram com o acirramento da competição.

"Eles falavam do '*modelo fundacional*' com a boca cheia de um orgulho vazio, mas o fato é que esse '*modelo*' não é um modelo e não existe em lugar algum do mundo", critica.

Segundo Zylbersztajn, a decisão de Murilo Portugal de vetar o acerto de contas, ou seja, reconhecer a dívida do Governo Federal com a Varig, foi acertada. Ele acredita que admitir que o congelamento de preços causou prejuízos à Varig poderia significar ter que reconhecer o mesmo em relação a milhares, milhões de outras empresas, o que levaria a uma situação de insolvência do Estado.

"Em 2005, me encontrei com o Palocci[105], o Murilo Portugal, o Dirceu e o José Alencar. O Dirceu me disse que não tinha nada contra a proposta da TAP.[106] Assim que o Dirceu saiu da reunião, o Murilo Portugal disse que antes de fazer o acerto de contas pretendido pela TAP faria uma análise '*bilhete a bilhete*' emitido pela empresa nos anos do congelamento de preço, para saber se havia, de fato, uma perda. Isso era ridículo, pois uma auditoria dessa magnitude levaria anos. Além disso, ele disse que, caso fosse

---

[105] Antônio Palocci, Ministro da Fazenda.
[106] Que, como já sabemos, previa a incorporação da Varig desde que o Governo Federal pagasse o que devia à empresa, proposta que Zylbersztajn condenava.

apurada uma dívida, exigiria um desconto de 50% do valor antes de fazer um acerto qualquer", confirma.

Agora é o celular de Zylbersztajn que toca e ele pede permissão para atender. Espero. Quando ele desliga, pergunto:

"Como você explica a morte de uma empresa como a Varig, que deixou para trás uma dívida dessa magnitude? O que deu errado?"

Ele ri e responde:

"O país deu errado. A morte da Varig, dessa forma, é uma prova incontestável de que o Estado faliu. Falhou a CVM, que ignorou o que estava se passando com uma companhia de capital aberto. Nunca ouvi ou li nenhum questionamento da CVM sobre a Varig. Falhou a Secretaria de Previdência Complementar, que permitiu que a Varig se financiasse com capital do fundo de pensão dos trabalhadores, mesmo sabendo que isso era ilegal. Falhou a Procuradoria das Fundações do Rio Grande do Sul, que ignorou por décadas os desmandos e a corrupção praticados na Fundação Ruben Berta. Falhou o Ministério da Defesa, que deixou as coisas seguirem inexoravelmente seu curso, até um fim como este, que prejudicou muita gente, trabalhadores e credores inclusive. Falhou o DAC. Falhou a ANAC. Vemos o caos inalterado no setor aéreo, pois a ANAC é dirigida por amadores. A crise da Varig mostra que não temos um Estado digno desse nome", critica.

O telefone toca outra vez e ele diz que precisa ir, pois tem um almoço e não pode se atrasar. Agradeço por seu tempo e ele me leva até o elevador. Quando chego à rua, Medeiros está me esperando.

Nélson Tanure, empresário e investidor

Junho de 2007.

Estou de volta ao Rio de Janeiro e acordo com o solavanco que o ônibus dá na plataforma da Rodoviária Novo Rio, às 5h30. Afasto o cobertor, calço os sapatos e ponho a mochila nas costas. Por prudência, deixo a mochila sempre a meus pés, embaixo de um suporte usado para apoiar as pernas e com o cobertor em cima, o que a oculta por completo. Não desço mais do ônibus na parada intermediária, de modo que não me separo da mochila em momento algum.

Vou ao banheiro, lavo o rosto e escovo os dentes. Preciso de um café, urgente. Quando saio, Medeiros está ali, à minha espera, com um amplo sorriso no rosto. Ele tornou minha pesquisa muito mais fácil, pois além de me receber e me levar onde preciso ir, me hospeda em sua casa e, o mais importante, me ajuda a entender coisas sobre a Varig que seriam incompreensíveis para um "não-variguiano".

Ele me deixa na porta do prédio onde mora Tanure e diz que tem que ir levar a neta ao médico. Me pede para ligar assim que sair, pois podemos almoçar juntos. Tanure mora na Vieira Souto, em um prédio enorme e de aparência conservadora e antiga. Está chovendo e o porteiro pede que eu aguarde na chuva enquanto ele vai checar se posso subir ou não. Protejo a mochila e o caderno e após dois longos minutos a porta se abre.

Quando chego ao andar de Tanure, uma mulher jovem e bonita me recebe. Ela me diz que é assistente do *Doutor Tanure*' e vai participar da entrevista pois ele quer preparar um depoimento para a CPI sobre a Varig que corre na Assembleia Legislativa do Rio de Janeiro, por iniciativa do Deputado Paulo Ramos, com quem vou falar mais adiante.

Vamos os três a uma biblioteca, onde nos sentamos. Livros, livros e mais livros tomam todos os espaços e procuro identificar alguns. Investimentos, capital venture, matriz de resultados, a Internacional Capitalista. Quer conhecer um homem? Quer saber o que ele pensa, do que gosta e como vê o mundo? Examine os livros que ele lê.

E Tanure, aparentemente, lê muito.

Ele fala um pouco sobre a origem da Varig, Ruben Berta, a Fundação, coisas que eu já conheço. Me diz que em sua fase áurea, a Varig estabeleceu ótimas relações com os governos de plantão e isso não é novidade. Diz que a hiperinflação prejudicou muito a companhia, bem como o congelamento de preços de Sarney e também isso já conheço.

Então ele diz:

"A Varig tinha a cultura de uma empresa estatal, pois todos na empresa achavam que o Governo Federal tinha que apoiar a companhia. A todo momento eu ouvia executivos da Varig dizerem que a empresa não podia brigar com o Governo Federal, pois dependia dele. Nos anos 80, ainda com os militares no poder, o pessoal da Varig dizia: 'Nós somos o governo'. Tanto isso é verdade que a Transbrasil foi a primeira companhia aérea a processar o Governo Federal pelas perdas decorrentes do Plano Cruzado, algo que a Varig só fez bem depois".

Com o Plano Real, de Fernando Henrique Cardoso, diz Tanure, o dólar foi a R$ 0,80, o que fragilizou a companhia pois suas operações mais rentáveis eram as internacionais, justamente aquelas onde ela recebia em dólar. Mais tarde, com a explosão do câmbio, em 1999, a dívida da Varig triplicou de tamanho. Assim, de plano em plano, de presidente em presidente, as empresas brasileiras, não apenas a Varig, eram submetidas a fortes pressões econômicas, que resultavam na morte de muitas, em desemprego, baixa competitividade e crescimento econômico medíocre. Essa história não é muito diferente do que vivemos ainda hoje.

"Quando a Varig foi ao Governo FHC pedir ajuda, começaram a chegar os consultores que, entre muitas coisas, passaram a vender patrimônio da empresa, inclusive aviões, justamente o que permitia à empresa fazer negócios para pagar dívidas. Ao final desse processo surreal, a Fundação Ruben Berta entregou a empresa aos credores e ao

Estado", critica.

Conhecemos essa história já em detalhes, mas nunca é demais ouvi-la de outra forma. Tanure assinala que o principal responsável pela destruição da Varig é o Estado, onde ele inclui vários governos.

"Os governos, os diferentes governos, o Estado, portanto, é o principal responsável, pois não cumpriu com suas responsabilidades, não indenizou a Varig por perdas decorrentes dos planos econômicos mirabolantes; cobrou impostos indevidos; rompeu com a fonte de receita do fundo de previdência complementar dos aposentados, o Aerus; autorizou uma concorrência desleal ao permitir que a Varig competisse, sozinha, contra quatro gigantes dos Estados Unidos, entre muitas outras atrocidades. Nos últimos momentos da Varig nós sabíamos que a empresa tinha um contencioso com o Governo Federal que superava, em muito, sua dívida", aponta.

No entanto, ainda que o Estado brasileiro tenha a maior responsabilidade pela destruição da companhia, a Fundação Ruben Berta, diz ele, não se apercebeu disso e tomou decisões equivocadas, abrindo espaços para que credores, que representavam interesses contrários ao da Varig, tomassem conta da empresa.

"Eu disse aos representantes do Colégio Deliberante: *'Quem está quebrando a Varig é o Governo Federal e vocês têm que lutar contra o Governo Federal'*. Então, um sujeito, que não vou dizer quem é, se levantou e disse: *'Esse homem não sabe que nós somos o governo, tirem esse homem daqui!'*. O grande erro da Fundação Ruben Berta foi não fazer absolutamente nada contra o inimigo número um da empresa, que era o Governo Federal", relata.

Ruben Berta e Otto Meyer certamente aprovariam essa visão.

Tanure assinala que os fundadores da Varig sabiam, desde o princípio, que o inimigo número um da companhia era o Governo Federal e tomaram as medidas para prevenir sua encampação, mas a vida mansa sob os militares acostumou mal a direção da empresa. Ele registra o problema da paralisia do comando da empresa, que relutava em tomar uma decisão fosse qual fosse:

"Você, eu, qualquer um, um gênio, o maior gênio da aviação, o Ruben Berta reencarnado, podia chegar na Varig, naqueles dias críticos e terríveis, e dizer: 'A solução é esta!'. Então, eles começavam a discutir entre eles e nunca decidiam nada. O mundo em chamas, a casa caindo, desmoronando e eles discutindo, discutindo e discutindo, com a TGV, a imprensa, o conselho de administração, a procuradoria, todo mundo em cima pressionando e dizendo que iam destruir a empresa e eles discutindo, discutindo e discutindo", revela.

Tanure nega que a direção da Varig fosse corrupta:

"Você entrevistou vários deles, deve saber isso. Todos têm uma vida normal, sem grandes posses, uma vida remediada. Não são e nunca foram ladrões, pois eles amavam a companhia acima de tudo. O único problema, mesmo, é que eles não conseguiam tomar uma decisão sequer que tivesse algum valor", conta.

Segundo Tanure, essa incapacidade de agir podia ser explicada pelo fato de que, ao longo do tempo, a Varig deixou de ser comandada por empreendedores, gente como Meyer e Berta, ou mesmo Erik de Carvalho, e passou a ser "pilotada" por gente com mentalidade de funcionários públicos, que evitavam tomar qualquer decisão que pudesse comprometê-los, uma mentalidade típica de burocratas como Murilo Portugal.

"Ouvi diversas vezes o pessoal da Varig dizer que o Governo Federal jamais permitiria que a companhia quebrasse. Com base em que tinham essa crença? Porque transportavam a mala diplomática e a TAM não? Quando a Varig quis cobrar esse transporte, o governo rapidamente mudou de fornecedor. A verdade pura e simples era que a Fundação Ruben Berta carecia de gente habilidosa, macacos velhos, pois enfrentava um inimigo poderoso", critica.

Tanure fala em pé, como um professor. Olha para mim e para a assistente e vai falando. Em determinados momentos ele pede atenção e diz que deveríamos anotar aquilo que ele estava falando, pois se tratava de algo importante, muito embora o gravador estivesse ligado. "Eu anotaria isso", diz e eu o atendo. A assistente parece que vai muito bem, também, pois sequer levanta a cabeça para olhá-lo.

Ele diz:

"Adverti o pessoal da Varig: *'Larguem a saia do governo e vão buscar ajuda no mundo real!'* Com a chegada do David[107] as coisas tomaram contornos dramáticos. Eventualmente, eles me chamavam e pediam minha opinião. Me disseram que o David estava propondo a adesão à Lei de Recuperação Judicial e eu disse, claramente, que aquilo era loucura, pois a Varig era uma empresa complexa e a Lei das SA era algo ainda desconhecido", relata, acrescentando: "Foi uma tremenda loucura e irresponsabilidade, pois isso decretou o fim da Varig. O primeiro juiz a receber o caso ficou dois meses sem se pronunciar. Depois, deixou o caso e nomeou uma junta de três juízes. A partir daí, a liquidação da Varig se tornou um festival de mídia, com informações de todo o tipo, verdadeiras, falsas, mais ou menos falsas, mais ou menos verdadeiras", relata.

Percebendo que tinham cometido um erro gravíssimo, os conselheiros da Varig decidem tentar recuperar o controle da situação, chamando-o. Em dezembro de 2005, ele faz uma proposta de compra das ações da Fundação Ruben Berta, recusada pelos credores, que já comandavam a companhia.

"Como os fatos mostraram, a Varig estava à mercê da Justiça e dos advogados dos credores. Mais de 200 escritórios de advocacia estavam envolvidos no processo. Era o advogado da empresa de papel higiênico, o advogado da empresa de turbinas, o advogado da empresa de aluguel de avião, da empresa do combustível, da empresa do cafezinho, eram advogados e advogados e advogados como eu nunca vi na minha vida inteira", relata e este depoimento é importante porque ninguém pode dizer que Tanure é um homem alheio a tribunais.

Quando foi chamado pela Fundação Ruben Berta para tentar impedir que os credores destruíssem a empresa, Tanure afirma que pagou um sinal pelas ações, um dinheiro que se perdeu e passou a compor a massa falida:

"Hoje sou credor da Varig", revela e ri.

Assim que os jornais começaram a noticiar que ele havia adquirido as ações da Fundação Ruben Berta, começou-se a dizer que ele tomaria decisões duras contra os empregados e os credores.

---

[107] David Zylberstajn.

"Em uma semana, apenas, os credores e o Juiz Ayoub decidiram submeter minha proposta para a avaliação dos próprios credores. Isto era insano, pois as ações eram da Varig e competia à Fundação Ruben Berta decidir o que fazer com elas. É claro que eles vetaram a iniciativa, mas, legalmente, eles não poderiam tê-lo feito", denuncia.

E não poderiam de fato.

A assembleia promovida pelo Juiz Ayoub e os credores chegou mesmo a ser proibida pelo Superior Tribunal de Justiça, mas o Juiz Ayoub e os credores ignoraram a proibição. Com base em que? Como é possível que a decisão de um tribunal superior seja desacatada e nada aconteça ao juiz e às pessoas que a desacataram? Que tipo de acerto levou a algo semelhante? Veja como a Folha de S. Paulo se referiu a este acontecimento em 20 de dezembro de 2005:

> Uma liminar do presidente do STJ (Superior Tribunal de Justiça), ministro Edson Vidigal, proibiu a realização da assembleia de credores do grupo Varig, ontem, no Rio, mas ela aconteceu independentemente da decisão.
>
> Vidigal ordenou a suspensão da assembleia anteontem à noite, a pedido de dois advogados que atuavam em nome das empresas Varig, da Nordeste e da Rio Sul - José Saraiva e Sérgio Mazzillo.
>
> Na tentativa de cassá-la, outros advogados da Varig pediram ontem de manhã a desistência da ação, dizendo que os dois colegas que entraram com o primeiro recurso não estavam autorizados a representá-la.
>
> Elas não obtiveram êxito. No início da tarde, Vidigal aceitou o pedido de desistência, mas disse que essa decisão não podia retroagir, mantendo os atos anteriores, inclusive a liminar que proibiu a assembleia.
>
> 'Registro, por oportuno, que o advogado é responsável pelos atos que, no exercício profissional, praticar com dolo ou culpa. Sendo assim, eventual discussão quanto à ocorrência de patrocínio infiel ou coisa que o valha há de ser resolvida em vias processuais', disse

o ministro.

No pedido de liminar, apresentado no domingo, Saraiva e Mazzillo argumentaram que a decisão do Tribunal de Justiça do Rio de Janeiro, autorizando a realização da assembleia, criaria o risco de quebra das empresas aéreas.

A assessoria de imprensa do STJ informou que a secretaria da Corte Especial enviou comunicado à Fundação Ruben Berta, controladora da Varig, entre 8h30 e 8h50, por meio de fax e telex.

Em tese, a assembleia pode ser anulada por contrariar a liminar. Para isso, quem tiver sido prejudicado pela sua realização poderá entrar com uma reclamação no STJ alegando o descumprimento da decisão judicial.[108]

Se você leu atentamente até aqui, já percebeu que havia um conflito entre advogados da Varig. Os que entraram com o pedido de cancelamento da assembleia certamente atendiam interesses da Fundação Ruben Berta; os que pediram a desistência da ação, alegando que os primeiros não representavam a empresa, certamente defendiam os credores da empresa, que já tinham o apoio do Juiz Ayoub.

Mas esta não é a questão, de fato.

A questão, de fato, é que a decisão de um juiz do STJ, Ministro Edson Vidigal, foi desrespeitada integralmente, pois a assembleia que vetou a proposta de Tanure, embora nula, foi dada como liquida e certa e seguiu-se com o enterro da Varig. O que não se sabe é por que um juiz do STJ se cala ante o fato de que outro juiz, este de uma vara empresarial, ignora sua decisão? Digo a Tanure que os credores temiam que ele fizesse o mesmo que já havia feito em outros negócios, quando os credores receberam muito menos do que julgavam merecer e ele responde:

"Claro que eu ia combater os credores da Varig. Muitos deles mamaram anos a fio nas tetas da empresa, obtendo lucros astronômicos. Eu ia dizer a eles: *'Quanto a Varig te deve? R$ 30 milhões? Pega aqui R$ 3 milhões e vai reclamar o resto na Justiça'*. Mas o

---
[108] Folha de S. Paulo, 20/12/2005.

que fizeram? Assumiram o controle da empresa e venderam a VEM por R$ 20 milhões e a VLog[109] por R$ 40 milhões, sendo que estas companhias valiam pelo menos dez vezes mais. Naqueles dias, o que mais me surpreendeu foi a espetacular agressividade de alguns advogados ante uma empresa incapaz de se defender", assinala.

Ele atende uma ligação de celular e diz que logo precisará sair.

Ao final do processo, diz ele, a Varig foi destruída integralmente, tomada por um fundo americano que simplesmente a "pilhou", como os piratas pilhavam navios no Caribe. Com a venda da VEM e VLog, as companhias de leasing receberam praticamente tudo que lhes era devido, por obra e graça de seus representantes, que atuavam dentro da Varig. Os passageiros que a Varig atendia, diz Tanure, migraram para Gol e TAM, que ganharam mercados sem fazer praticamente esforço algum.

"Então, a crise aérea que vemos aí, com aeroportos cheios e gente brigando para ser atendida, só pode ser explicada pelo fato de que destruímos a Varig e tiramos 90 aviões do mercado, estrangulando a oferta de passagens. É isto o que explica a crise e esta crise é responsabilidade do Governo Federal", diz.

Pergunto se ele era o investidor oculto que a TGV alegava ter e ele diz que não. No entanto, afirma que quando a TGV deu aquele lance estapafúrdio correu até ele para lhe pedir que honrasse o lance, o que ele não fez, pois não confiava na TGV.

Digo que não entendo as razões pelas quais a direção da Fundação Ruben Berta não lutou para defender sua proposta, pois, ao que tudo indicava, até o Superior Tribunal de Justiça a considerava válida.

Então ele me diz:

"A Fundação Ruben Berta era assediada com todo o tipo de propostas estapafúrdias e eles davam crédito a todas. Pouco antes de me receberem, tinham "vendido" a Varig para um argentino picareta, que ligou dizendo que queria comprar a empresa. Ninguém o conhecia. O argentino ofereceu US$ 2 bilhões pela empresa e ficou de fazer uma ordem de pagamento. Chegou a pedir o número da conta da Varig para depositar o

---

[109] A Varig Log foi vendida para o fundo abutre Matlin Patterson, que mais tarde compraria a própria Varig por R$ 24 milhões, graças à interferência do advogado Roberto Teixeira.

dinheiro. Veja bem, US$ 2 bilhões, assim, de um sujeito desconhecido, que podia até ser dinheiro sujo de drogas, mas ninguém estava preocupado com isso. Fizeram uma escritura pública de venda da Varig por US$ 2 bilhões e aguardaram a entrada do dinheiro. Passaram dois dias esperando pelo dinheiro, que nunca apareceu. Esse argentino era um pilantra, um picareta, que havia dado entrevistas a alguns jornais dizendo que o patrimônio dele era maior que o do Bill Gates. Era um caso para hospício, mas, na Varig, ele tinha todo o crédito do mundo. O fato é que também foram procurados por pessoas que diziam representar o Dirceu, que tinha uma solução para o problema da Varig e, então, eles deixaram de lutar pelo que realmente importava", diz, acrescentando:

"A Fundação Ruben Berta se deixou enganar".

Élnio Borges, Presidente da APVAR, Articulador da TGV, ex-Comandante da Varig

Junho de 2007.

Fico no Rio de Janeiro após conversar com Tanure, pois às 17h vou me encontrar com Élnio Borges, da TGV. Medeiros conseguiu agendar a entrevista e, enquanto almoçamos, me diz:

"Você vai ter que ser paciente, pois ele está furioso com o que você escreveu na Gazeta Mercantil", adverte.

Respiro fundo. Me sinto preparado, digo, mas estou cansado.

A Varig, o mestrado, o trabalho, avião para Porto Alegre, ônibus para o Rio de Janeiro, pouco sono, café em excesso; frequentemente preciso lutar contra o sono em meio às entrevistas e isso é deselegante.

Chegamos à casa de Borges às 17h em ponto. Uma mulher nos recebe e Borges aparece pouco depois. Ele tem uma faixa no joelho esquerdo e manca dessa perna. Medeiros me disse que ele está fazendo testes em uma companhia aérea chinesa, pois no Brasil não conseguirá arrumar trabalho algum em função de sua militância na TGV.

Ele está sério e sisudo, carrancudo mesmo, e carrega alguns papéis nas mãos. Medeiros já havia me dito que ele é uma pessoa apegada a "documentos". Tem "documentos" de todos os tipos, "provas" das "verdades" que costuma defender. Borges me pergunta se quero algo, café, água, suco. Digo que não, que estou bem. Ele insiste. "Nem água?"

Digo que água está bem.

Ele desaparece na cozinha e fica ali por um tempo enorme. Dez ou quinze minutos. Começo a me perguntar quanto tempo alguém leva para encher um copo com água quando ele volta andando com dificuldade. Ele me dá o copo e eu o coloco na mesa à minha frente, sem tocá-lo.

"Vão vir alguns colegas da TGV e eu vou esperá-los antes de começar", me diz e eu apenas aceno com a cabeça. Ele volta a sumir por uma porta e eu olho para Medeiros, que está sentado no sofá de cabeça baixa. Aos poucos chegam representantes da Associação dos Comissários e da Associação dos Mecânicos de voo da Varig. Eles vão se sentar ao redor e, durante todo o tempo da entrevista, nada dirão, apenas Borges vai falar, como Medeiros me avisou que aconteceria.

Quando começamos, Borges vai direto ao ponto. Diz que meu artigo na Gazeta Mercantil o deixou muito irritado, pois eu escrevi aquilo sem ouvi-lo. Deixo-o falar. Ele mostra um dos papéis que tem em mãos e diz que aquilo é uma resposta a meu artigo, escrita por uma comissária. "Você leu?", pergunta e digo que não.

"Ela não foi muito educada, mas você também não foi, daí porque você mereceu esta resposta", diz.

"Tudo bem, gostaria de ler o que ela escreveu", digo e estendo a mão, mas ele não me passa o documento naquele instante.

"O título, apenas para você ter uma ideia, é 'Armando, o Levyano'. Você escreveu coisas gravíssimas e ela respondeu à altura", insiste.

Rio.

Quando leio o documento, dias depois, percebo que aquela "comissária" que Borges disse ter escrito o texto era, na verdade, um alter ego dele, pois muito do que ele me diz na entrevista está registrado ali. O texto me acusa, entre outras coisas, de ser "um representante do PT, pois leciono na Universidade Metodista de São Bernardo do Campo, cidade onde nasceu o partido". A "lógica" daquele documento é infantil e me pergunto como um homem assim conseguiu ser ouvido até em Brasília.

Ele se exalta. Medeiros está de cabeça baixa e começo a imaginar que a entrevista vai terminar em alguns poucos segundos, pois a situação está ficando tensa. Ele diz que não deveria me receber, pois causei sérios danos à TGV e à APVAR.

Imagino que sim.

Quando ele volta a erguer a voz, a mulher dele entra e pede que ele se acalme. Com a sabedoria típica da maioria das mulheres, ela diz que se ele resolveu me receber, então deve conversar comigo. Ele suspira. Então parece concordar. Eu também suspiro. Ao menos sei que não vou dormir naquela entrevista.

E ele começa.

Diz que a Varig foi saqueada por seus diretores ao longo de décadas. No início dos anos 1980 a empresa tinha um patrimônio de R$ 2,3 bilhões que, em dez anos, havia se transformado em uma dívida de R$ 5 bilhões.

"Foi uma roubalheira generalizada o que desestabilizou a empresa", diz.

Borges defende Paulo Rabello de Castro, dizendo que seu plano de recuperação da empresa não se destinava à Varig, mas ao fundo de pensão dos trabalhadores, o Aerus, algo que, para mim, já estava claro desde a época em que escrevi o artigo publicado pela Gazeta Mercantil, pois era evidente que o projeto visava transformar os recursos do fundo de pensão em ações da Varig, "capitalizando" assim a empresa.

Borges alerta que a queda da Varig pode fazer com que aviões do Brasil sejam impedidos de voar até os Estados Unidos, pois as empresas que sucederam a Varig não têm os padrões de qualidade necessários para entrar no espaço aéreo norte-americano.

Evito interromper.

Ele diz que a incompetência dos seguidos governos ditos "civis", somada a uma gestão precária dos assuntos aeronáuticos no país, levou a uma situação onde, hoje, apenas 120 municípios brasileiros são servidos por aviões quando, no passado, no auge da Varig, esse número superava os 300. A crise da Varig, assinala, é uma fraude trabalhista de enormes proporções, pois as coisas foram articuladas de modo a evitar que a Gol herdasse os passivos deixados pela empresa.

"A Lei Trabalhista foi estuprada. Fomos impedidos por alguns juízes de varas empresariais de questionar o passado. A lei diz, claramente, que o trabalhador pode questionar o empregador, tendo, para isso, um prazo de cinco anos para fazê-lo. Hoje, por conta desses juízes, do Governo Federal e até da ação do Sindicato dos Aeronautas, não podemos questionar nada. Nem na época dos militares a Justiça do Trabalho tinha sido amordaçada assim", critica e está coberto de razão.

Borges me pergunta se eu sei quanto o Brasil está perdendo por conta do avanço das companhias aéreas estrangeiras no mercado brasileiro. Digo que já ouvi um número a respeito, algo próximo a US$ 2 bilhões por ano.

"Um estudo do Paulo Rabello de Castro mostra que essa perda pode chegar a US$ 10 bilhões, pois envolve não apenas operações que a Varig perdeu, mas aquelas que as atuais companhias aéreas também estão perdendo, sem contar operações indiretas", diz.

Ele assinala que encaminhou uma denúncia à Secretaria de Previdência Complementar, ligada ao Ministério da Previdência, acerca do fato de que a Varig usava, de modo ilegítimo, recursos do fundo de pensão dos trabalhadores para se capitalizar, algo que a lei proíbe. Ele encaminhou essa denúncia ao Ministro da Previdência, o petista Ricardo Berzoini, como Presidente da Associação dos Pilotos da Varig:

"Sabe a resposta que ele me deu?", pergunta Borges, me olhando. "Ele disse que a APVAR, que representa os pilotos da Varig, todos eles contribuintes do Aerus, não era parte interessada, daí não poderia questionar a SPC nem o Ministério da Previdência sobre o Aerus. Se nós não somos parte interessada, quem é?", se agita.

Borges assinala que é evidente que há sucessão trabalhista na ação de transferência do controle da Varig primeiro para o fundo Matlin Patterson, depois para a Gol. A Justiça do Trabalho, cedo ou tarde, entenderá a questão dessa forma, pois está escrito na lei.

"A única solução para o problema da Varig era uma solução coletiva e nós tivemos isso nas mãos", conta.

Nós?

"Sim, a TGV", responde.

Ele nega que Tanure era o "investidor" que a TGV dizia ter na manga em suas negociações. Segundo ele, o contrato entre Tanure e a direção da Varig, que veio à luz em 2006, já existia em 2004, e apenas foi colocado na mesa quando a Fundação Ruben Berta sentiu que perdia definitivamente o controle da situação.

Borges concorda com a tese de que o "code sharing", ou seja, o compartilhamento de voos entre Varig e TAM, visava salvar esta última em detrimento da primeira:

"A coisa toda foi planejada para levar à fusão Varig-TAM contra os interesses da Varig. Teria acontecido se o Rolim não tivesse morrido, pois esse era o desejo dele. Aliás, acho que seria bem adequado, pois ninguém melhor do que um chefe de quadrilha, como o Rolim, para comandar toda uma quadrilha, que era o que a Varig já se tornara", acusa.

Enquanto a Varig detinha 70% do mercado, o "code sharing" obrigou passageiros que preferiam a empresa a voarem nos aviões da TAM e isto é a mais absoluta verdade, pois eu sou exatamente um deles. Como líder máximo da APVAR, Borges chegou a conversar com Lula, Ciro Gomes e José Serra, pouco antes da eleição de 2002. Voltou a falar com Lula e Serra após o primeiro turno. Procurou e conversou com Henrique Pizzolato, que se tornaria Diretor de Marketing do Banco do Brasil e se envolveria no escândalo do mensalão, ao fazer pagamentos indevidos às agências de Marcos Valério.

"Todos eles achavam que estava tudo bem, que a Varig estava bem, que não havia problemas. Fui até o Palocci, explicar a situação da Varig e todos agiam como se nada estivesse acontecendo, como se o fim da Varig não fosse acarretar a perda de bilhões de reais para o país", denuncia.

Borges assinala que o plano desenvolvido por Luciano Coutinho, hoje Presidente do BNDES, em 2003, como consultor do Banco Fator, era, na verdade, um plano para salvar a TAM:

"O Luciano preparou um plano para reativar a TAM, que vinha combalida em função dos repetidos acidentes com seus aviões. A TAM tinha, em 2003, dez aviões Airbus, dos quais só usava dois. O projeto do Luciano visava criar as condições para financiar a TAM através do BNDES, mas o Presidente do BNDES à época, Carlos Lessa, vetou a ideia, pois, para ele, quem merecia o socorro era a Varig. Assim, o "code sharing" foi articulado e pensado para fortalecer a TAM, ainda que seu custo fosse a destruição da Varig", diz.

O Presidente da APVAR relembra que, em uma reunião com José Dirceu, o ministro disse que era um grande entendido em companhias aéreas:

"Segundo o Dirceu, havia três tipos de companhias aéreas no Brasil: a VASP, que era picareta; a Gol, que dava lucro; e a Varig, que era fundo perdido", conta.

Para Borges, a tentativa do Governo Federal de indicar nomes para o Conselho de Administração da Varig era apenas parte de um plano maior, que previa, inclusive, entregar as ações da Varig ao Banrisul e à corretora Ágora Senior. Segundo ele, havia um acordo já firmado em Brasília, com o Governo Federal como avalista e a aprovação da Presidente do Sindicato Nacional dos Aeronautas, Graziella Baggio, de que a TAM assumiria as linhas domésticas da Varig, ficando a Varig apenas com as linhas internacionais. Para funcionar a contento, esse plano exigia que os representantes do Governo Federal ocupassem assentos no Conselho de Administração da Varig, o que foi tentado.

"A articulação toda dependia de dois movimentos: entregar as linhas domésticas para a TAM, conforme a proposta da Graziella; e, em seguida, instalar os nomes do Governo Federal no Conselho de Administração da Varig. Mas tudo deu errado quando a Fundação Ruben Berta nomeou os "notáveis", ou seja, David Zylbersztajn e Omar Carneiro da Cunha", explica.

Segundo Borges, Zylbersztajn e Cunha pararam de pagar os leasings dos aviões para criar uma situação emergencial que justificasse a venda de empresas como Varig Log e VEM:

"Mas o que nunca se disse é que os dois ganharam comissões por conta das vendas das empresas da Varig, algo que a Fundação Ruben Berta não pode aceitar", conta.

Na época da demissão de Zylbersztajn e Cunha, o jornal O Estado de S. Paulo registrou assim o fato:

A demissão de Zylbersztajn ocorre poucos dias depois de encerrada a primeira fase da reestruturação da Varig, capitaneada pelos quatro conselheiros demitidos. Nesta etapa foi iniciada a venda das subsidiárias VarigLog e VEM por US$ 62 milhões à estatal portuguesa de aviação TAP. O acordo contou com o apoio do BNDES, que possibilitou o pagamento de uma dívida de leasing nos Estados Unidos que ameaçava de arresto 40 aviões da frota Varig, de 78 aeronaves (15 delas fora de operação). Um leilão ainda será feito e, caso haja nova proposta para a compra das duas subsidiárias, a TAP terá até 19 de dezembro para dizer se aumenta a oferta. O presidente do Conselho de Curadores da FRB, César Curi, negou-se a falar sobre os conflitos com os conselheiros afastados. Um dos pontos de discórdia foi o pagamento de US$ 2,5 milhões pela Varig ao Matlin Patterson para que o fundo de investimentos norte-americano renovasse o interesse na compra da VarigLog. Os curadores não foram informados da negociação. A venda da subsidiária ao fundo acabou não sendo efetivada. Mas, a gota d'água nas divergências teria sido o crescimento de 155% no prejuízo da Varig de janeiro a setembro, que ficou em R$ 778,1 milhões.[110]

Borges ressalta que no acordo firmado entre a Fundação Ruben Berta e os "notáveis", como ele chama Zylbersztajn e Cunha, havia uma cláusula que permitia a venda de ativos da Varig em caso de situação emergencial, que foi criada justamente com a paralisação dos pagamentos aos lessores.

"A Varig havia faturado US$ 200 milhões e, ainda assim, deixara de pagar o leasing dos aviões, o que só pode ser explicado pelo fato de que a diretoria da empresa tinha interesse em criar uma situação de emergência", revela.

Segundo o Presidente da APVAR, Paulo Rabello de Castro chegara a oferecer aos "notáveis", em nome da TGV, 30% daquilo que os trabalhadores tinham a receber para viabilizar o Plano de Recuperação da Varig, mas os "notáveis" se recusaram a receber o pessoal da TGV. Escuto isso e me surpreendo. Pergunto como um consultor e lobista,

---

[110] O Estado de S. Paulo, 18/11/2005.

como Castro, podia lançar em uma mesa de negociação uma porcentagem do que era devido aos trabalhadores sem que os trabalhadores tivessem sido consultados a respeito e ele diz que a TGV era a legítima representante dos trabalhadores, não o sindicato.

Segundo Borges, a venda da VarigLog e da VEM foi cercada de irregularidades que passaram "despercebidas" pelo Governo Federal. Ele assinala que a empresa que fez a auditoria da VEM, a Deloitte, não era independente o bastante, pois fazia serviços de auditoria para a TAP, em Lisboa. E eu não duvido disso, pois depois da Enron e da Andersen Consulting, já conhecemos a metodologia de trabalho dessas empresas.

"Recebemos uma informação de um representante do Governo Lula de que o Governo Federal não permitiria a venda da VarigLog e da VEM para empresas estrangeiras. Segundo esta pessoa, o Governo Federal financiaria a venda dessas empresas para qualquer empresa nacional que quisesse comprá-las, via BNDES. No entanto, pouco depois disso, a VEM foi vendida para a Aero-LB, da TAP, por US$ 69 milhões, com um prejuízo da ordem de US$ 331 milhões", assinala.

Está ficando tarde.

A mulher de Borges pede uma pizza e eu digo que ela não precisa se preocupar comigo, pois não como pizza. Ele está mais relaxado. Diz que ainda está pensando se vai me processar ou não, em função do artigo publicado pela Gazeta Mercantil, mas que ficou bem impressionado com o fato de que pedi para vê-lo. Digo que ele precisa de melhores assistentes, pois liguei várias vezes para a APVAR, mandei perguntas por e-mail e nunca tive respostas. Ele diz que não se lembra de contato algum.

Borges assinala que, "pensando bem", a decadência da Varig foi realmente brutal entre 1980 e 2007. No entanto, há lógica nessa decadência, pois a empresa sempre foi perdulária. Ele se lembra de um voo em especial, quando Ruben Berta, ainda no comando da empresa, pediu que um piloto levasse uma carga de pintinhos de um dia para a fazenda Varig, no interior do País.

"Quando o avião chegou, metade dos pintinhos tinha morrido", conta.

Ele me recomenda o livro "Hard Landing: The Epic Contest for Power and Profits That

Plunged the Airlines into Chaos"[111], de Thomas Petzinger, que evidencia, segundo Borges, o fato de que as companhias aéreas são, via de regra, um antro para gente corrupta e ambiciosa.

Quando a pizza chega, me despeço.

Ele me diz que está disposto a me perdoar desde que eu escreva um artigo contando "a verdade".

"Só volto a te receber outra vez quando ler esse seu artigo contando as coisas como deveriam ser", diz.

Saímos.

Venta frio e chove no Rio de Janeiro e Medeiros está aliviado.

"Que situação, fico triste por isso tudo, não queria que você passasse por essa situação", diz.

"Estou bem, estou ótimo, vamos jantar!", convido-o.

---

[111] Pouso Forçado: A competição Épica por Poder e Lucro que Mergulhou as Companhias Aéreas no Caos.

Luiz Fernando Wellisch, ex-Diretor Financeiro da Varig

Julho de 2007.

Outro mês vai se passar antes que eu possa voltar a me dedicar à Varig. Consegui encontrar Luiz Fernando Wellisch, Diretor Financeiro da Varig entre 2003 e 2005. Quando o encontrei ele ocupava o cargo de Secretário de Finanças de Gilberto Kassab, Prefeito da Cidade de São Paulo. Ele me recebe na própria Prefeitura, no centro de São Paulo, em uma tarde de frio e chuva. Estava ansioso por encontrá-lo, pois Wellisch viveu um momento importante na Varig, que foi o início das operações de "code sharing" com a TAM. Assim que me recebe, diz que só poderá falar comigo por uma hora, pois tem compromissos.

No entanto, nossa conversa vai durar três horas e meia.

Wellisch me diz que é um homem de governo, ou seja, nunca trabalhou no setor privado. Segundo ele, quando atuava na Varig ouviu diversas vezes, de empresários e até mesmo gente do governo, que a "Varig devia ser privatizada", pois as pessoas enxergavam a empresa como uma estatal. Ele acredita que a Varig viveu uma situação bastante privilegiada, tanto econômica quanto financeira, principalmente durante o governo militar, e que sua decadência é um fenômeno complexo, resultado de várias causas.

"Realmente é uma ótima pergunta[112] essa a sua, pois a Varig era considerada uma empresa de excelência por várias décadas e reunia um quadro de funcionários excepcional", diz.

---

[112] "O que, na sua opinião, levou à decadência da Varig?"

Wellisch assinala que a abertura de mercado promovida por Collor desarticulou a Varig, que não estava preparada para competir tão intensamente com empresas como as norte-americanas. Pergunto se a tributação diferenciada à qual empresas brasileiras e norte-americanas são submetidas não poderia explicar essa dificuldade em competir e ele rebate dizendo que a diferença ia muito além dos tributos:

"A Varig era comandada por uma espécie de 'politburo', que determinava tudo na companhia. No entanto, as coisas ali não eram pacíficas e levavam tempo para se consolidar e tomar uma direção. Os executivos tinham "eleitores" e isso complicava dramaticamente sua atuação, pois a todo momento podiam sofrer sanções ou enfrentar forte oposição, inclusive uma oposição que levava à destituição, como aconteceu com Thomas. Isso fazia com que os executivos evitassem, a todo custo, medidas radicais, pois esse tipo de medidas geravam descontentamento", conta.

Ele reconhece que a crise da Varig se deve, em parte, à incapacidade do governo, especialmente o Governo Collor, de compreender que a abertura de mercado devia ser feita de modo responsável, estabelecendo metas a serem alcançadas e fixando critérios que não lançassem a empresa em uma competição cega com quatro concorrentes norte-americanos com infraestrutura muito maior. Pergunto se este tipo de "incapacidade" não poderia ser proposital e ele me diz que não acredita nisso, pois a VASP não foi assim tão beneficiada e foi à ruína antes da Varig.

"Essa falta de governo, ou seja, essa inexistência de um agente regulador, que estivesse atento ao mercado aéreo, se tornou evidente quando a VASP, Transbrasil e TAM abandonaram o mercado internacional e o governo não exigiu reciprocidade das empresas que vinham ao Brasil. A reciprocidade exigiria que três companhias norte-americanas deixassem de voar para o Brasil, mas não havia ninguém interessado em defender a Varig nesse aspecto", relata.

No entanto, Wellisch acredita que a Varig deveria ter se ajustado e efetuado os cortes necessários, inclusive aqueles que implicavam em demissão de pessoas. Ao contrário, assinala ele, a Varig optou por se financiar através do questionamento de impostos na justiça, ao mesmo tempo em que deixava de recolhê-los, o que era uma estratégia evidentemente de altíssimo risco e fadada ao fracasso. Pergunto se ele conhecia as mais de 12.000 demissões que a Varig realizou e ele diz:

"A Justiça do Trabalho, no Brasil, é perversa para aquela empresa que precisa se ajustar rapidamente, cortando postos de trabalho. Esse ajuste costuma ser tão caro que se torna impossível e, portanto, acelera a deterioração da empresa", assinala.

Além disso, explica, a estrutura de benefícios da Varig era incompatível com sua situação econômica e, também nesse caso, a legislação trabalhista é perversa, pois não admite ajuste de benefícios até a superação da crise. Na Varig, uma decisão como essa, assinala Wellisch, era simplesmente impossível dado o caráter político de seu modelo de decisão.

"A última oportunidade de salvação se materializou com a possibilidade de fusão com a TAM. No entanto, a direção da Varig enxergava isso como uma 'capitulação' e torpedeou qualquer possibilidade disso acontecer", diz.

Pergunto se ele acredita que uma fusão assim funcionaria, dado o fato de que a cultura da Varig, como um todo, resistiria a esse acordo. Ele ri. Diz que haveria alguma resistência, sim, mas algumas demissões resolveriam a questão e aqui ele concorda com Zylbersztajn.

Quero saber o que um "homem de governo", como ele se classifica, foi fazer na Varig bem no momento da tempestade e ele sorri:

"Eu sou funcionário de carreira do Banco Central. Em 2003, meu chefe me chamou e disse: 'Você vai para a Varig para promover a fusão entre a empresa e a TAM'. Era uma decisão de governo e eu iria para a Varig executá-la", diz.

Mas, como era evidente esperar, a Fundação Ruben Berta tratou Wellisch como um alienígena, um corpo estranho. Ele explica que todas as suas propostas foram sumariamente rejeitadas, combatidas, torpedeadas, desprezadas, pois a direção da empresa preferia ver o negócio naufragar do que entregá-lo à TAM.

"Fui para ajudar a estruturar o processo de fusão com a TAM, mas a direção da Varig foi categórica ao afirmar que aquilo não era uma opção. Eles doaram mercado à Gol para não se associar à TAM, pois é evidente que o crescimento espetacular da Gol só foi possível em função do fato de que a Varig abria deliberadamente esse espaço. Nunca entendi essa posição, pois a chance da cultura da Varig se impor à da TAM era muito grande, até porque a Varig tem uma cultura de aviação mais antiga e seus profissionais são muito competentes", diz e penso que é uma boa análise, pois, em parte, é o que estamos vendo hoje na Gol.

Ele se lembra, por exemplo, que o Banco Central foi criado em 1967 e não tinha estrutura própria. Havia enormes diferenças culturais com o pessoal do Banco do Brasil e da Caixa Econômica Federal, mas as pessoas não impediram o avanço das soluções necessárias, como ocorreu dramaticamente na Varig. Digo a ele que a comparação não me parece válida, pois ao contrário do que ocorreria com o pessoal da Varig, no caso do BB ou CEF ninguém seria demitido.

Ainda assim, ele demonstra que a Gol tinha apenas 3% do mercado, mas saiu como a grande vitoriosa no processo de liquidação da Varig, pois herdou de modo consistente boa parte dos clientes que voavam Varig e que não gostavam da TAM. Ele se recorda de que em sua primeira semana de trabalho fez um documento para a direção da empresa informando que a Varig estava quebrada. A resposta que obteve foi: "Não se preocupe, a Varig é como uma baleia, custa a morrer".

Segundo Wellisch, o único que defendia intensamente o acordo com a TAM era o Vice-Presidente da empresa, Alberto Fajerman, mas sua opinião não era considerada. Ele nega a informação de que os diretores da Varig eram "despreparados".

"Despreparados? Esses homens? Nunca! Eles eram muito bem preparados. Viveram épocas onde a Varig movimentava bilhões e tinha o mundo a seus pés. Esses homens não eram ingênuos. Penso que se a situação chegou ao ponto em que chegou foi porque, em parte, eles sabiam que, dadas as circunstâncias e o país onde vivemos, não havia outra alternativa e era melhor deixar rolar", diz.

Ele assinala que a Varig tinha um pessoal caro e que seria praticamente impossível reerguer a companhia pagando os salários e os benefícios que a empresa pagava e não podia cortar. Ele ri ao se lembrar de ter vivido uma situação que era totalmente desconhecida para alguém do serviço público, onde as relações são cartesianas:

"Eu tinha um gerente, um subordinado, que era, também, membro do Colégio Deliberante da Varig, o órgão máximo de poder da empresa. Em dados momentos eu pedia coisas a ele e ele me dizia que não faria aquilo pois, naquele momento, era meu superior e eu lhe devia explicações acerca das razões de querer aquilo", ri.

A solução defendida pelo Sindicato Nacional dos Aeronautas, no princípio da crise, de estatização da empresa, seria um completo descalabro, acredita Wellisch, pois no serviço público as compras são lentas, exigem concorrências demoradas e a aviação precisa se atualizar com rapidez. Essa análise é irreal, pois ignora casos como a da Petrobras, por exemplo, que tem bastante agilidade para comprar e contratar.

"Mas e o code sharing?", pergunto.

Ele respira fundo e olha para o teto antes de responder:

"A maneira como o 'code sharing' foi articulado tinha um só objetivo: promover a fusão entre Varig e TAM. O 'code sharing', em si, foi extremamente lesivo à Varig e só fazia sentido em um plano mais amplo de preparação para a fusão. Quando a fusão não se realizou, a Varig pagou caro por isso, pois o 'code sharing' tirou clientes da empresa e transferiu-os para a TAM, clientes que haviam abandonado a TAM em função dos acidentes, clientes que voltaram ao perceber que os aviões eram novos e seguros", diz.

Embora a afirmação de Wellisch já fosse algo evidente, ouvi-la do executivo indicado pelo Governo Federal para promover a fusão Varig-TAM traz um novo sentido à esta pesquisa e explica, de modo contundente, o papel de executivos da Varig como Alberto Fajerman nesse processo.

Neste momento percebo que Fajerman jamais vai me receber.

Arnim Lore, ex-Diretor Financeiro da Varig

Agosto de 2007.

Outro mês se vai. Finalmente sou recebido por Arnim Lore no momento em que ele é o gestor judicial da massa falida da VASP. Encontro-o em uma sala no prédio deserto da empresa, em São Paulo, no Aeroporto de Congonhas. Aqueles corredores vazios, com ar de abandono, se parecem aos da Varig. Nada além de sombras, desolação e silêncio. A guerra de preços promovida por Canhedo contra a TAM e a Varig custara caro àquela companhia, uma lembrança inequívoca de que empresas são administradas por homens e os homens erram.

Lore me diz que passou pela Varig em duas oportunidades: a primeira, entre 1997 e 1999, como Diretor Financeiro; e a segunda, como Presidente do Conselho de Administração, em 2002. O jornal O Globo registrou assim a saída dele:

> O presidente da Varig, Arnim Lore, anunciou quase no fim da noite de ontem, por meio de comunicado oficial, a renúncia ao cargo de presidente e membro do Conselho de Administração da Fundação Ruben Berta Participações (FRB-Par), holding das empresas do grupo. Com ele, saíram os conselheiros Clóvis de Barros Carvalho, José Roberto Mendonça de Barros e Luiz Serafim Spinola Santos. Lore esteve ontem reunido, em São Paulo, com os três conselheiros. Até o início da noite, ele não confirmava a renúncia, apesar de rumores que circulavam entre executivos do setor sobre sua saída. A dívida da companhia chega a US$ 900 milhões. Na nota, Arnim Lore e os conselheiros alegam que a renúncia foi decidida por unanimidade, "tendo em vista a recusa da FRB-Fundação Ruben Berta em aprovar o Memorando de Entendimentos firmado entre o

Grupo Varig e seus credores, assistido pelo Banco Nacional de Desenvolvimento Econômico e Social (BNDES).[113]

Agora você conhece todos os meandros da luta que levou à saída de Lore. É curioso como as expressões usadas pelos jornais se tornam risíveis quando conhecemos a verdade. Veja esta frase por exemplo: "A renúncia (do Conselho de Administração) foi decidida tendo em vista a recusa da Fundação Ruben Berta de aprovar o memorando de entendimentos firmado pelo Grupo Varig e seus credores".

O que significa?

Segundo o jornal, a "direção" da Varig teria assinado um acordo com os credores e este acordo fora torpedeado pela Fundação Ruben Berta, resultando na saída do Presidente do Conselho de Administração, que rejeitava a "ingerência" dos donos da Varig em sua gestão. No entanto, esta frase esconde o fato de que, como já sabemos, o "Grupo Varig" é uma empresa gerida por um conselho de administração nomeado pelos credores da companhia, empresas e instituições como Banco do Brasil, Unibanco, Distribuidora BR, Governo Federal e GE, entre outros. Para aqueles como nós que já conhecem como se dava a luta pelo poder na Varig podemos "decodificar" a nota do Globo da seguinte maneira: "os credores da Varig firmaram um "acordo" consigo mesmos e exigiram que a Fundação Ruben Berta o ratificasse, o que foi negado."

Lore diz que estava na praia, em julho de 2002, quando recebeu um telefonema de Ermakoff convidando-a a assumir uma posição no Conselho de Administração da empresa. Você se lembra da posição de Ermakoff sobre o futuro da Varig? É bom tê-la em mente. Por "acaso", diz Lore, encontrou-se com Álvaro Sá Freire, do Unibanco, no avião, quando ia à Varig assumir seu posto. Freire, que representava um dos credores da empresa, "por acaso" o Unibanco, teria lhe dito:

"Acabe com as igrejinhas na Varig".

Igrejinhas?

Uma análise como essa evidencia claramente que banqueiros não entendem nada de cultura organizacional. Talvez por isso mesmo o Unibanco tenha ido parar nas mãos do

---
[113] O Globo, 24/11/2002.

Itaú. Me pergunto se o executivo do Unibanco, um banco que não existe mais, conhecia o verdadeiro tamanho das "igrejinhas" da Varig, que eram seguramente do tamanho de catedrais.

Lore assinala que, ao chegar à Varig, reuniu-se com o Conselho de Curadores, o BNDES e o Unibanco, novamente o Unibanco, para avaliar a situação da empresa. Uma de suas primeiras medidas foi demitir 120 pessoas na VarigLog em função de corrupção, entre elas o Presidente da empresa, Rocha Lima.

"O mais surpreendente é que a VarigLog, que dava R$ 10 milhões de prejuízos por mês, passou a dar lucro de R$ 3 milhões no mês seguinte às demissões", conta.

Naqueles meses, reuniu-se com Sérgio Amaral, porta-voz de Fernando Henrique Cardoso, que lhe disse que tinha o apoio do Presidente da República para fazer o que fosse necessário para "salvar a Varig". Para isso, contratou uma consultoria, mais uma consultoria, a Bain & Company, para promover um projeto de reestruturação da empresa, a despeito dos tantos outros projetos existentes e nunca colocados em prática.

"Esse projeto previa a concessão de um empréstimo do BNDES de R$ 300 milhões para reestruturar a empresa, um empréstimo que precisaria ser aprovado pela Fundação Ruben Berta. Em 22 de novembro de 2002, em uma assembleia em Porto Alegre, orientada por Yutaka Imagawa, a Fundação Ruben Berta, que detinha 87% dos votos, votou contra, inviabilizando o acordo", revela, acrescentando que só lhe restava renunciar, o que fez três dias depois.

Segundo ele, o fracasso da operação levou Sérgio Amaral a convocar a Fundação Ruben Berta a Brasília, mas Imagawa recuou-se a ir, enviando Gilberto Rigoni em seu lugar, o que foi considerado uma afronta pelo Governo FHC. Pergunto se era certo que o endividamento da Varig, quando ele saiu, era de US$ 900 milhões, como dizia O Globo, e ele responde que era mais, "muito mais". Evito citar o nome de Imagawa e digo, apenas, que pessoas da Fundação Ruben Berta haviam comentado que ele inflara a dívida da empresa para desqualificar seus administradores. Ele nega:

"Havia muitos esqueletos naquele armário", diz.

"Mas e a dívida com o INSS, que havia sido paga e reapareceu?", quero saber.

Ele diz que não se lembra exatamente daquela dívida em especial.

Digo que algumas pessoas comentaram que, quando ele assumiu o comando do Conselho de Administração, o único credor a receber tudo o que a Varig lhe devia foi o Unibanco.

Ele ri.

Diz que pelo Unibanco passavam todos os recursos que a Varig recebia e pagava, daí porque era natural que a instituição recebesse o que tinha a receber.

Natural?

Como natural?

O banco se apropriou do dinheiro?

"Não, evidentemente que não, mas essas críticas não procedem", defende-se.

Não?

Ele me diz que devo procurar algumas pessoas importantes como André Castelini, da Bain & Company, que participou do projeto de reestruturação da Varig. E recomenda outros nomes, como Adenias Gonçalves, do Conselho de Curadores, e Carlos Ebner, ex-Diretor da Varig.

"Podemos marcar a continuidade disto outro dia? Agora preciso ir", diz.

Entendo.

Alguns meses depois de nossa conversa, um certo juiz decretava a falência da VASP.

O trabalho de Lore ali estava terminado.

Adenias Gonçalves, Conselheiro da Fundação Ruben Berta e Presidente da Rede Tropical de Hotéis

Setembro de 2007.

Mais um mês se foi. As viagens ao Rio de Janeiro tornaram-se quase impossíveis em função do mestrado, que me toma um tempo considerável. Contatei Adenias Gonçalves, da Fundação Ruben Berta, tempos atrás, por e-mail, e já não esperava resposta alguma quando, para minha surpresa, vejo uma mensagem dele na minha caixa postal. Ele é Presidente[114] da Rede Tropical de Hotéis, uma das empresas da FRB, e trabalha na Avenida Paulista.

Melhor, impossível.

Vou vê-lo em uma manhã.

A Presidência da Rede Tropical de Hotéis guarda, ainda, evidentes relações com o passado grandioso da Varig, pois as coisas ali ainda são extremamente "concretas": madeira, mármore, sofás pesados e confortáveis, salas fechadas e um ambiente silencioso.

Gonçalves é um homem de bastidor. Ele tem o mesmo perfil profissional de praticamente todos aqueles que comandaram a empresa em seus últimos momentos: controladores, contadores, financistas e advogados, todos homens afeitos a normas rígidas e avessos a mudanças bruscas, justamente a qualidade mais importante quando é preciso arremeter um avião. A Varig foi seu primeiro emprego, onde entrou em 1974, na controladoria. Não tinha curso superior e seu chefe lhe disse que sem a faculdade não

---

[114] Em 2009 deixou a empresa para se dedicar a um negócio próprio.

iria longe na Varig. Estudou Administração e diz que descobriu o que muita gente recém-formada quase sempre "descobre": a "teoria"[115] da escola não se aplicava à realidade na Varig.

Passou boa parte da vida profissional olhando contas, livros, planos e orçamentos e, segundo ele, praticamente não se envolvia em política. Em 1990 foi trabalhar com Carlos Ebner, Superintendente de Finanças que, mais tarde, seria o Presidente da Ocean Air. A Varig, como muitas empresas líderes em sua época, espalhou profissionais por todo o mercado aéreo, tanto no Brasil como no mundo.

"Com o Ebner, comecei a compreender que a Varig tinha problemas. Isso foi no início dos anos 90. O mais impressionante é que em 1989 tínhamos feito o planejamento da Varig para o ano 2000, ou seja, com dez anos de antecedência. Analisávamos tudo, inclusive variáveis como, por exemplo, o tamanho que as tripulações teriam em dez anos em função do tamanho crescente dos aviões", explica.

Em 1993, desenvolveu um estudo que apresentaria ao Vice Presidente Técnico, Engels, que gostou do que viu e assumiu a autoria do trabalho, levando-o a uma Diretoria Executiva composta por homens como o próprio Engels, Rubel Thomas, Walterson Caravajal e Harro Fouquet. Ele projetava um crescimento de mercado da ordem de 4% a 5% ao ano entre 1989 e o ano 2000.

"Disse que se as coisas seguissem daquele modo, em 1999 ou 2000 haveria demanda para aviões com 185 lugares, que não existiam ainda em 1989", conta ele, assinalando que aquela visão de futuro parecia realista e foi comprada pela empresa, mas a explosão da inflação, o congelamento, o confisco e tudo o que se seguiu destruíram aquele planejamento, levando a empresa a uma situação de insolvência.

Assim, com o fracasso daquele plano, ele revela, a Diretoria Executiva da Varig deixou de acreditar em planejamento, passando a reagir a situações imediatas de mercado, o que, seguramente, é algo extremamente perigoso e deveria ser conhecido por homens acostumados a pilotar aviões.

---

[115] É impossível saber que "teoria" ele aprendeu, pois há muitas teorias que explicam de modo contundente o que aconteceu à Varig.

Mas a área financeira não pilota aviões.

Gonçalves conta que, em função da crise, a Varig começou a vender sua frota própria de aviões, substituindo-os por aviões alugados de empresas de leasing, como a GECAS, da GE.

"Havia discussões tremendas na diretoria da empresa sobre esse processo, pois muitos entendiam que isso era um equívoco, ou seja, vender algo que é seu e passar a pagar aluguel. Já em 1992, o Ebner propunha uma profunda reestruturação da companhia e revelava preocupação e angústia, mas não era ouvido", diz.

Somente dois anos depois, assinala Gonçalves, a Direção Executiva da empresa percebeu que era hora de uma profunda mudança. Digo a ele que vi um vídeo sobre uma reunião onde o Thomas expunha a gravidade da crise já em 1992, em abril, e ele me diz que poucos dos diretores da Varig que estavam naquela mesa, naquela reunião, acreditavam, de fato, que era preciso fazer algo.

"A Varig honrava seus pagamentos, fosse a quem fosse. A prova mais contundente disso é que a empresa nunca precisou de aval do Governo Federal para pedir empréstimos no exterior, ao contrário de outras empresas", conta.

Gonçalves assinala que o processo de reestruturação da Varig colocado em marcha em 1994 era para valer. Implicou em um plano de comunicação com o mercado, bem como renegociações de dívidas com o fundo de pensão, o INSS, a Petrobras e a Infraero. Ele mesmo cuidou disso. A aviação, diz ele, é uma atividade de capital intensivo, com margens reduzidas, sujeita a todo tipo de intempérie. Se o Produto Interno Bruto crescia 1% em um ano, a demanda por passagens crescia 2%.

"Planejamos nosso crescimento com bases nessas premissas, mas elas não se confirmaram", justifica-se.

E, no entanto, ao mesmo tempo em que as premissas de crescimento se revelavam falsas, a Varig insistia em manter operações deficitárias apenas porque elas, de alguma forma, interessavam ao Governo Federal de plantão, evidenciando um fato já conhecido, ou seja, a relação simbiótica que existe entre companhias aéreas e governos, para o bem e para o mal.

"Voávamos para o Japão e a África com enormes prejuízos, mas estas eram operações de interesse do Governo Federal", diz.

"O Governo Federal ajudava de alguma forma?", pergunto.

Não.

O fato é que, explica ele, a Varig criou uma superestrutura que, nos anos 90, já era pesada demais, mas parecia impossível de desmontar. Se, por um lado, essa superestrutura serviu para integrar os funcionários no sonho da Varig, por outro criou sérios entraves à sua desmobilização, como o corte de pessoal promovido por Thomas logo evidenciou, pois deixou atrás de si uma enorme esteira de ressentimentos.

Gonçalves chega ao Colégio Deliberante em 1986. Após 12 anos na empresa, só aí começa a tentar entendê-la e o que descobre é que é impossível entender a Varig.

"Por mais reuniões que acontecessem, por mais deliberações que se tomassem, mais eu percebia que aquele modelo não era transparente pois as coisas sempre aconteciam de modo diverso", diz e esse relato é importante, pois evidencia claramente estruturas de poder ocultas, que decidem no subterrâneo e reúnem mais poder que as estruturas formais. No entanto, uma coisa ele diz ter percebido: a grandiosidade da integração entre capital e trabalho na Varig, pois as pessoas, de modo geral, amavam a empresa e se esforçavam por ela.

"Se disséssemos ao pessoal de voo que os uniformes de determinada companhia eram bonitos, ou mais bonitos, era certo que ouviríamos uma preleção de hora e meia sobre o quanto aquela visão era equivocada. As pessoas na Varig não aceitavam ser comparadas negativamente com outras", diz.

Gonçalves assinala que poucas pessoas entendiam o modelo fundacional, até mesmo gente da direção da empresa tinha dificuldades em entendê-lo. Muitos que se candidatavam ao Colégio Deliberante ignoravam para que ele servia, daí porque era terrivelmente fácil criticá-lo e atribuir a ele muitos dos problemas da empresa.

E é justamente essa incompreensão do poder da decisão colegiada, acredita Gonçalves, que levou parte dos executivos da empresa a articularem um poder separado, paralelo, que comandaria a empresa à revelia do Colégio Deliberante. Esta visão é importante, pois revela que o Conselho de Curadores, criado em 1994, era, de fato, um poder alternativo, paralelo, criado, provavelmente, para servir de contraponto, de fiscal, a um outro poder que invadira a Varig, o poder do Conselho de Administração, integrado por credores como GE e Unibanco, entre outros. No entanto, ele acredita, esse caminho para a fragilização do comando da empresa só foi possível porque Rubel Thomas se revelou frágil para a missão extraordinária que tinha diante de si, ou seja, seguir os passos dos lendários Ruben Berta e Erik de Carvalho.

"O Rubel estava profundamente desgastado. Havia promovido uma festa de casamento *'hollywoodiana'* para a filha, com todas as despesas pagas pela Varig, no Hotel Copacabana Palace. Havia se tornado uma pessoa arrogante, que ouvia pouco e falava muito. Essa reunião que você citou, em Porto Alegre, por exemplo, ninguém falou a não ser ele. Os outros diretores só falaram quando se apresentaram e nada mais. Então, aconteceu o esperado. Com as demissões e o grau de ressentimento contra o Rubel crescendo, ele concorreu ao Conselho de Curadores e perdeu. A disputa pelo cargo de presidente foi intensa e dura. Houve muitas artimanhas. O Walterson queria a presidência mas, muitos sabiam, se ele a conseguisse vários outros sairiam, como o próprio Rubel, o Harro e o Santos".

Por que?

Ele ri.

O Walterson tinha o perfil de um general de infantaria, responde e eu entendo.

"As disputas se sucederam. Engels assumiu por nove meses. Foi substituído por Fernando Pinto. Tanto os equívocos quanto as cobranças eram brutais. Em 1997, Fernando Pinto tirou o Ebner do financeiro e trouxe o Arnim Lore. Na época, a Varig estava criando a VarigLog, então o Fernando Pinto deslocou o Ebner para lá, para abrir lugar para o Arnim", conta.

Preciso interrompê-lo:

"Você acha que isso aconteceu porque o Ebner resistiria às manipulações de números que seriam a marca da gestão de Fernando Pinto?", pergunto.

Ele me olha surpreso e balança a cabeça negativamente, evitando responder.

"O que sei é que o Arnim deu um show de bola. Articulamos, em conjunto, a operação de securitização de recebíveis da Varig, inserindo a companhia no mercado de capitais mundial. Essa foi uma grande vitória do Arnim e minha", diz e então eu entendo.

Mas por que as coisas saíram de controle?

"Vaidade", responde.

A Varig era pontilhada por grupos políticos que se confrontavam e não assimilavam muito bem o sucesso dos outros. Toda operação era questionada por uns ou outros e mesmo as vitórias mais importantes e significativas logo eram desdenhadas e ridicularizadas pelos demais.

O telefone toca.

Ele atende e, pela urgência da conversa, sei que nossa entrevista terminou. Fecho o caderno e guardo o gravador no bolso. Quando ele desliga com ar desolado, levantando-se, digo que entendo e que podemos tentar conversar outra hora. Ele me recomenda ouvir João Correia, Diretor Executivo da Fundação Ruben Berta, pois acredita que eu devo ler as atas das reuniões do Colégio Deliberante ou do Conselho de Curadores, documentos que revelam a intensa guerra civil que marcou os últimos anos da Varig. Agradeço.

Quando saio para a Avenida Paulista, percebo que chove e venta frio, apesar de já estarmos na primavera. A única certeza que tenho, naquele momento, é a de que não preciso ler as atas para entender que havia uma luta fratricida em curso na Varig.

Alexandre Silva, Presidente da GE do Brasil

Setembro de 2007.

Preciso falar com alguém da GE.

Lendo as matérias sobre o leilão da Varig noto que representantes da empresa votaram contra a venda da companhia aérea para o fundo Matlin Patterson, o que poderia ter levado a Varig à falência.[116] No entanto, diziam os jornais na época, a GE não poderia ter dado aquele voto, pois ela já tinha "vendido" seus créditos para outra instituição, o banco JP Morgan[117]. Constatada a fraude, o Juiz Ayoub, sem fazer nenhuma menção a qualquer punição à GE, seguiu com a encenação como havia sido programado e oficializou a venda.

Mando e-mails à área de comunicação da GE e ligo pessoalmente algumas vezes. Então, no final de setembro, a secretária de Alexandre Silva, Presidente da empresa no Brasil, me liga dizendo que ele vai me receber. Quando chego à sede da GE, em São Paulo, Alexandre Silva me recebe com um ar feliz e descontraído. É uma quinta-feira e ele diz:

"Amanhã é meu último dia na GE, vou me aposentar. Minha secretária está feliz, pois vou deixar de atormentá-la", diz e a mulher balança a cabeça com um ar sinceramente consternado.

Lamento por ela. Minha experiência de quase três décadas no mundo corporativo me ensinou que os presidentes se sucedem do melhor para o pior, ou seja, o próximo é

---

[116] Certamente uma solução melhor do que a que foi articulada pelo Governo Federal, com a ajuda dos sindicatos, ao final.
[117] Que usou o prejuízo decorrente dessa aquisição para reduzir seu imposto de renda a pagar. Você acredita mesmo que os bancos compram dívidas impagáveis se não for para jogá-las nas costas dos contribuintes?

sempre mais inapto que o anterior e a Varig pareceu mesmo seguir essa tendência. Silva começa me dizendo que foi um funcionário da Varig no passado e aquilo me surpreende. Ele entrou na empresa em 1967, como estagiário na área de engenharia de turbinas.

"Certa vez, analisei o balanço da Varig e notei que a lucratividade da empresa era pífia. A aviação é um negócio complexo e arriscado", diz, revelando uma compreensão que o presidente da GECAS, nos EUA, jamais teve.

Em 1989, Silva foi trabalhar na Celma, a fábrica de motores que os militares haviam tomado da Panair. Naquela época, a empresa ainda era estatal. No processo de privatização a Celma foi adquirida pela GE e Silva seguiu lá por outros 13 anos, inclusive vivenciando a compra da fábrica de motores da Varig, incorporada pela Celma.

"A Varig era cliente da Celma", conta, com orgulho.

Silva gosta de dizer, pois repetiu a informação três vezes, que a Varig teve mais presidentes no século 21 do que a GE em seus 150 anos de história. Pergunto a ele porque o executivo da GECAS ofendia os presidentes da Varig e ele ri. Diz que o sujeito tinha sofrido um derrame e, seguramente, estava farto dos adiamentos e das postergações de pagamento da Varig, daí porque as conversas não deviam ser delicadas mesmo.

Mas a aviação não é um negócio complexo e arriscado?

Ele ri sem responder.

Pergunto porque a GE votou contra a venda da Varig uma vez que havia passado a dívida adiante e, portanto, não poderia mais votar:

"O que houve foi um engano. Esse voto contra a venda da Varig foi um erro da GE dos Estados Unidos, que recebeu uma determinação do JP Morgan para votar contra a venda. Isso é fácil de explicar. A GE havia vendido a dívida com a Varig para esse banco, mas era a GE que figurava na lista de credores da Varig. Então, o banco pediu à GE que fosse ao leilão e votasse contra a venda", diz.

Olho-o por um momento, evidentemente surpreso, antes de perguntar:

"Gente do Sindicato Nacional dos Aeronautas, ligado à CUT e, portanto, ao Governo Federal, disse que o voto da GE tinha a ver com o fato de que a empresa que você preside tem ações da Gol, é sócia da Gol, o que explicaria o interesse da GE em levar a Varig à falência. Isso tem algum fundamento?"

Primeiro o silêncio imóvel.

Um longo silêncio acompanhado por absoluta imobilidade. Me pergunto se ele ainda respira. Depois, como se voltasse à vida, Silva se ajeita na cadeira, ri e diz:

"Não", uma pausa.

E depois: "Sim" e outra pausa.

E em seguida: "Sim, mas não exatamente".

Peço que ele me explique esse "não exatamente" e ele diz:

"Não é a GE que tem ações da Gol, mas uma divisão, uma empresa ligada à GE, não exatamente a GE", diz.

"A GECAS?", pergunto.

Não.

Uma outra divisão, uma outra empresa do gigantesco grupo que é a GE, nada que integre o núcleo central da GE e que possa, dessa forma, ser considerada a GE.

Não?

Uma empresa do grupo GE não é GE? Será que as corporações se tornaram assim tão complexas que algo que faz parte delas não pode ser considerado como parte delas?

Esta é uma equação que não entendo.

"Mas não podemos relacionar aquele voto a este fato, não há relação", garante ele com visível desconforto.

Digo que vejo sim uma relação, mas respeito a opinião dele e imagino mesmo que não poderia ser outra.

Silva assinala que a Varig teve graves problemas de "management"[118]:

"Se você olhar o comando da empresa em diversos momentos, verá que se sucederam na direção da empresa determinados grupos: até 1955 foi a era dos pilotos, eles é que a governavam, muito embora tentassem retomar esse controle até o fim; de 1955 até 1970, os gestores da empresa eram engenheiros, gente metódica, pensamento cartesiano, tudo preto no branco; de 1970 a 1990 foi a vez dos homens de marketing, em um momento já crítico; e após 1990, entraram em cena os financistas, os contadores, os economistas e a estes coube o sepultamento da companhia", conta.

Pergunto se a GE quis mesmo ser sócia da Varig em 1994, mas teve essa proposta vetada pela Fundação Ruben Berta e ele diz que a GE era, em muitos sentidos, sócia da Varig, pois a Varig devia muito à GE.

"Você acaba sendo um sócio meio que involuntário, pois se não participar da gestão da empresa, corre o risco de não receber o que a empresa te deve", comenta.

Sócio involuntário, com poder de gestão?

Um sócio que vota contra a empresa pois tem ações do concorrente? Estranha essa visão de mundo. A secretária entra na sala para lembrá-lo que ele tem um compromisso com a mulher. São seis horas da tarde. Agradeço por seu tempo e me despeço. Ele me diz que assim que se aposentar vai assumir um cargo na Câmara Americana de Comércio e que se tiver alguma dúvida posso procurá-lo lá.

Desejo-lhe sucesso nessa nova etapa de sua vida e vou embora.

---

[118] Gestão, gerenciamento.

Aurélio Capela, ex-Diretor da Varig, Diretor e Presidente da Flex

Fevereiro de 2008.

Estou de volta ao Rio. Nos últimos quatro meses, tive que dedicar atenção integral ao mestrado, que está chegando ao fim. Encontro Aurélio Capela no prédio da Varig. Ele foi Diretor de RH da empresa nos tempos áureos, mas hoje é o Diretor da Flex trabalhando voluntariamente, ou seja, sem salário. Aposentado pela Varig, com sua renda comprometida em função da quebra do fundo de pensão, Capela procurou Miguel Dau e disse que queria trabalhar na Flex mesmo sem salário. Meses depois, com a saída de Dau para a Vice-Presidência Operacional da Azul, Capela assumiria a presidência da empresa.

Apenas para relembrar: a Flex era a empresa que fora criada para herdar a "parte ruim" da Varig, ou seja, as dívidas e passivos trabalhistas. A parte boa, como sabemos, havia ido para a Gol, que a comprara do fundo Matlin Patterson. Mas a Flex é uma empresa condenada e sua existência se deve à encenação de uma farsa. A razão de ser da Flex é impedir que os trabalhadores cobrem da Gol os passivos da "velha Varig", nada mais. Tudo que ele me diz sobre as razões da queda da Varig são coisas conhecidas, como os planos econômicos de governos incompetentes e corruptos, o custo da alta do combustível nos anos 1980, a fragmentação da capacidade de decisão na Varig com a criação do Conselho de Curadores e do Conselho de Administração que travaram uma intensa disputa pelo poder.

Então, ele consegue me surpreender.

Diz que, quando foi criada, a Flex tinha apenas R$ 1 milhão em caixa e despesas mensais de R$ 3 milhões com ações judiciais, salários e custos operacionais, isso sem nenhum avião para voar e sem vender uma única passagem. Quanto tempo duraria uma empresa com este perfil financeiro? Não sou muito bom em matemática, mas vamos ver: caixa de R$ 1 e despesas mensais de R$ 3? Falência em um mês, certo?

Errado.

"Estamos trabalhando há 20 meses e pagando nossas despesas graças a uma série de receitas às quais a Varig tinha direito como recebíveis de cartões, oferta de serviços de telecomunicação, entre outros créditos que estamos buscando. Nesses quase dois anos após a liquidação judicial, internalizamos R$ 80 milhões de reais, o que é muito, especialmente se considerarmos o fato de que a Flex é uma empresa que sequer voa, tudo isso graças ao poder dessa empresa que, a despeito de tudo, ainda vive", comemora.

Você está surpreso?

Eu também.

Só mesmo no capitalismo brasileiro uma empresa aérea que não tem um único avião e não vende passagens conseguiria internaliza R$ 80 milhões em dois anos. Recebo informações, a todo momento, que dão conta de que a Gol está "apoiando" a Flex para impedir que uma falência da Flex a coloque ante a dura realidade de ter que assumir o passivo da Varig. Capela assinala o óbvio ululante, algo que ninguém nunca cobrou do Juiz Ayoub, do Governo Federal e dos sindicatos que atuaram nessa grande farsa:

"O Plano de Recuperação Judicial da Varig jamais recuperaria a empresa. Você já viu um plano de recuperação que tira da empresa a capacidade de operar, vender, transacionar? Nunca vi, mas este é o plano aprovado pela justiça brasileira para salvar a Varig", constata.

Paulo Ramos, Deputado, Presidente da CPI da Varig na Alerj

Fevereiro de 2008.

Durmo na casa de Medeiros e, no dia seguinte, sigo para uma reunião na assembleia Legislativa do Rio de Janeiro, promovida pelo Deputado Paulo Ramos, do PDT, que preside a CPI da Varig. Medeiros conseguiu agendar uma conversa com ele. As informações que tenho sobre esta CPI dão conta de que sua razão de ser se deve ao fato de que o fundo abutre Matlin Patterson pretendia tirar a sede da Varig do Rio de Janeiro, o que foi considerado "inaceitável" pelos políticos locais, pois o Rio de Janeiro já perdeu as sedes das mais importantes empresas para São Paulo.

Na sala de Ramos vejo retratos de Brizola e Marx e me pergunto o quão sério aquilo pode ser. Medeiros já havia me alertado que o discurso de Ramos é o discurso de Élnio Borges, o real mentor daquela CPI e seu principal articulador. Peço a Ramos uma cópia do relatório final e ele manda uma secretária providenciar os documentos, inclusive uma cópia em CD. Ela sai da sala com um ar de poucos amigos e volta meia-hora depois com os documentos.

Ramos tem um discurso político para o fim da Varig e, como todo discurso político, é eloquente mas vazio.

"O fim da Varig foi um ato de lesa-pátria", alardeia.

Ele acrescenta que as empresas aéreas nacionais estão mais frágeis, com poder de fogo reduzido, o que as torna presas das multinacionais. Espantosamente, ele responsabiliza exclusivamente Fernando Henrique Cardoso pela fragilização do setor aéreo brasileiro e, apenas para irritá-lo, pergunto se Collor não teria sido um pouquinho pior:

"Não, FHC foi o pior para a Varig", diz e não é possível levá-lo a sério, mas evito rir.

"O Governo Lula tem sido bom?", insisto e ele diz que o Governo Lula herdou uma situação já em franca deterioração.

Evito rir mais uma vez.

Olho para Medeiros e ele abaixa a cabeça.

Ele sabe de todos os passos de minha pesquisa e percebo que consegue compreender o vazio imenso daquele discurso.

Pergunto ao deputado:

"Quais são os próximos passos? Como esta CPI vai ajudar a Varig?"

Ele diz com ar determinado e valente: "Vamos encaminhar cópia do relatório ao Ministério Público".

Luto muito para não gargalhar e essa luta me leva a tossir.

Ministério Público?

O mesmo que não consegue imputar ao fundo Matlin Patterson e à Gol os passivos da Varig? Olho para o retrato de Marx, ali na parede, e quase que é possível ouvi-lo dizer: "Tudo que é sólido se desmancha no ar".

Me despeço de Ramos com o relatório em mãos. Saímos juntos, eu e Medeiros e, no saguão da Alerj, encontramos um dos companheiros de Élnio Borges, alguém que Medeiros me apresenta como Marcelo, que me diz:

"Ouvi muito falar sobre você e confesso que admiro o que você está fazendo, mas as críticas que você fez à TGV são injustas e desonestas. Você deveria rever essas críticas, pois a TGV foi a única que realmente defendeu os interesses dos funcionários da Varig", diz.

Olho-o nos olhos e devo ter expressado naquele momento todo o cansaço que se abatia sobre mim, pois ele sorriu sem graça e disse que aquilo era apenas uma "opinião pessoal". Penso em mil respostas para aquela afronta, mas decido que nenhuma delas vale a pena. Estou cansado de fato e percebo que minha paciência chegou ao fim. Vou almoçar com Medeiros e digo que estou pensando em por um fim na pesquisa.

"Falta quem mais?", pergunta.

"Acho que vou ouvir o César Curi, Presidente da Fundação Ruben Berta, que me pediu para falar por último; depois disso, chega!", digo.

"Marque então com o Curi", pede Medeiros.

À noite, no apartamento que Medeiros reserva para mim em sua casa e que, segundo ele, terá meu nome um dia, coloco o CD que recebi na Alerj no notebook e leio o relatório de 90 páginas sobre a CPI comandada por Paulo Ramos. É, de fato, uma CPI da TGV, pois estão todos ali: Paulo Rabello de Castro, Márcio Marsilac, Élnio Borges, além de vários outros. Muitos sindicalistas também estão ali, como Selma Balbino e Graziella Baggio. Surpreendentemente aquele trabalho tem sim momentos importantes.

Quer um exemplo?

Paulo Rabello de Castro, consultor, lobista e sei lá mais o que, explica assim como passou a atender a TGV e, em alguns momentos, participar de reuniões em Brasília, no Senado Federal, "representando os trabalhadores da Varig":

> Em março de 2002 fui procurado por um grupo de quatro representantes da Associação de Pilotos da Varig, liderados pelo comandante Carlos Flávio Pereira de Souza, presidente da Associação, seguido do Comandante Élnio Borges, que é o atual presidente da Associação de Pilotos e mais o Comandante Marsilac, que liderou o processo da Varig durante bastante tempo, e o Comandante Paulo Calazans.
>
> Esses quatro nos procuraram para realizar uma análise econômica da chamada "crise Varig". Essa foi a razão pela qual nós mobilizamos em primeiro lugar a RC Consultores, empresa de

consultoria econômica que eu presido. Fizemos um contrato com a Associação de Pilotos; mobilizei uma empresa coirmã, que é a GGR Finance para liderar um processo paralelo ao da consultoria, que foi feito imediatamente, que seria o de uma tentativa de reestruturação financeira para a qual a GGR seria remunerada sob condição de risco, razão pela qual ela ficou no risco durante esses quatro anos, mas tentando, até o último minuto, estruturar uma saída financeira. Esta também sendo a razão pela qual surgiu o primeiro Plano de Reestruturação Ampla, chamado PRA, em razão do estudo inicial, que foi esse diagnóstico por nós conduzido. E, depois, já o Plano de Reestruturação Ampla proposto pela GGR Finance, não só para a Associação do Pilotos, mas, já aí, então, e consignando os meus cumprimentos ao Presidente da Associação dos Comissários, heroico, o companheiro Reinaldo Goulart, e a Associação de Mecânicos de voo, cujo os presidentes, de então e de agora, estão aqui presentes, companheiros queridos. E, com estes também, à época, embora apenas de modo, vamos dizer assim, não oneroso, participou também, já desde a primeira hora, a Associação de Aposentados e Associação de Pilotos da Nordeste, para deixar mais claro, o Comandante Modesto, à frente da companhia.

Eu acho que aí eu mencionei todas as principais entidades que, já então mobilizadas, assinaram o chamado PRA - Plano de Recuperação Ampla.

Este Plano de Recuperação Ampla, Sr. Presidente, foi apresentado ao BNDES, na figura do então Presidente Eleazar de Carvalho. Eu menciono o Dr. Eleazar porque é um personagem dessa trama novelesca, por assim dizer, que aparece depois como um dos conselheiros, um dos notáveis selecionados já em 2006 na tentativa de prestar consultoria e participar da administração da empresa em recuperação.

Além do BNDES, foi apresentado o plano ao Ministro do Desenvolvimento, Embaixador Sérgio Amaral. Tomou conhecimento também da nossa iniciativa o Ministro Pedro Parente, então, da Casa

> Civil, ou seja, o governo FHC tinha exata noção das dificuldades porque já passava a empresa Varig. Apenas para consignar que essa luta, pelo menos tanto quanto nós havíamos conduzindo, ela antecede, inclusive, a administração Lula. E, finalmente, apresentamos também à administração da Varig. Não tivemos tempo de ter uma interlocução, se não me falha a memória, direta com o Presidente Ozíres Silva, mas, já tomou conhecimento do nosso trabalho o seguinte, que foi o ex-diretor financeiro da Rio Sul, o Arnin Lore. Por pouco tempo que lá esteve, foi exatamente o período em que ele tentou um acerto com os credores.[119]

É primoroso ler este trecho depois de conhecer tudo o que conhecemos e compreender que a TGV, ao defender a conversão do fundo de pensão em "ações da Varig", ajudava assim a remunerar a GGR Finance e seu contrato de "risco", como eu previra em meu artigo lá atrás.

Quer mais? Veja o depoimento do Comandante Márcio Marsilac e leia-o à luz das declarações de Lavorato sobre os interesses de José Dirceu:

> Ainda em 31 de janeiro de 2003, um mês de Governo Lula, pudemos ter uma reunião com o ministro José Dirceu. E ele, nessa reunião, deixou muito claro que a única empresa brasileira com condições de manutenção, de se preservar, de se perpetuar ao longo do tempo, era a TAM - essa já era a visão do Governo em 31 de janeiro. Isso provocou um movimento dentro do grupo de trabalhadores da Varig porque não só a ideia de fusão já trazia um rol de consequências danosas ao grupo de trabalhadores e à sociedade brasileira pelo elevado nível de concentração no mercado, praticamente criando um monopólio e isso, obviamente, comprometendo a qualidade e os preços, como também trazia no seu modelo um desequilíbrio completo entre as empresas que se fusionavam e mais: tentavam fazer a fusão da parte boa da empresa com a TAM no seu todo, ou seja, a dívida com o fundo de pensão e as dívidas trabalhistas ficavam com uma Varig ruim que ira ter que

---
[119] Depoimento de Paulo Rabello de Castro à CPI da Varig promovida pela ALERJ, conforme conta no relatório final, de 12/12/2007.

esperar estar transitada ação do congelamento tarifário para daí ver se se ressarcia do prejuízo que tinha.[120]

Ou seja: o "plano" de Dirceu era promover uma fusão, deixando as dívidas trabalhistas para trás, exatamente como foi feito em relação à venda para o fundo abutre Matlin Patterson, introduzido no negócio, como veremos, pelo próprio Governo Federal. Marsilac fala que a fusão criaria um "monopólio" danoso à competição e isso mostra a limitação intelectual dessas pessoas, pois a Varig viveu uma espécie de "monopólio" por décadas, com os militares, e não me consta que os pilotos da Varig à época tivessem questionado isso.

Mais?

O fundo de pensão dos trabalhadores, o Aerus, um importante credor da Varig, talvez o maior, opôs-se à venda da VarigLog e da VEM, pois entendia que abrir mão daqueles ativos significava matar as oportunidades para uma real recuperação da empresa. Veja a declaração de Odilon Junqueira, Presidente do Aerus, acerca do momento em que decidiu dar o voto pela venda das subsidiárias:

> "Como eu disse, através de correspondências, algumas inclusive muito duras do Aerus, que se opôs inicialmente à venda desses dois ativos (VarigLog e VEM). Numa das assembleias realizadas na Ilha do Governador, a oposição do Aerus à venda impossibilitava a venda dessas duas empresas. E nós fomos chamados, de emergência, às 6 horas da tarde, no Banco Nacional de Desenvolvimento Econômico, na Avenida Chile, onde estavam assessores da direção do Banco, o presidente do então Conselho de Administração da Varig, e eles, então, procuraram nos fazer ver, não só ao Aerus, mas a todos os credores ali presentes – Petrobras BR Distribuidora, Banco do Brasil, e outros – que se a venda (naquele caso especificamente tratava-se da venda da VarigLog) não fosse concretizada naquele dia, o que ocorreria seria o arresto de todas as aeronaves da Varig, numa audiência que se realizaria daí a dois dias em Nova Iorque, e que, então, a companhia pararia. Foi feito, então, um apelo no sentido

---

[120] Depoimento de Márcio Marsilac à CPI da Varig promovida pela ALERJ, conforme conta no relatório final, de 12/12/2007.

> de que os credores concordassem com aquilo porque, senão, nós estaríamos decretando a própria falência da Varig. Do ponto de vista do Aerus, a venda daqueles dois importantes ativos não era o que de melhor podia acontecer, porque nós sabíamos que se aqueles ativos fossem vendidos nas condições em que estavam sendo ofertadas, que não haveria recursos para nos pagar. O Aerus participava desse processo interessado única e exclusivamente em receber seus créditos da sua principal patrocinadora, no caso a Varig.
>
> Então, foi nessas circunstâncias que não o Aerus, mas todos os principais credores da Varig concordaram em vender a VarigLog. Dizia-se que ali procurava-se evitar o mal maior, que seria a iminente decretação da falência da própria Varig.[121]

Me pergunto o que está em jogo aqui? Já sabemos que o Conselho de Administração da Varig representa os credores da empresa e já vimos como vários desses credores se comportaram ao longo dessa jornada, defendendo, em muitas oportunidades, interesses contrários aos da empresa que deveria recuperar. Nesta reunião, os credores, de modo geral, inclusive o BNDES, pressionaram o fundo de pensão dos trabalhadores a concordar com a venda de ativos por preços aviltados pois, caso contrário, a "Varig pararia". E o Aerus cedeu, prejudicando profundamente seus milhares de pensionistas.

Mais?

Veja aqui, no depoimento de Marcos Audi, o mesmo golpe da "transação trombadinha", desta vez envolvendo outro intermediário:

> Nós tentamos, novamente, participar da compra da VEM e da VarigLog, aonde houve outros ofertantes; e a TAP, através de uma empresa dela criada no Brasil, saiu vencedora e levou as duas empresas; comprou, se não me engano, em novembro, tanto a VarigLog como a VEM. Isso foi em novembro. Quando foi em dezembro, parece que tinha algo no contrato de venda do grupo Varig para a TAP, dizendo que essas empresas iriam a leilão novamente, com o intuito de alcançar um preço melhor; seria um

---

[121] Depoimento de Odilon Junqueira à CPI da Varig promovida pela ALERJ, conforme conta no relatório final, de 12/12/2007.

re-leilão (SIC), ao qual nós fomos e participamos desse leilão; ofertamos para as duas empresas e acabamos fechando a compra da VarigLog. Importante frisar que nós compramos a VarigLog não foi da Varig, e sim já de um segundo dono, que era a TAP. Isso foi em 31 de janeiro; o negócio fechado foi em 31 de janeiro de 2006.[122]

Sim, é importante frisar mesmo isto, que o intermediário é outro, pois isso impede o fundo de pensão e os trabalhadores de reivindicarem os passivos trabalhistas devidos por essas empresas de quem os comprou por último.

Mais?

Neste trecho, Marsilac assinala as reais intenções do Grupo TGV:

> O leilão ocorre. Nós trabalhamos muito. Ainda temos, Deputado, assinados os termos de compromisso com os dois grupos investidores, temos assinado que seriam parceiros os trabalhadores, como o senhor bem colocou aqui, dentro de um processo de aquisição da empresa. E há que se entender aqui que ninguém colocaria o dinheiro, como disse aqui a presidente do Sindicato Nacional dos Aeroviários, se não houvesse uma reestruturação do passivo da empresa. A intenção dos Trabalhadores do Grupo Varig (TGV) em oferecer a possibilidade de conversão desse passivo trabalhista e previdenciário, de parte dele, em capital social, era justamente para dar o equilíbrio mínimo para que os investidores se sentissem minimamente confortáveis em aportar recursos para a recuperação da empresa.

Assim, por meio de acordos com associações de funcionários há muito esvaziadas, o Grupo TGV, em parceria com consultorias como a GGR Finance, pretendia assumir a representação de todos os trabalhadores da Varig, inclusive dos aposentados, para garantir a eventuais investidores que os passivos trabalhistas seriam transformados em "debêntures conversíveis em 20 anos". Mas não seriam os trabalhadores que comandariam a empresa? Claro que não! Estes seriam tutelados pela TGV, associada a

---

[122] Depoimento de Marcos Audi à CPI da Varig promovida pela ALERJ, conforme conta no relatório final, de 12/12/2007.

consultorias como GGR Finance.

Mas a mais importante revelação da CPI da Alerj diz respeito à estrutura societária da VarigLog que, como vimos, comprou a Varig para depois repassá-la à Gol. Os jornais, à época, diziam que os sócios brasileiros detinham o controle da empresa e que o fundo abutre Matlin Patterson, trazido ao negócio pelo Governo Lula da Silva, era minoritário. A CPI evidenciou o oposto:

> Evidencia-se que a estrutura societária da VarigLog, adquirente da Varig no segundo leilão, processo objeto de investigação desta CPI, foi montada para que seu controle e o da adquirida fosse de fato exercido por agentes estrangeiros, em especial o Fundo de Investimentos MATLIN PATTERSON, do qual é representante plenipotenciário o impetrante que se identificou como Lap Wai Chan. Nesta estrutura, as empresas envolvidas são: 1) a Varig Logística S.A.; 2) a Volo do Brasil S.A.; 3) a Volo Logistics LLC; 4) a MatlinPatterson Global Opportunities Partners II LP; 5) a MatlinPatterson Global Opportunities Partners II LP; 6) a MatlinPatterson Global Advisers LLC; e 7) a VRG Linhas Aéreas S.A.[123]

Segundo o Deputado Ramos, o exame pericial dos atos constitutivos dessas empresas, bem como as relações delas entre si, evidencia, com clareza, que os sócios brasileiros não eram majoritários, como determina a lei, mas, antes, minoritários, cumprindo, assim, o papel de "laranjas", sobre o qual muito se falou e nada se fez. Ramos chega mesmo a criar um organograma das relações entre essas empresas:

---

[123] Idem.

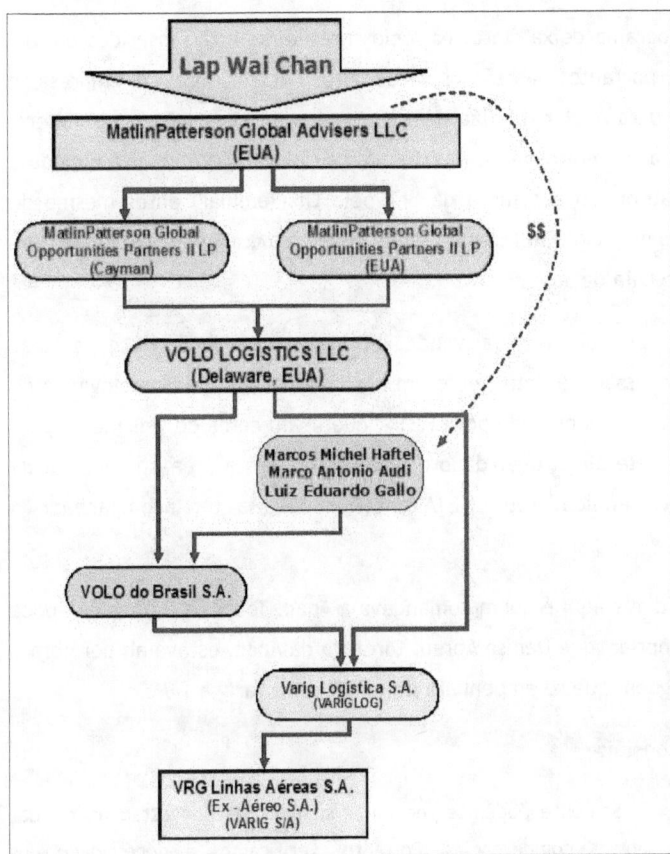

Fonte: CPI da Varig promovida pela ALERJ, conforme conta no relatório final, de 12/12/2007.

Assim, como o organograma deixa claro, os sócios brasileiros estão inseridos em um contexto mais amplo e, portanto, não são os verdadeiros controladores da empresa, o que, por si só, bastaria para anular o leilão. Mas o que é a lei para o Governo Federal controlado pelo PT? Um ação muito similar a esta ocorreu mais recentemente quando o Governo Lula da Silva autorizou a compra da BrT pela Oi (Telemar) antes mesmo de mudar a lei que vetava o negócio. Em tempo: assim como a TAM, a Telemar (Oi) também investiu na campanha de Lula da Silva.

Ramos assinala que, por ocasião da venda da Varig para a VarigLog, a Anac "entendeu" que seria necessária a emissão de um novo Certificado de Homologação de Empresa de Transporte Aéreo, conhecido por CHETA, que levou cerca de seis meses para ser emitido. No entanto, ele alega que, dado o fato de que era a área operacional da Varig que estava sendo vendida, seu CHETA anterior deveria ter acompanhado a empresa.

Mas a questão a considerar aqui é quem comandava a Anac. Todos os jornais da época diziam – inclusive ela própria – que Denise Abreu, Diretora da Anac, estava ali por obra e graça de José Dirceu, alguém que se empenhara em entregar a Varig à TAM.

Exposto isso, Ramos conclui:

> Somente podemos concluir com medidas que estão no rol das nossas competências. Portanto, verificamos a necessidade dos Ministérios Públicos Estadual e Federal serem acionados para investigar a origem dos recursos utilizados pelos Srs. Marco Antônio Audi, Luiz Eduardo Gallo e Marcos Haftel, em face dos indícios que os recursos utilizados na compra da VARIG e da sua subsidiária VARIG LOG, não seriam dessas pessoas, assim como investigar os recursos utilizados pelo Sr. Lap Wai Chan e das empresas envolvidas nesse processo; **VARIG LOGÍSTICA S.A , VOLO DO BRASIL S.A.,** Volo Logistics LLC, MatlinPatterson Global Opportunities II LP, Matlin Patterson Global Opportunities (Cayman) II LP, MatlinPatterson **Global Advisers LLC, VRG LINHAS AÉREAS S.A.**, em face que a possibilidade de uma empresa área nacional ter se desnacionalizado, o que demonstraria a total falta de controle por

parte das autoridades nacionais quanto a participação de estrangeiros na compra e venda de empresas aéreas, bem como a burla da lei.

Recomendamos, ainda, a aprovação de uma **Comissão Especial para Acompanhar o Processo de Recuperação Judicial da VARIG e a intervenção do Instituto AERUS**, tendo em vista os interesses do Estado do Rio de Janeiro e dos trabalhadores, aposentados e pensionistas, para que haja o sucesso dessa recuperação, única forma legal para que os prejuízos econômicos e sociais sejam amenizados.

Como consequência ainda dessa recomendação, apontamos a necessidade dos ministérios públicos verificarem a razão da protelação do Governo Federal em quitar os débitos existentes para com a empresa recuperanda (SIC), algo que já foi feito em relação à empresa TRANSBRASIL, pois consideramos essa decisão mais rápida e eficiente para conseguir solucionar economicamente o caos gerado por esse processo.[124]

Três anos após a morte da Varig, a Advocacia Geral da União resolveu, enfim, reconhecer a inevitabilidade do acerto de contas. As partes chegaram a um "acordo", evitando, assim, que o STF tivesse que se pronunciar favoravelmente à Varig, como se esperava que fizesse, mas vinha evitando fazer sabe-se lá porque razão.

Consigo imaginar algumas.

Nesses três anos, o fundo "abutre" ganhou mais de US$ 300 milhões; a Gol assumiu a marca Varig; TAM e Gol herdaram os passageiros da Varig e o Brasil perdeu e perde mais de US$ 2 bilhões todos os anos em função da transferência de mercado para companhias aéreas estrangeiras.

---

[124] Voto do Deputado Paulo Ramos na conclusão da CPI da Varig promovida pela ALERJ, conforme conta no relatório final, de 12/12/2007. Você teve alguma notícia do envio destes documentos ao Ministério Público? Eu também não.

João Correia, Diretor Executivo da Fundação Ruben Berta

Março de 2008.

Consigo marcar a entrevista com César Curi, Presidente da Fundação Ruben Berta. Ele havia insistido, mais de dois anos atrás, que queria ser o último a falar e digo a ele que chegou a hora, pois vou encerrar a pesquisa. No entanto, ele agenda para mim uma entrevista com João Correia, Diretor Executivo da Fundação Ruben Berta, dizendo que é importante que eu o ouça antes. Correia fica na Ilha do Governador, Curi fica perto do Aeroporto Santos Dumont, na sede que fora da Varig, onde hoje comanda a SATA, a empresa de serviços aeroportuários da FRB.

Estou de volta ao Rio de Janeiro e Medeiros, como sempre, vai me buscar na Rodoviária Novo Rio. Deixo aquele dia livre, pois quero contar a ele a direção que minha pesquisa está tomando. Medeiros acredita que a grande responsável pela decadência da Varig é a Fundação Ruben Berta e eu digo a ele que esta é uma forma de ver as coisas, mas há outras.

Naquela noite Medeiros convida amigos para um churrasco. Por ali, talvez o bairro inteiro, a maioria trabalhou e se aposentou na Varig. Erony Daniel, um vizinho de muro, coloca uma escada para escalar a parede e descer no quintal de Medeiros. É um ótimo sujeito. Chega também um genro de Medeiros, que trabalha na Flex, e logo o ambiente é de festa. Timidamente, me perguntam como está a pesquisa, o trabalho, e o fazem muito educadamente pois Medeiros já os alertou para me deixarem em paz. Daniel me pergunta o que me levou a pesquisar esse assunto, pois precisa entender meus objetivos.

Digo que, certa noite, em fevereiro de 2006, estava em casa lendo o jornal e me deparei com notícias sobre a crise da Varig, que me levaram a uma pergunta: "Como uma empresa como essa, líder por décadas, está chegando ao fim desta forma?"

E resolvi responder essa pergunta.

Ele me olha com estranhamento e tento entender seu espanto me colocando em seu lugar. "Que tipo de sujeito é esse que se pergunta algo tão complicado e sai procurando respostas?"

"Mas quem está financiando isso?", quer saber.

Explico que estou sendo ajudado por uma empresa de comunicação empresarial e uso também meus próprios recursos.

"Avião, alimentação, tudo?", insiste e noto, claramente, que ele imagina que estou a serviço de alguém, de algum grupo de interesse. Não o condeno, pois a história da Varig está repleta desses grupos e as pessoas na empresa se acostumaram a ver as coisas dessa forma.

Medeiros responde que estou andando de ônibus, pois avião é caro demais e que durmo na casa dele, para não pagar hotel.

"Fui de avião a Porto Alegre, mas essa passagem a empresa que me apoia pagou", respondo, acrescentando que é óbvio que meu objetivo principal é publicar o livro.

"Mas você quer provar o quê?", ele pergunta e Medeiros pede que me deixe em paz, mas eu faço questão de deixar claro que as perguntas dele não me incomodam nem um pouco.

"Quero entender quem destruiu a Varig".

Ele pensa por alguns segundos e diz:

"Muita roubalheira".

Eu rio e digo que sim, uma roubalheira generalizada, em todos os sentidos.

Medeiros cozinha.

Ele faz arroz, frita batatas e assa carne. Ele é do sul e sabe fazer isso muito bem. Logo chega sua mulher e o grupo está completo. Olho para eles ali, conversando sobre a Varig, o passado, as viagens que fizeram, os acidentes, as batalhas políticas na empresa e penso que esses tempos estão desaparecendo, tempos onde os funcionários vivenciavam as empresas como se fossem extensões de suas casas.

Pela manhã, Medeiros me leva à Fundação Ruben Berta e sou recebido por João Correia, que hoje é Diretor Executivo da instituição. Descubro, para minha surpresa, que a Fundação Ruben Berta ainda vive, oferece serviços de assistência médica para os trabalhadores das empresas do grupo, tem uma corretora de seguros e, recentemente, ganhou uma concorrência para fornecer alimentação para trabalhadores do PAC que atuam em uma favela carioca. Mas as marcas da devastação estão por toda a parte. Estacionamento tomado por ervas daninhas, prédios necessitando de conservação, salas vazias por onde quer que se olhe, um mundo que se recusa à derrota, mas que fatalmente perderá a batalha para a voracidade do esquecimento.

Correia me leva até a sala dele e apanha uma brochura onde se lê "De homens e ideais: os cinquenta anos da Fundação Ruben Berta", além de outros documentos como uma cópia do estatuto da fundação e um livro que conta a história da Varig. Ele vai guardando essas coisas em uma sacola de papel e imagino, acertadamente, que vai me dar aquilo tudo. Repentinamente, ele tira o livro sobre os cinquenta anos da Fundação Ruben Berta e o exibe como se exibisse um troféu:

"Você acreditaria se eu te dissesse que em 1995 tivemos que fazer este livro às pressas por que o Comandante Rolim, da TAM, me ligou dizendo que iria fazer uma brochura sobre os 50 anos da Fundação Ruben Berta e queria fotos para ilustrar o trabalho?", diz e eu imagino que perdi uma parte da conversa pois não consigo entender em que ponto se encaixaram os 50 anos da Fundação Ruben Berta e o Moura da TAM.

"Me desculpe, mas não entendi o que você me disse. O Comandante Rolim o quê?", pergunto.

Ele ri:

"Parece louco, não? O Rolim me ligou e perguntou se faríamos algo para comemorar os 50 anos da Fundação Ruben Berta e eu quis saber por quê. Ele disse que estava planejando fazer uma brochura para comemorar a data e eu respondi que estávamos fazendo isso, muito embora nem estivéssemos pensando a respeito. Mas tivemos que fazer a brochura para que ele não a fizesse", revela.

Começo a rir e ele pergunta se quero um café.

Digo que sim, por que não?, um café seria bom, pois acabo de ver o fantasma de Rolim Amaro de Moura, da TAM, perambulando pelos corredores desertos da Fundação Ruben Berta, na Ilha do Governador, sete anos após sua morte.

Me pergunto se essa alma descansará um dia.

Correia assinala que a gestão da Fundação Ruben Berta sempre foi muito atacada porque colocava os interesses da comunidade da Varig acima de quaisquer outros, o que gerava muita incompreensão. Para muitos, isso era "anacrônico", o "passado", "um modelo antiquado", incompatível com um mundo voltado para o lucro, para o ganho e para a "competitividade".

O sistema fundacional, assinala Correia, é fiscalizado pelo Ministério Público, algo que não se aplica a nenhuma outra empresa, fosse TAM, Transbrasil, VASP ou Gol. Correia enfatiza o caráter social da ação da Varig, pois em muitos momentos a empresa levava o serviço aéreo para lugares que não proporcionavam lucro algum, apenas porque aquela linha era de interesse nacional, algo que as companhias atuais não praticam de modo algum e jamais o farão.

"Basta ver que, em 1999, o país tinha 520 cidades atendidas por aviões e hoje tem pouco mais de 100. Este aspecto da vida da Varig foi negligenciado pela maioria daqueles que examinaram as razões da decadência da empresa, pois enquanto é fácil valorizar uma empresa como a TAM, que coloca em sua missão que nada substitui o lucro, é difícil enxergar a ação social de uma empresa que recebe pedidos de medicamentos raros e os traz do exterior para as pessoas sem custo algum", diz.

Correia rebate a tese recorrente de que a Varig não tinha dono e, por isso, não tinha quem olhasse por seus interesses. Os donos, diz ele, eram Ruben Berta, Erik de

Carvalho, Hélio Smidt, o Colégio Deliberante, o Conselho de Curadores e milhares de empregados que lutaram pela empresa até seus últimos dias.

"A Fundação Ruben Berta tem enorme expertise aeronáutica, tanto tem que ela é credenciada pela Federação Internacional de Aviação para realizar exames médicos em pilotos, desde que sejam estrangeiros, pois os pilotos brasileiros têm que fazer seus exames no Centro Médico da Aeronáutica", diz.

Correia assinala que o futuro da Fundação Ruben Berta está ameaçado, pois as empresas que davam suporte à instituição estão desaparecendo, sendo que entre as últimas, a SATA, por exemplo, também está em ruínas.

Correia pergunta se gostaria de almoçar com ele no restaurante da Fundação Ruben Berta e digo que sim. Ele diz que podemos conversar enquanto almoçamos. Abandono o caderno no escritório dele, mas levo o gravador.

A refeição é simples. Há vários operários ali. E grandes espaços desertos. Me pergunto se eles sabem do passado de glória daquele lugar, mas suas expressões de desinteresse me fazem pensar o oposto.

Digo que penso que Ruben Berta era um ditador e ele se agita e recusa o adjetivo. Lembra que, em uma noite de Natal, há muitos anos, Ruben Berta fora ao aeroporto do Galeão cumprimentar os funcionários da Varig. Ele fazia isso pessoalmente, não mandava representantes ou folhetos. Quando chegou ao Galeão, o aeroporto deserto, apenas os funcionários das empresas aéreas por ali, ele viu um homem sentado em um banco com ar desolado. Perguntou a um funcionário da Varig quem era o sujeito e o despachante disse que era um passageiro que havia perdido o último voo para São Paulo e que, provavelmente, passaria a noite no aeroporto.

"O Ruben Berta foi até o sujeito e disse-lhe quem era. Ele queria saber o que havia acontecido. O sujeito reclamou, disse que chegara na hora exata da partida, mas que o avião já tinha saído. O despachante retrucou que havia um alerta de mau tempo, por isso mandara o avião sair um pouco mais cedo, já que não havia mais passageiros para embarcar. O seu Berta, então, disse ao passageiro que se preparasse, pois ia mandar levá-lo em casa. Em seguida, ordenou que a área de operações trouxesse um avião e levasse o sujeito para São Paulo, apenas ele e a tripulação, ninguém mais", conta e ri e eu tento imaginar o custo brutal dessa operação.

Quero saber por que, na opinião dele, o Presidente da TAM pretendia fazer uma brochura sobre os 50 anos da Fundação Ruben Berta e o assunto parece agradá-lo:

"O Rolim era um apaixonado pelo modelo da Fundação Ruben Berta, me disse isso certa vez. Ele idolatrava o Ruben Berta e se dizia sucessor dele. Se eu não tivesse dito que estávamos fazendo a brochura, ele a teria feito, sem dúvida, e seria algo desonroso para a gente, deixar que um concorrente contasse nossa história, sabe lá de que jeito", relembra.

"Isso explica por que algumas pessoas da Varig foram trabalhar com ele? Gente como o Thomas e o Fajerman?", digo e ele faz uma expressão de desconforto.

"O Rolim gostava do Ruben Berta, da Fundação, isso é fato. Por que essas pessoas foram para lá, isso é outra história", diz e logo estamos rindo juntos, pois eu entendo perfeitamente o que ele quer dizer.

Voltamos ao gabinete dele e ele me diz que a Fundação Ruben Berta vai resistir enquanto for possível, mas que acha que o tempo está se esgotando. De toda forma, as marcas que a instituição vai deixar são indeléveis, uma vez que a FRB criou a maior empresa aérea brasileira de todos os tempos e resistiu por quase 8 décadas a todo tipo de governo, plano econômico, concorrentes e inimigos:

"Quantas empresas mais neste país podem se orgulhar desse feito?", pergunta.

César Curi, Presidente da Fundação Ruben Berta

Abril de 2008.

Eu havia contatado César Curi praticamente no início de minha pesquisa, quase dois anos atrás. Naquele momento, ele me deu todos os telefone onde poderia localizá-lo, inclusive dois celulares, e disse:

"Será um prazer falar com você, mas quero te pedir um favor: quero falar por último".

Respondi que respeitaria sua vontade e que quando essa hora chegasse eu entraria em contato. Quase dois anos depois estou ali, diante dele, na sede da SATA, no prédio da Varig, ao lado do aeroporto Santos Dumont. Vou falar com ele ainda outra vez, pois um só encontro não será suficiente. É Curi quem me alerta que Otto Meyer é um grande injustiçado, pois a visão que norteou Ruben Berta foi a dele.

"Um dia, em 1941, Osvaldo Aranha, Ministro do Exterior, mandou avisar o Otto Meyer de que o Governo Federal interviria na Varig e que ele seria preso. Seu Otto podia ter vendido a empresa, pegado o dinheiro e sumido, mas ele não fez isso, pois preocupava-se com o destino dos empregados, justamente aqueles que o haviam ajudado a erguer a empresa. Então, como você já deve saber, ele arrumou uma maneira de colocar a Varig a salvo de qualquer intervenção", diz.

Ao transferir a Varig para Ruben Berta, Meyer enfatizou que Berta tinha como compromisso proteger a Varig:

"Outros ataques virão", Meyer previu acertadamente.

E, segundo Curi, outros ataques vieram: uma vez com Collor, outra vez com FHC e duas vezes no Governo Lula da Silva, uma vez com José Dirceu e outra vez com Dilma Roussef. O Presidente da Fundação Ruben Berta assinala que tanto Berta quanto Meyer não gostavam dos sindicatos, pois os viam como "parasitas". Eles não compreendiam que as pessoas não buscassem o bem da empresa, pois era o bem da empresa que garantiria o bem de todos. Essa visão "toyotista" das relações de trabalho costuma ser festejada hoje como uma das "grandes conquistas do modelo de acumulação flexível", mas é fato que Meyer e Berta já viam as coisas desse modo.

Curi lembra que o Governo Sarney prejudicou imensamente a Varig, criando as condições para a desestabilização da companhia, anos mais tarde. Nenhum dos presidentes que sucedeu Sarney, acredita Curi, teve visão para compreender que o fim da Varig marcaria a entrega de parcela significativa do mercado aéreo às companhias estrangeiras, o que se confirmou de fato, muito embora tivessem sido exaustivamente alertados sobre isso.

"Mas não posso ser injusto com Itamar Franco, o únicos de todos esses presidentes que tinha uma visão nacionalista e realmente se empenhou em ajudar a Varig. Depois dele, nenhum outro fez coisa alguma para defender tanto uma empresa brasileira quanto um mercado para brasileiros", diz.

O papel dos credores no processo de destruição da Varig começa a ficar mais claro quando Curi fala de Arnim Lore e as relações dele com o Unibanco, um dos credores da Varig com assento no Conselho de Administração:

"Você vai entender a dinâmica desse processo pois ela é muito simples. O Unibanco se aproxima da AIG[125], uma seguradora internacional, que compra a ILFC, uma empresa que faz leasing de aviões. Tínhamos uma ótima relação com a IFLC até o momento em que esta empresa se torna sócia da Gol, no Brasil. Nesse momento, o que vemos é uma ação articulada entre os representantes do Unibanco e a AIG no sentido de fortalecer a empresa na qual eles tinham interesses de fato, a Gol", diz.

Digo que, pelo que vi, a Varig passou a dormir com o inimigo quando criou o Conselho

---

[125] A mesma que, agora, precisou ser encampada pelo Governo dos EUA para não falir e que paga bônus milionários aos mesmos executivos que a arruinaram.

de Administração alocando ali seus credores. Curi ri. Diz que a Varig foi uma mãe também para seus inimigos.

Como assim?

"Em 1992 ou 93, não me lembro ao certo, eu trabalhava na área de operações da Varig quando a chefia da área nos apresenta um sujeito que iria ficar um tempo na Varig para ser treinado. No entanto, havia ali algo de muito estranho, pois esse sujeito trabalhava em outra companhia aérea, que era concorrente da Varig, a TAM. Na época, a TAM praticamente não existia, mas ainda assim era uma concorrente. Perguntei ao meu chefe que história era aquela da gente treinar funcionários do concorrente e ele me disse que era uma ordem da presidência", diz e eu o interrompo.

"Mas quem estava na presidência? O Thomas?"

"Sim, o Rubel. Ele mandara a área operacional da Varig treinar o sujeito, que era funcionário da TAM", conta.

"Mas quem era o sujeito?"

"O sujeito se chamava Luiz Eduardo Falco que, mais tarde, se tornou Vice-Presidente da TAM e dirigia a empresa ao lado do Rolim", diz e eu o olho para ele por um momento sem acreditar no que estou ouvindo.

"Não é possível isto", reajo. "Eu sei que você sabe que o Thomas foi trabalhar para a TAM assim que saiu da Varig".

Ele ri: "Olha, eu te garanto que você está errado se imagina que há corrupção nessa história", afirma.

"Não?"

"Não. O Rubel era um sujeito arrogante, se achava o dono do mundo, e muito provavelmente atendeu a um pedido do Rolim por arrogância, por achar que a TAM não era e nunca seria nada", diz.

"Mas você não pode negar que, mais tarde, houve uma compensação e o Thomas foi trabalhar na TAM, com o Rolim, ou isto é falso?", questiono.

"Não, não é falso, é verdadeiro, mas este acontecimento, ou seja, dar um emprego ao Rubel, era apenas a forma como o Rolim recompensava aqueles que o ajudavam, nada mais. Mas me deixe terminar, você vai gostar mais ainda desta outra parte dessa história", promete.

Faço sinal para que ele continue.

"Alguns anos depois da Varig treinar aquele que viria a ser o segundo homem da TAM, eu fui a uma festa promovida pela Aeronáutica, uma festa anual, que reúne todo o pessoal do setor. Eu estava em um canto, olhando as coisas ao redor, quando chega justamente o Falco que, na época, já era Vice-Presidente da TAM, com ambições de se tornar presidente. Ele não me reconheceu, mas eu o reconheci. Quando ele chega, um certo brigadeiro se vira para ele e pergunta: *'Comandante Falco, me fale da estratégia da TAM.'* E o Falco responde: *'A estratégia da TAM é foder a Varig!'* Aquilo me chocou profundamente, pois a Varig havia treinado aquele sujeito e muito do que ele era certamente devia àquele treinamento, algo que ele jamais teria tido na TAM, uma empresa limitada do ponto de vista da produção de conhecimento. Aquilo me doeu, também, pois era fato que estávamos preparando pessoas para competirem com nós mesmos, para nos destruírem", conta.

Ele se cala e eu fico em silêncio também, enquanto anoto e lanço um olhar para o gravador, apenas para me certificar de que está funcionado. Sinto o rosto afogueado e percebo nitidamente que estou revoltado com aquela revelação. Olho para a janela, por trás dele, e penso na ética que move homens como Thomas, Rolim, Falco e tantos outros, muitos deles vistos pela mídia como "homens de visão", "empreendedores", "visionários", "comunicadores" ou "heróis" do empresariado brasileiro. Será mesmo este o nosso tipo de herói? O tempo escoa lentamente e eu tento conter a irritação. Posso sentir a revolta dele e a compreendo integralmente, pois ela me atinge também. Dias depois, contatei a assessoria de comunicação da Oi, empresa comandada por Luiz Eduardo Falco, pois queria ouvi-lo sobre este episódio. Me disseram que ele não falaria sobre o setor aéreo, não falaria sobre TAM e muito menos sobre Varig.

Entendo.

Há coisas sobre as quais é melhor calar.

A conversa com Curi seguiu por vários outros temas, nenhum de grande importância. No entanto, embora eu ainda estivesse ali e o ouvisse e gravasse o que dizia, minha mente voltava, a todo instante, àquela história absurda e revoltante. A Varig treinou o sujeito que veio a se tornar o segundo homem na hierarquia da TAM, cuja principal estratégia, como ele afirmou em seu vocabulário chulo, era arruinar a empresa que o preparara para a vida profissional.

Liguei também para Rubel Thomas e fiz essa pergunta: "Por que?"

E ele respondeu: "Sempre fazíamos favores como esse".

João Pedro Passos de Souza Leite, Diretor do Sindicato Nacional dos Aeronautas e fundador da Associação Nacional dos Aeronautas e do Sindicato dos Aeronautas do Município de São Paulo

Abril de 2008.

Anoitece. O celular de Curi toca e ele diz que precisa ir, pois tem uma reunião importante. Marcamos uma nova conversa para a semana seguinte. Estou saindo da SATA e ligo meu celular, que logo emite um apito informando que tenho uma mensagem de voz. Ligo para a caixa postal e descubro que João Pedro Passos de Souza Leite, diretor do Sindicato Nacional dos Aeronautas, que já conheço há algum tempo, pode falar comigo naquela noite. Estou hospedado na casa de Medeiros, de modo que ligo para ele e digo que devo chegar tarde. Explico o que está acontecendo e ele me diz para tomar cuidado, pois já se fala muito de minha pesquisa entre os aeronautas e tem gente infeliz com o assunto.

Conheço Souza Leite. Ele e outros diretores fazem oposição ferrenha a Graziella Baggio, fazendo constar, em ata, uma série de acusações dirigidas à presidente do Sindicato Nacional dos Aeronautas que quase sempre ficam sem resposta. A imprensa nunca as leu e deveria, pois ali está a história viva das práticas de muitos sindicalistas ligados ao Governo Lula da Silva. Quando ligo para Souza Leite ele me diz que soube, por fontes seguras, que estou terminando minha pesquisa e que é importante que eu saiba certas coisas. Marcamos de nos encontrar no restaurante Amarelinho, no centro do Rio de Janeiro, e sigo para lá a pé, cruzando a passarela que corta a avenida diante do aeroporto, bem diante da sede da OAB-RJ.

Quando preciso pensar, gosto de caminhar. Antes da conversa com Curi não sabia, exatamente, como escreveria esta história, mas agora, olhando os carros que passam por baixo da passarela, enquanto cruzo com comissárias da OceanAir que seguem em direção ao aeroporto, decido registrar os pensamentos de cada entrevistado e escrever uma conclusão ao final. Os depoimentos são ricos demais para não serem tratados dessa forma.

Essa decisão me deixa feliz.

Chego ao Amarelinho antes de Souza Leite e peço uma água. Enquanto espero, releio as notas que fiz com Curi e sinto um certo sufocamento quando recupero a informação de que a presidência da Varig mandou treinar a liderança de seu principal concorrente não de modo casual ou acidental, mas de caso pensado, consciente do que estava fazendo. "Isto não é só por arrogância, não pode ser", penso. Esta não é a matemática que move o mundo empresarial, muito pelo contrário. Quanto mais penso a respeito, mais me convenço de que coisas assim são arquitetadas, planejadas com cuidado para serem usadas no momento certo, como moeda de troca. Não foi assim que aconteceu, ao final?

Souza Leite chega meia-hora depois. Está molhado porque chove e faz frio no Rio de Janeiro. Ele se senta à minha frente e sorri antes de dizer:

"Coisas terríveis estão em marcha e a imprensa não pesca nada. Os jornalistas são tapados?", pergunta.

Digo que sim, que são tapados "artificialmente", ou seja, enxergam apenas o que convém enxergar. Lembro a ele que muitos jornalistas militam no PT, o que os leva a uma cegueira adicional. E, como é de se esperar de militantes, muitos são burocratas da informação, gente que sonha com um Conselho Nacional que dite quem pode trabalhar ou não, pois isso os fará dormir em paz.

Apenas dois meses depois de nossa conversa, Denise Abreu, a mulher que comandara a ANAC, iria à imprensa denunciar as pressões que sofreu por parte de Roberto Teixeira para aprovar a venda da Varig ao fundo abutre Matlin Patterson, descortinando apenas uma parte da trama que levou à destruição da Varig.

"Não quero saber de história da Varig, de Sarney, Collor, FHC, estou farto dessas quadrilhas. Quero a história recente", digo.

Ele ri e responde que as "quadrilhas" apenas mudaram, mas seguem sendo quadrilhas. E começa a falar. Souza Leite diz que Lula da Silva era mal orientado e antes da venda da Varig repetia que não havia amparo legal a uma intervenção do Governo Federal na empresa, um equívoco que os sindicalistas se cansaram de tentar esclarecer, mas em vão.

Eu rio e pergunto se ele achava mesmo que aquela posição era um "equívoco".

Segundo Souza Leite, tanto o Sindicato Nacional dos Aeronautas quanto a TGV defendiam, no início, uma intervenção do Governo Federal na Varig, uma intervenção que afastasse a Fundação Ruben Berta, saneasse a empresa e a revendesse, de modo a garantir os pagamentos dos trabalhadores e isto faz sentido pois o artigo de Reinaldo Marocco, um comandante da TGV, publicado pela Folha de S. Paulo em fevereiro de 2006, defendia exatamente isto.

"Mas em dado momento a TGV percebeu que a intervenção não aconteceria e começou a defender um plano de recuperação elaborado pelo Paulo Rabello de Castro, que previa a transformação de débitos trabalhistas em ações na Varig, para que eles pudessem comandar a empresa", diz.

O Sindicato Nacional dos Aeronautas seguiu defendendo a intervenção do Governo Federal na Varig, pois esta era uma alternativa que o próprio Código Aeronáutico endossava. Mas esta não era uma posição somente do SNA, pois todos os sindicatos da área a referendavam.

Souza Leite lembra que logo após os credores terem derrubado a proposta de Tanure, surgem no Sindicato dos Aeronautas as figuras de Roberto Teixeira e Lap Chan, o controlador do fundo Matlin Patterson. Eles vão ao sindicato acompanhados da filha de Teixeira, Valeska, além de Marcos Audi, e afirmam que o fundo tinha interesse na Varig.

"Na ocasião eles falaram de seus planos, o que pretendiam fazer, como iam recuperar a empresa, como pagariam salários, essas coisas que sindicalistas gostam de ouvir.

Quando se foram, debatemos as ideias deles e embora alguns, como eu, achassem que aquilo podia ser uma solução, a Graziella e o marido dela, o Cláudio, foram taxativamente contrários, pois diziam que aquele fundo era predador", conta.

As coisas seguiam ruins para a Varig quando se anuncia que a empresa iria a leilão. Ele lembra que o Plano de Recuperação Judicial, que culminaria com o leilão, estabelecia que os sindicatos de trabalhadores deviam referendar a proposta, pois estabelecia-se, ali, que os trabalhadores aceitavam abrir mão de seus créditos trabalhistas por um certo espaço de tempo, transformando-os em debêntures com prazo de resgate entre 5 e 20 anos.

"Mas no SNA, a assembleia que deveria referendar essa farsa não acontecia, pois toda vez que tentávamos agendar a assembleia, a turma da TGV conseguia uma liminar com os juízes que eles controlavam e a assembleia era vetada", diz. "Então, uma noite, presenciei uma ligação no mínimo sinistra: a presidente do sindicato liga para o Juiz Ayoub e 'ordena' que ele siga adiante com o leilão, pois o Sindicato dos Aeronautas não faria a assembleia. O Ayoub relutou, disse que isso podia dar margem a questionamentos, mas a Graziella foi categórica: ele tinha que seguir adiante de qualquer jeito, pois era isso o que o Governo Federal esperava dele", conta.

E o Juiz Ayoub obedeceu.

Aqui é importante interromper o relato de Souza Leite por um momento. É importante porque, dois meses depois, quando Denise Abreu, ex-Diretora da ANAC, vai à imprensa denunciar que sofrera pressões para aprovar a venda da Varig para o fundo abutre Matlin Patterson, o Juiz Ayoub, que mandou dizer que não poderia falar comigo, declarou ao Estado de S. Paulo o seguinte:

> O Estado de S. Paulo - A estratégia do governo de ressaltar o respaldo jurídico da operação pode pôr unicamente sob responsabilidade da Justiça eventuais erros do processo?
>
> Ayoub - Qualquer eventual erro na condução do processo, o único responsável é o Poder Judiciário. Agora, querer usar um processo para fins de politização, isso é inviável. Não nos prestamos a isso. O

dia que alguém me pressionar e eu aceitar pressão estou fora do Judiciário.

O Estado de S. Paulo - Por que o sr. qualifica como "ato jurídico perfeito e acabado" a venda da Varig?

Ayoub – [Porque a venda] passou pelo crivo do Judiciário... Aí vem a questão que está nos jornais.[126] Não compete a nós verificar a correção da composição acionária. Compete à agência reguladora.

Souza Leite ri quando mostro a ele essas informações. Para ele, o juiz Ayoub promoveu de fato a venda ilegal da Varig, pressionado pelo Governo Federal, por meio do Sindicato Nacional dos Aeronautas. Mas o pior mesmo foi ele alegar que não competia à justiça saber se os pretendentes da Varig eram "limpos".

No leilão da Varig, ele lembra, havia vários interesses em choque. Na primeira etapa, o lance mínimo para venda da empresa era de R$ 800 milhões, mas nenhuma voz se ergueu. Assim, o leilão entrou em sua segunda etapa, onde ganharia quem desse o lance maior. No entanto, explica Souza Leite, havia uma cláusula que impedia a venda da Varig por preço vil, o que acabou se confirmando sem que o Juiz Ayoub se opusesse.

A TGV faz um lance e é a única a fazê-lo.

"O lance era uma fraude monumental, pois seu valor era de R$ 1 bilhão, mas era composto de créditos a receber da Varig e dívidas trabalhistas que seriam transformadas em ações sem que os trabalhadores tivessem sido ouvidos, além de outros créditos de origem duvidosa. Ainda assim, o Juiz Ayoub aceitou o lance e determinou que a TGV teria que fazer um depósito de US$ 75 milhões no prazo de 72 horas para conseguir o que acalentava há muitos e muitos anos", conta.

A verdade que se escondia por trás do lance da TGV, explica, é que o grupo, ancorado, como vimos, em algumas consultorias, pretendia assumir o comando da empresa sem colocar dinheiro vivo na operação, ou seja, bancando seu lance com dinheiro alheio, dos

---

[126] A "questão que está nos jornais" dizia respeito ao fato de que a composição acionária da empresa que comprou a Varig, com o aval do Governo Federal e do comando do Sindicato Nacional dos Aeronautas, era ilegal, pois um fundo estrangeiro controlava a companhia, o que a lei não permite.

empregados. Sem o suporte dos investidores que alegava ter, Tanure[127] entre eles, a TGV correu ao BNDES para pedir um empréstimo, mas os "companheiros" que comandam o banco não caíram na conversa. Nesse momento, a Varig perdeu outros 31 aviões, ficando com apenas 17.

O fim estava próximo.

Com a desqualificação do lance da TGV, o Juiz Ayoub agendou um novo leilão.

"Nesse momento, o Luiz Marinho, Ministro do Trabalho, liga para a Graziella e diz que ela pode se acalmar, pois o Roberto Teixeira está de volta e vai levar o fundo Matlin Patterson ao leilão. Após desligar, a Graziella nos disse que o Teixeira atravessou o caminho dela novamente e que ela nada podia fazer mais pela intervenção do Governo Federal na empresa, pois outra negociação havia sido feita", conta.

Segundo Souza Leite o edital do leilão é alterado e divide a Varig em duas empresas, uma que mantinha a marca e alguns poucos ativos e outra que ficava para trás, com as dívidas, os créditos a receber e sem nome. Incrivelmente, este edital foi elaborado pelo próprio fundo abutre, como reconheceu o Juiz Ayoub na mesma entrevista ao Estado de S. Paulo:

> O Estado de S. Paulo - Como foi a elaboração do edital do leilão da Varig? Foi feito em algum escritório de advocacia? Houve participação de técnicos da Anac, como Denise Abreu relatou no Senado? E os advogados da VarigLog? Eles participaram?
>
> Ayoub - Eu li uma reportagem leviana em que o Zuanazzi estava dizendo isso... Li isso no jornal. Não admito esse tipo de insinuação.[128] O escritório onde foi confeccionado o edital chama-se Poder Judiciário, 2ª Vara Empresarial (da juíza Márcia). Da Anac não teve participação. Advogados da VarigLog[129] sim, porque o edital foi construído com base na proposta dela. Estava presente o Ministério Público, os três juízes, umas 20 pessoas.

---

[127] Como o próprio Tanure confirmou.
[128] O Juiz Ayoub "não admitia insinuações", mas nada fez para processar o insinuador. No entanto, Zuanazzi não insinuou, ele afirmou que o edital foi manipulado com a conivência do juiz.
[129] Roberto Teixeira & Cia.

"O preço pelo qual a Varig foi vendida era irrisório, vil, aviltado, e mesmo com uma cláusula proibindo a operação, isso foi feito", assinala.

No entanto, Souza Leite assinala que havia uma luta em curso dentro do Governo Federal, uma luta que se estendeu para dentro da ANAC. Estranhamente, apesar da unidade operacional da Varig ter sido vendida para o fundo abutre, o certificado de habilitação de empresa área ficou com a "velha Varig", o que certamente foi algo que o grupo de Teixeira não havia previsto. Sem o CHETA, a "nova Varig" não poderia voar e não podia voar, de fato, mas seguiu voando, colocando a vida de milhares de pessoas em risco, pois simplesmente acreditava-se que as pessoas que estavam comandando a "nova Varig" tinham a expertise necessária para fazê-lo, muito embora não o tivessem provado.

Miguel Dau, que chefiava a "velha Varig", chegou a afirmar que vivia uma situação desconfortável, pois podia ser responsabilizado por acidentes na "nova Varig" uma vez que a empresa voava usando a concessão dada à "velha Varig".

Penso que esta é a maneira como os governos brincam com as vidas das pessoas e nós já vimos os resultados disso. Ainda assim, em função da forte pressão exercida por Roberto Teixeira sobre a ANAC, uma pressão confirmada por Denise Abreu dois meses depois, o CHETA da nova Varig saiu em tempo recorde.

"O Roberto Teixeira atuou dentro da ANAC, pressionando, intimidando, com o apoio explícito da presidente do Sindicato dos Aeronautas, que abandonou de vez sua defesa da intervenção para defender a solução da venda pelo simples fato de que esta era a posição de seu partido, o PT", diz.

Digo que há uma questão que me intriga no relacionamento entre Lula da Silva e Graziella Baggio: a imprensa chegou a registrar, em determinado momento, que o Presidente da República pediu a modificação da Lei de Falências para que ela incluísse as companhias aéreas, que não podiam ser contempladas, pois são concessionárias de serviços públicos, e disse que fazia aquilo para atender a um pedido de sua "amiga Graziella". O que significa isto?

Ele ri.

"Isso foi por volta de 2005 e é verdade. Ela mandou um e-mail ao Lula relatando a situação dramática da Varig, submetida a um verdadeiro ataque de abutres, que se atiravam sobre a companhia tentando arrancar o maior pedaço possível. Surgiam políticos, deputados, senadores, gente de todo o tipo oferecendo ajuda em troca de comissão, gente de vários partidos, não só do PT. Mas o que motivou o Lula a agir foi o fato de que a Graziella também dizia, no e-mail, que pessoas da família do José Alencar, o Vice-Presidente da República, estavam entre os muitos que ofereciam "ajuda" à Varig em troca de comissões, assim como Delúbio Soares e Sílvio Pereira já haviam feito no passado", diz.

Souza Leite conta que Lula da Silva não responde e-mails. Graziella Baggio esperava uma resposta, mas a resposta não vinha. Então ela começou a achar que ele não havia recebido a mensagem. Decidida a comunicar aqueles fatos ao Presidente da República, ela tirou cópias impressas do e-mail e as levou a Brasília, conseguindo colocar uma delas no bolso do paletó de Lula da Silva quando se encontraram, com uma advertência:

"Você precisa ler o que está nesse papel", ela disse.

Com a venda da Varig para o fundo abutre, muitos sindicatos entendiam que já tinham a quem reclamar os direitos que a empresa deixara de honrar, pois a lei estabelece, claramente, a sucessão de direitos trabalhistas. Souza Leite assinala que o Procurador do Trabalho do Rio de Janeiro, Rodrigo Carelli, chegou a afirmar que entendia que a sucessão de direitos trabalhistas no caso da Varig era questão líquida e certa e que ele entraria com uma ação reivindicando o reconhecimento de que o fundo abutre era responsável pelos direitos dos trabalhadores não honrados, inclusive os relacionados ao fundo de pensão. No entanto, assinala Souza Leite, Carelli foi pressionado pelo Governo Federal para não entrar com a ação, mas ignorou as ameaças e ajuizou a ação na 33ª Vara do Trabalho, presidida pelo Juiz Múcio Nascimento Borges, que acatou o pedido.

"A turma do Teixeira enlouqueceu. Ligaram várias vezes para a Graziella pedindo que ela intimasse o Juiz Ayoub para que ele fosse pessoalmente à 33ª Vara do Trabalho pressionar o Juiz Borges e conseguir 'atravessar esse negócio'. A Graziella dizia que não aguentava mais, pois a turma do Teixeira a havia transformado em uma menina de recados junto ao Ayoub", conta.

Diante da resistência da Vara do Trabalho, os advogados do fundo abutre recorreram e levaram o julgamento da questão para o Superior Tribunal de Justiça que, estranhamente, para dizer o mínimo, entendeu que havia um certo "conflito de competências" entre uma Vara do Trabalho e uma Vara Empresarial para julgar uma causa trabalhista.

Conflito de competências?

E como o STJ resolveu a questão?

O STJ determinou que entre uma Vara do Trabalho e uma Vara Empresarial, a que era "mais competente" para julgar se havia ou não sucessão de direitos trabalhistas na venda da Varig era a empresarial.

O que se seguiu entrará para a história do Sindicato Nacional dos Aeronautas como a era da vergonha. Souza Leite conta que dirigentes do sindicato e do fundo abutre reuniam-se até altas horas da madrugada debatendo textos para que se evitassem palavras que pudessem levar os aeronautas a reivindicar a sucessão de direitos trabalhistas, o que é garantido pela lei, evidenciando uma profunda distorção de princípios, pois o sindicato ajudava ostensivamente os empresários a usurparem os direitos dos trabalhadores. E não um sindicato qualquer, mas um historicamente ligado à CUT e ao PT.

Ele assinala que, em dado momento, o Sindicato dos Aeronautas apresentou, como grande vitória, a "liberação" das guias do Fundo de Garantia por Tempo de Serviço dos empregados demitidos sem direito algum, o que também é algo que a lei lhes faculta. E para criar um clima de que o sindicato estava "agindo", a Nova Varig, ao invés de distribuir ela mesma as guias do FGTS, como seria de se esperar, declinou essa "honra" para o Sindicato dos Aeronautas, em um evidente jogo de troca de gentilezas.

"Se você analisar as ações trabalhistas que o Sindicato Nacional dos Aeronautas está capitaneando, nenhuma delas diz respeito à sucessão de dívidas trabalhistas. Há centenas de aeronautas que tiveram que recorrer a sindicatos de aeroviários para poder ajuizar uma ação em seu nome, pois o SNA lhes negou esse direito, o que é uma vergonha para um sindicato que diz representar trabalhadores", assinala.

A chuva recrudesce. O celular toca e é Medeiros. Está preocupado. Digo que está tudo bem e Souza Leite me oferece uma carona até o Aeroporto Santos Dumont, onde pego um ônibus para a Ilha do Governador. Desço em frente a um posto Repsol e lá está Medeiros, à minha espera. Conversamos por um momento sob a chuva. Digo a ele que não me sinto bem, que estou enjoado, pois o que ouvi sobre o Sindicato Nacional dos Aeronautas é uma das coisas mais indignas de que já tomei conhecimento na vida.

Ele me olha e diz:

"Eu te disse que essa gente não valia nada."

Enquanto entro no carro me pergunto quem, nessa história toda, vale alguma coisa.

César Curi, Presidente da Fundação Ruben Berta

Abril de 2008.

Na semana seguinte, volto ao Rio de Janeiro em um ônibus da Expresso Brasileiro. O ônibus sai da Rodoviária do Tietê à meia-noite. Sou o único passageiro a ocupar uma poltrona leito, no andar de baixo. Os outros 20 estão em cima, nas poltronas executivas. Tento dormir e logo o sono chega. Às duas da manhã acordo com dois homens falando alto, rindo e ajeitando as poltronas de modo barulhento. Estamos em Guaratinguetá (SP), em um posto Graal, onde o ônibus faz uma parada habitual. O motorista chega e diz que eles não podem ficar ali, pois ali é a área leito.

Um deles diz:

"Nós vamos ficar aqui e está acabado!"

O motorista cede facilmente. Os dois homens seguem falando alto e abrem as cortinas. Riem. O ônibus segue seu caminho e logo eles se aquietam. Viro para o lado e tento voltar a dormir. O balanço do ônibus começa a fazer efeito quando noto um vulto bem à minha frente.

Penso:

"O que esse cara está fazendo?"

Logo descubro. Ele acende a luz sobre a minha poltrona e encosta uma arma em meu rosto, dizendo:

"Passa tudo!"

Entrego a carteira e ele pede o celular, que coloquei ao meu lado. Entrego o celular.

"Me dá o relógio".

Lá se vai o relógio.

Ele olha o dinheiro na carteira e diz:

"Só tem isso?"

"Eu uso cartões, hoje em dia tem muito assalto", digo e ele ri, apreciando a piada.

É um jovem de cabelos meio avermelhados, olhar arrogante, dentes saltados, que segura a arma meio de lado, com o dedo fora do gatilho, como alguém que tenta evitar acidentes de trabalho. Ele vai para a porta e diz:

"Fica calminho que não vai acontecer nada".

Pergunto se posso ficar com meus documentos e ele manda eu calar a boca.

Fico calminho.

Penso na mochila que está aos pés da poltrona, com meus cadernos e o notebook. Começo a sentir que vou perdê-la e me angustio, pois parte da pesquisa está dividida entre esses dois "bancos de dados", muito embora eu ainda tenha parte dela em um pen-drive que deixei em São Paulo, com boa parte das entrevistas gravadas. Fico sentado, com o cobertor sobre mim e sobre a mochila.

O ônibus estaciona no acostamento e entra um terceiro homem. É um mulato gordo, de modos atabalhoados. Ele está ofegante. Luto para não rir quando o vejo porque o idiota enfiou uma touca de motociclista na cara com tanta pressa que posso ver seu rosto todo. Evito olhar para a cara dele porque estou prestes a rir e não sei se isso o deixará feliz.

"Passa tudo", diz o sujeito e eu olho para ele.

"Seu amigo chegou primeiro e já levou tudo", digo. "Pede a sua parte para ele", recomendo.

O sujeito sorri com ar de pateta e diz:

"Então fica calmo!"

Fico calmo.

Penso na mochila.

A mochila está em minha mente o tempo todo e temo por ela. Dez minutos depois os sujeitos vão embora em um carro que estava seguindo o ônibus sem terem visto a mochila. Chego ao Rio de Janeiro às 10h, quando deveria chegar às 6h. Medeiros está lá, à minha espera, porque soube pela companhia de ônibus que houve um assalto. Quando me vê, enxuga as lágrimas porque estava certo de que algo muito ruim havia acontecido.

Sem documento algum, volto a São Paulo imediatamente e só retorno ao Rio de Janeiro na semana seguinte, também de ônibus, mas viajando durante o dia. Chego à SATA às 9h em ponto e Medeiros está comigo. Me leva até a porta e volta para seu carro.

"Tudo bem?", pergunta Curi e digo que sim; não quero incomodá-lo com histórias de assaltos, pois ele viveu uma bem pior que a minha. Quando começa a falar, descubro quem trouxe o fundo abutre Matlin Patterson ao Brasil pela primeira vez:

"O ano era 2005 e a Varig estava sendo comandada pelos "notáveis", a turma do David Zylbersztajn, Omar Carneiro da Cunha e Eleazar de Carvalho. É justamente este último quem traz o banco UBS para buscar um investidor interessado em comprar a VarigLog e a VEM. E o UBS traz o fundo Matlin Patterson", conta.

Segundo Curi, a proposta que a Varig recebeu, via UBS, para venda da VarigLog era péssima. Curiosamente, seu valor era exatamente o mesmo, em números e centavos, ao do montante que a Varig necessitava para fechar o balanço, evidenciando uma relação íntima entre aqueles que conheciam as contas da Varig, como Zylbersztajn, Cunha e Carvalho, e a empresa que fazia uma proposta pela VarigLog.

"Notamos que o UBS, contratado pelos credores da Varig, havia mostrado o balanço da empresa para o Matlin Patterson, o que nos pareceu totalmente antiético e nos levou a desconfiar da honestidade do banco", diz.

Curi assinala que buscou ajuda entre professores da Fundação Dom Cabral, onde fazia um curso de pós-graduação, e descobriu, horrorizado, que Carvalho havia sido Presidente do BNDES e, também, Presidente ou Diretor do UBS, o que explicava muita coisa.

Digo a Curi que a Fundação Ruben Berta é acusada de ter inviabilizado uma solução financeira para a Varig, pois recusava-se a abrir mão do poder. Ele me convida a investigar o fato de que a FRB ofereceu as ações da Varig para o Banrisul e o BNDES-Par[130], que recusaram a oferta:

"Eles nos disseram que só aceitariam as ações da Varig se o Governo Federal autorizasse a operação, algo que não fora permitido. O Zanata foi pessoalmente ao BNDES tentar entregar as ações da Varig em 2005, mas sequer foi recebido", conta.

E com a TAM?

Por que a fusão não aconteceu? Muitos culpam a Fundação Ruben Berta. Ele ri. Diz que a Varig estava já destruída em 2003 e que era simplesmente impossível para a empresa evitar a fusão, a venda, a falência ou o que fosse que viesse, pois a empresa estava esgotada.

"Muitos dos que diziam que a Fundação Ruben Berta inviabilizava uma solução para a crise da Varig tinham como objetivo encobrir um comportamento antiético em relação a essa crise. O fato inequívoco é que é a TAM quem rompe o processo de fusão. Todo processo que não é transparente, como foi a fusão Varig-TAM, fracassa por vários motivos. Um dos motivos é a falta do sigilo necessário: falava-se de tudo, coisas certas e coisas erradas, o tempo todo, pelos jornais. O outro motivo é que a falta de transparência possibilita a corrupção. E, por fim, os interesses não são clarificados, ficam ocultos, gerando todo tipo de mal-entendido. O processo de fusão Varig-TAM teve todos esses elementos. Nas negociações com o Governo Federal, foi dito que a Varig teria 5% da nova empresa. Perguntei a um dos negociadores do governo quanto teria a TAM e ele me respondeu: *'Ainda não sabemos'*. No começo achei que a TAM teria os 95% restantes, mas aos poucos percebi que o projeto do Governo Federal, o projeto de José

---

[130] Nenhum dos dois bancos respondeu pedidos de consulta.

Dirceu, era diferente. Na verdade, a nova empresa, que resultaria da fusão Varig-TAM, não teria no comando os acionistas antigos, fossem da fundação ou da família do Rolim, mas sim outros que seriam definidos pelo Governo Federal ou pelo BNDES, que aportaria capital. É isto o que levou a TAM a se opor à fusão e a não realizá-la, pois a Fundação Ruben Berta não tinha mais como se opor a nada", diz.

Olho-o estarrecido.

Um profundo cansaço se abate sobre mim e ele pergunta se quero café. Digo que sim. Enquanto pede café pelo telefone, ele diz:

"O Dirceu tinha como projeto criar uma grande companhia aérea para o Brasil. Era um projeto que passava pela usurpação da Varig e da TAM de seus acionistas. Os militares haviam feito isso com a Panair. A história estava prestes a se repetir. E, de certa forma, está se repetindo", diz.

Conclusão

Começo a escrever a história da destruição da Varig no dia 29 de abril, exatamente um dia depois de defender minha dissertação de mestrado na USP[131]. Outros seis meses vão se passar antes que eu chegue a este ponto. Exatamente aqui, olhando para trás, vejo que minha pesquisa revelou um país apodrecido, corrompido até a alma, incapaz de proteger pessoas humildes como Medeiros, que tiveram a poupança de uma vida comprometida pela ganância de investidores, políticos, governantes, empresários, juízes, executivos e sindicalistas, gente sem nenhuma consciência social, nada além de um egocentrismo desvairado, que fatalmente levou à destruição de empresas, à perda de milhares de empregos e a prejuízos monumentais para a sociedade brasileira. Percebo que, no Brasil, a corrupção é generalizada, transcende as fronteiras dos governos e se alastra por todos os setores da sociedade, de empresas a sindicatos, de associações a consultorias, de executivos a empregados.

Quando comecei este estudo meu objetivo era responder uma única pergunta: "O que levou a Varig à ruína?" Você fez o mesmo percurso que eu. Se já formou suas próprias ideias, feche o livro, minhas conclusões não importam, são minhas apenas. Mas se você ainda tem dúvidas, vá adiante, talvez minhas ponderações ajudem você a encontrar uma resposta para o fim daquela que foi a maior companhia aérea brasileira de todos os tempos, com um atributo único: era amada por seus empregados.

Revendo as entrevistas que fiz percebo que há de tudo um pouco: verdades, mentiras e muitas, mas muitas omissões. No entanto, se avaliar o que aconteceu à Varig em função de uma única entrevista seria uma temeridade, pensar esse fato à luz de 41 entrevistas e pesquisas de documentos, além de mais de 300 e-mails de empregados, me

---

[131] Censura em rede: a Internet no Trabalho.

dá a certeza de que é perfeitamente possível formular uma teoria para o fim da empresa, pois as omissões de uns foram, em parte, compensadas por revelações de outros, como pudemos observar o tempo todo nas entrevistas.

A história da Varig, seus tempos de glória e decadência, certamente não cabe neste livro. Não tenho a pretensão de ter registrado tudo, sequer mesmo de conhecer "a verdade", pois a verdade é datada historicamente, ou seja, depende de um momento, de uma história, da visão de determinados grupos sociais e do embate de forças políticas e econômicas. É por isso que se costuma dizer que a história que conhecemos é aquela contada pelos vencedores e os "vencedores" na história da destruição da Varig atuaram com um só objetivo: tomar a Varig da Fundação Ruben Berta.

No entanto, depois de analisar as entrevistas percebo que é impossível responsabilizar diretamente a Fundação Ruben Berta pelo fim da Varig, pois a destruição da empresa, evidentemente deliberada, contou com a ação decisiva de várias forças. Quais são elas e qual o grau de importância que tiveram no processo de destruição da empresa?

Os credores da companhia

O Governo Lula da Silva

Os Governos Sarney, Collor e FHC

A "justiça" brasileira

Os governos estaduais

Os executivos da Varig que traíram a empresa

Os sindicatos e associações

Os concorrentes

A Fundação Ruben Berta e os funcionários da Varig

Não tenho dúvidas de que o fim da Varig foi planejado, assim como o da Panair. A morte da Varig, a perda de milhares de empregos, o comprometimento do fundo de pensão dos trabalhadores e a transferência de recursos para companhias aéreas estrangeiras se devem, em grande medida, à ação deliberada de muitas forças, mas, principalmente, à ação dos credores da empresa.

Você vai dizer: "Mas culpar os credores em primeiro lugar? A Varig devia a eles, que culpa eles têm?"

Avalie junto comigo.

Os credores da companhia – Há muitas evidências e também uma enormidade de provas de que alguns credores da Varig não agiram com a ética necessária a alguém que se propunha a "salvar" a empresa. Se você é credor de uma companhia não tem a obrigação de salvá-la da falência e pode, até, pedir sua falência à Justiça. Essa é a lei. Mas uma vez que você aceita uma posição no conselho de administradores do devedor com o objetivo de sanear o negócio e mantê-lo ativo, então seus atos devem corresponder a esse compromisso. Note que o conselho de administração da Varig tinha um enorme poder, que se traduzia na possibilidade de indicar diretores financeiros, promover pagamentos e ajustes de contas, vender ativos, cobrar comissões e até contrair mais dívidas, coisas que a maioria destes representantes de credores fez de fato.

Várias entrevistas e documentos evidenciaram práticas como venda ativos da Varig a preços aviltados em troca de comissões, relações comerciais entre conselheiros e consultorias contratadas para atrair investimentos ou vender ativos, contratação de consultorias cujos trabalhos nunca eram postos em prática e decisões de caráter executivo prejudiciais à Varig apenas para proteger interesses de outras organizações com as quais estes conselheiros estavam relacionados.

Quer que eu seja mais específico?

Estou certo de que existem outros, mas, com segurança, posso apontar ao menos três desses credores que agiram para sabotar os interesses da Varig enquanto atuavam no Conselho de Administração da empresa: General Electric, Unibanco e Governo Federal.

GE - Merecem nota vários movimentos da GE como, por exemplo, as ofensas que seus presidentes dirigiam aos gestores da Varig em um momento em que uma crise internacional levara muitas outras companhias aéreas do mundo a uma situação de insolvência. Essa desqualificação raivosa da liderança da Varig vinha sempre acompanhada de tentativas de adquirir parte da empresa – frustradas pelo comando da Varig – ou pressões para a criação de um conselho de administração com poderes de nomear o principal executivo da empresa e onde os credores tivessem assento – o que foi conseguido em 1995.

Essas ações ganharam uma coloração mais pungente quando o presidente da empresa no Brasil, Alexandre Silva, tentou explicar que não era bem a GE, mas uma certa empresa da GE, que detinha ações da GOL[132], a concorrente da Varig. Não é preciso ser um gênio dos negócios para compreender que o fim da Varig levaria a um crescimento explosivo da GOL, o que, de fato, aconteceu. Mais de 600% de crescimento no valor das ações em alguns poucos dias.

Outro indício abrumador de que a GE tramava contra a sobrevivência da Varig pode ser visto no voto contra o plano de recuperação que a empresa deu em 2006 quando não podia fazê-lo, uma vez que já tinha vendido sua dívida na companhia aérea para o banco J. P. Morgan.

Mas por que a GE atuaria para favorecer a GOL em detrimento da Varig?

Há várias respostas para essa pergunta. Talvez a mais significativa diga respeito a como empresas como GE e Unibanco avaliam seus investimentos, sempre considerando o grau de risco da operação. E, nesse sentido, o "risco" Varig, com uma fundação que se recusava a sair de cena ou aceitar pacificamente os ditames dos credores, era muito maior do que o "risco" GOL, uma empresa certamente engendrada com o apoio de organizações como a GE. Risco por risco, o da GOL era e é infinitamente menor, daí porque eliminar uma empresa de alto risco para favorecer outra de menor risco é da natureza dessas organizações.

---

[132] A GOL foi criada no ano 2000 por Constantino de Oliveira, dono de empresas de ônibus em Brasília, que chegou a ser preso em 2010 em função da suspeita de ter encomendado a tentativa de assassinato de seu genro, Eduardo Queiroz. Presidida pelo filho de Constantino Oliveira, Constantino Oliveira Jr., a empresa abriu capital em 2004 na Bolsa de Valores de São Paulo. Tem algumas parcerias declaradas com empresas da GE, como a GE Aviation, para controle de gasto de combustível. Por ser empresa de capital aberto, uma sociedade anônima, não é obrigada a informar seus acionistas, muito embora a lei limite a presença de capital estrangeiro em companhias aéreas brasileiras.

A presença da GE na estrutura da GOL nos leva, afinal, a uma outra questão importante. Quantos acionistas estrangeiros tem a GOL? GE, ILFC, quanto é a participação de cada uma destas empresas na companhia aérea brasileira? Estas são perguntas que a ANAC deveria responder, mas nunca o fez ou se preocupou com isso e nós sabemos as razões.

Quando analisamos a cultura organizacional de uma empresa costumamos falar do DNA que deu origem a essa organização. A GE tem um DNA curioso. Criada em 1878 por ninguém menos do que o lendário inventor da América, Thomas Alva Edison, a empresa abrigou em seu primeiro conselho de administração os banqueiros que haviam investido recursos na ideia luminosa de Edison: a luz elétrica. No entanto, ainda nos primórdios da empresa, esses banqueiros, J. P. Morgan entre eles, descontentes com a visão de Edison sobre o futuro da infraestrutura necessária para expandir os negócios, deram um golpe e afastaram o fundador da GE do comando da organização. Nesse sentido, podemos dizer que controlar o conselho de administração para garantir que os gestores da empresa façam o que a GE quer é da natureza dessa organização.

Segundo o site *We Dream Business* (www.wedreambusiness.org), essa lendária empresa enfrenta, hoje, sérios problemas de imagem, especificamente em função de atividades em três áreas: energia nuclear (problemas com poluição nuclear), testes em animais com produtos químicos tóxicos e, finalmente, lobby manipulativo.

Lobby manipulativo.

A GE dedicou mais de um século a aperfeiçoar essa técnica. Trata-se de uma descrição bem americana para aquilo que a GE fez com a Varig no Brasil, buscando fragilizar a empresa para tomá-la e, ao não conseguir, atuando para favorecer outra companhia aérea onde tinha – e provavelmente ainda tem – uma posição menos questionada, mais segura e mais rentável uma vez que não gera apenas dividendos, mas negócios para outras empresas do grupo como a GE Aviation e a GE Capital.

Unibanco - As evidências contra o Unibanco são ainda mais constrangedoras quando avaliamos episódios como a devolução dos aviões da Embraer – proposta por Ermakoff e vetada por Ozires Silva – em um momento em que o banco, credor da Varig, com assento no Conselho de Administração, estava emitindo ações da fabricante de aviões. Ou seja: responsável pela recuperação da Varig, o Unibanco agiu deliberadamente contra os interesses da empresa para favorecer outros negócios, sem ser molestado por instituições como a CVM, que foram criadas justamente para impedir esse tipo de crime.

Mais do que isso, vários executivos, entre eles o próprio presidente da GE no Brasil, Alexandre Silva, afirmaram que o Unibanco foi o único credor a ter suas dívidas integralmente "pagas"[133] pela Varig, graças à ação de representantes do banco no Conselho de Administração, como Arnim Lore. O próprio Lore considerou "normal" o fato do Unibanco ter recebido tudo o que a Varig devia à instituição bancária uma vez que "o fluxo de caixa da Varig passava pelo Unibanco". O que significa uma afirmação como esta? Pense um pouco! Enquanto os demais credores têm que recorrer à Justiça para receber, o Unibanco executa a justiça com as próprias mãos, passando na frente dos demais. Eis que, de repente, vemos surgir no Brasil a figura do banco-juiz, que julga e executa as dívidas de seus credores sem a interveniência do Poder Judiciário.

Governo Federal - Mas entre estes três credores, coube a um deles, o Governo Federal, especialmente o Governo Lula da Silva, o papel mais ignominioso. O comportamento de burocratas como Murilo Portugal, assessor do Ministro Antônio Palocci, foi revelador no sentido de que evidenciou a ação de um devedor (Estado brasileiro) contra um credor (Varig) para eliminar a dívida (os mais de R$ 8 bilhões que o governo devia à empresa em função do congelamento de tarifas).

O que? Devedor? Mas o Governo Federal não era credor da Varig?

Vimos surgir, em vários momentos, a informação de que o Governo Federal é, também, devedor da Varig, pois foi acionado na "justiça" por perdas decorrentes de planos econômicos que superaram a casa dos R$ 8 bilhões. Vimos relatos de juízes bem relacionados com o Governo Federal – como o feito por Omar Carneiro da Cunha – de que a Varig ganharia a ação, já julgada procedente em várias instâncias e, enquanto escrevo este livro, parada no STF, mas decidida a favor da empresa em março de 2014.

Ação semelhante foi ganha pela Transbrasil muito antes da decisão favorável à Varig.

---

[133] Talvez a palavra aqui não seja exatamente esta, uma vez que a opção de "pagar" partiu de administradores ligados ao Unibanco que estavam no comando da Varig no momento.

No Brasil, os governos cometem seguidas atrocidades contra as empresas, mas quando se tenta responsabilizar o governo de plantão por essas atrocidades, surge sempre o argumento de que se o governo tiver que honrar essas perdas, então o Estado irá à falência, prejudicando os programas sociais. Um ótimo truque. Como disse o próprio Ozires Silva, os governos nunca são responsabilizados por nada do que fazem, o que os deixa livres para continuarem a adotar medidas ilegais a seu bel prazer e sem nunca responderem por elas.

No entanto, era certo que o Governo Federal teria que honrar essa dívida. Em março de 2014, uma matéria do Jornal do Brasil registrava assim o fim da ação da Varig visando recuperar perdas com planos econômicos do Governo Sarney:

> "O plenário do Supremo Tribunal Federal decidiu nesta quarta-feira (12/3), por 5 votos a 2, que a falida Varig e mais de 20 mil pessoas que contribuíram para o fundo de pensão Aerus têm direito a indenizações que chegam a cerca de R$ 6 bilhões. Prevaleceu o voto da relatora do recurso extraordinário da União e do Ministério Público Federal, ministra Cármen Lúcia, que votara, em maio do ano passado, pela rejeição do recurso e a favor do pleito da empresa e do fundo, que alegavam danos sofridos em consequência da política de congelamento de tarifas de outubro de 1985 a janeiro de 1992, instituída pelo Plano Cruzado".[134]

Estes credores, entre os quais havia também um devedor, situação que analisaremos melhor à frente, agiram deliberadamente com o objetivo de impedir que a Varig conseguisse sanar seus problemas financeiros, criando embaraços de todos os tipos, gerando mais endividamento e dificultando soluções que podiam ter recuperado a empresa. Yutaka Imagawa, entre outros, referiu-se a isso quando disse que assim que esses homens assumiam seus postos no Conselho de Administração eles passavam a fazer o que bem entendiam, vendendo ativos, contratando consultorias e demitindo profissionais, o que fatalmente levava a confrontos sangrentos com o Conselho Curador da Varig. Suas atividades são criminosas na medida em que agiam na empresa para defender interesses escusos ao mesmo tempo em que denegriam a imagem da Fundação Ruben Berta, que lutava para defender seu patrimônio. Por terem poder, por poderem

---

[134] Você pode acessar mais informações neste link: http://www.jb.com.br/pais/noticias/2014/03/12/stf-varig-ganha-acao-bilionaria-contra-a-uniao/, acessado em setembro de 2014.

dispor dos bens da Varig, levando inclusive a vendas de empresas como VarigLog e VEM por preços aviltados, causaram danos irreversíveis à companhia aérea, que certamente conduziram à sua liquidação.

O Governo Lula da Silva – Agora sabemos o duplo papel do Governo Lula da Silva no caso Varig: ao mesmo tempo em que era credor de impostos atrasados da companhia e indicava pessoas para o Conselho de Administração, como Gilmar Carneiro, Jorge Gouvêa, José Caetano Lavorato, entre outros, era também um dos maiores devedores da Varig, agindo de modo decidido a evitar qualquer acordo que implicasse no cancelamento dessa dívida como, por exemplo, o acerto de contas entre créditos e débitos e o saneamento da empresa proposto pela Fundação Ruben Berta e, mais tarde, pela TAP.

Vale lembrar aqui que a proposta da TAP, que previa o cancelamento da dívida em função dos créditos que a Varig tinha a receber do Governo Federal, foi vetada por Murilo Portugal, homem de Antônio Pallocci, que afirmou que faria uma auditoria de todas as passagens vendidas pela Varig nos anos do congelamento para avaliar a defasagem devida e, ainda por cima, exigiria um desconto de 50% do débito antes de saldá-lo.

Exigiria um desconto de 50%?

Exigiria?

Você conhece algum devedor com semelhante poder?

Esta pesquisa, no entanto, evidenciou a verdadeira face do Governo Lula da Silva: trata-se de um governo nada fiel às suas fontes de financiamento, uma informação que deve servir de alerta para muitas empresas que financiam as campanhas do PT. Rolim Amaro Moura investiu uma garrafa de bom vinho e a TAM despejou vários milhões de reais na campanha de Lula da Silva e eis que, como vimos, toda uma estrutura de governo se moveu no sentido de promover a fusão forçada entre Varig e TAM não apenas para salvar esta última, também em situação pré-falimentar, mas para assumir o controle da super companhia aérea que surgiria no lugar das duas, deixando a ver navios (ou aviões) os verdadeiros donos dessas empresas.

As cenas deploráveis de Delúbio Soares e Sílvio Pereira indo pedir dinheiro à Varig por duas vezes, uma antes da primeira eleição de Lula da Silva e outra depois, evidenciam uma imagem assustadora de um governo por onde transitam criminosos, finalmente encarcerados em 2014, ainda que por pouco tempo. Aliado a uma "justiça" evidentemente comprometida, sobre a qual falaremos adiante, o Governo Lula da Silva dispôs das companhias aéreas como se fossem peças em um quebra-cabeça, assim como faziam os militares, determinando qual viveria, qual morreria, com qual porcentagem os acionistas ficariam e quem comandaria a super empresa aérea que resultaria da fusão Varig-TAM, um plano abortado não pela Varig, não pela Fundação Ruben Berta, mas pela própria TAM, que se recusou a ser, ela também, encampada.

Mas este não é, sequer, um "fato isolado", pois basta observar o que aconteceu no processo de fusão ou incorporação ou aquisição da BrT pela Oi e da Sadia pela Perdigão para compreendermos que se trata de um mesmo "modus operandi": uma operação totalmente ilegal, que vai sendo "acomodada" por meio de pequenos "ajustes", à revelia da lei e mediante corrupção, chantagem e negociatas.

Se você deve entre R$ 4,5 bilhões e R$ 8 bilhões a uma empresa e tem a sorte de poder indicar pessoas para o seu conselho de administração, que providências vai tomar para evitar que essa dívida seja paga? Que tal propor uma fusão entre essa empresa e outra e assumir o controle de ambas? Que tal indicar um fundo de investimentos para comprá-la, mesmo que esse fundo não possa fazê-lo por se tratar de uma empresa estrangeira? Que tal revender a empresa para outra e cuidar para que a compradora jamais reivindique crédito algum na justiça?

Escolha a alternativa, pois todas são verdadeiras.

Tentei falar com José Dirceu várias vezes até que ele, por fim, pediu as perguntas por escrito, via e-mail. Acho importante que você conheça as perguntas que ele jamais respondeu:

    1. Enquanto Ministro da Casa Civil, o senhor realmente defendeu a fusão Varig-TAM como solução para a crise da Varig?

    2. Se defendeu esta solução o fez com base em que? Havia

algum estudo que desse suporte à ideia de que a fusão destas duas empresas seria benéfica para o setor aéreo no país? (Sindicalistas como o Sr. Lavorato, Selma Balbino e Graziella Baggio assinalam que a fusão, por si só, não resolveria os problemas do setor; eles defendiam a regulamentação do setor para evitar que ações predatórias de concorrência, como as empreendidas por empresas como TAM e Gol, comprometessem a sobrevivência de empresas como a Varig, que pagava melhores salários e tinha mais qualidade).

3. O Sr. Wellisch, que era funcionário de carreira do Banco Central, assinala que foi levado ao Conselho da Varig em 2003 para empreender a fusão Varig-TAM, mas que sua missão foi inviabilizada pela direção da Fundação Ruben Berta. As demais pessoas indicadas pelo governo para esse conselho também nada conseguiram. Mas em 2005, o Governo Lula fez uma nova tentativa de indicar para esse conselho pessoas de sua confiança, entre elas o Sr. Lavorato, fato confirmado por este e pelo Sr. Zanata, da FRB. Todas estas movimentações ocorreram enquanto o senhor era Ministro da Casa Civil. Por que razão o Governo Federal buscava o controle do Conselho de Administração da Varig ao invés de simplesmente intervir na empresa, como possibilitava a lei e defendiam, inclusive, vários sindicalistas?

4. Em 2005, havia na mesa de negociação uma proposta de aquisição da Varig feita pela TAP, comandada por um ex-presidente da Varig, o Sr. Fernando Pinto. Segundo pessoas como o Sr. Carlos Luiz Martins, que presidiu a Varig até 2005, uma das condições da TAP para assumir a Varig é que fosse promovido um acerto de contas entre o que o Governo Federal devia à Varig e o que a Varig devia ao Governo Federal. (Há uma ação da Varig na Justiça contra o Governo Federal, já ganha, que determina que o Governo Federal pague à Varig a defasagem de tarifas verificada durante o Plano Cruzado, algo que soma mais de R$ 4 bilhões). Segundo relato do Sr. Omar Carneiro da Cunha, que também presidiu a Varig, após várias reuniões entre a direção da empresa, o senhor, o Ministro Palocci e representantes do Banco Central, ficou decidido que essa solução

seria encaminhada. No entanto, o Banco Central (por meio do Sr. Murilo Portugal), inviabilizou o chamado acerto de contas porque o BC entendia que o valor demandado era indevido. A pergunta é: o Governo Federal chegou mesmo a determinar esse acerto de contas? Qual era a sua posição a respeito dessa questão? E por que razão, uma vez aprovada esta solução, ela não foi concretizada?

5. O Sr. Manuel Guedes, também presidente da Varig, em 2003, assinalou que o Governo Lula é composto por "vários governos", sendo que um bloqueava qualquer solução encaminhada pelo outro. Segundo ele, havia um governo no Ministério da Fazenda (Palocci), outro no Banco Central (Portugal) e outro na Casa Civil (Dirceu). O senhor, enquanto Ministro da Casa Civil, sentiu essa dificuldade, ou seja, sentiu que havia resistência de outros setores do governo à solução que pretendia dar ao caso da Varig?

6. É fato que a TAM foi uma das maiores financiadoras da campanha vitoriosa do PT à presidência em 2002. Para vários ex-dirigentes da Varig, assim como alguns sindicalistas, entre eles Selma Balbino e José Caetano Lavorato, o seu empenho em promover a fusão Varig-TAM devia-se essencialmente a este fato. O Sr. Yutaka Imagawa, ex-dirigente da Varig, por exemplo, afirmou que em 2002 foi procurado pelo então tesoureiro de campanha do PT, Sr. Delúbio Soares, que pediu recursos para a campanha do seu partido, o que foi negado. Assim teríamos a seguinte situação: enquanto a TAM contribuiu para a campanha do PT, a Varig se negou a fazê-lo. Para alguns sindicalistas e ex-dirigentes da Varig, este fato condicionou o modo como o senhor tentou encaminhar a solução do problema, ou seja, rejeitando qualquer plano que significasse a recuperação da Varig de modo independente e buscando a incorporação da Varig pela TAM. Como o senhor analisa estas críticas?

Há evidências de que o plano de Dirceu era ainda mais complexo do que simplesmente entregar a Varig à TAM, pois tudo indica que ele planejava mesmo estruturar uma grande companhia aérea com o controle indireto do Governo Federal, através de organismos como BNDES, por exemplo, ou os fundos de pensão Petros e Previ, controlados por petistas.

No entanto, penso que ainda estamos na superfície do problema, pois falta a resposta para o fato de que o Governo Lula da Silva se recusou, a despeito da pressão dos sindicatos ligados à base do governo, de promover uma regulamentação para o setor que impedisse as crises cíclicas que atingem a aviação comercial de tempos em tempos, não apenas na Varig, não apenas no Brasil. Lembre-se de que o governo norte-americano, por exemplo, defensor do livre mercado, injetou capital nas companhias aéreas do país após crises como a queda das Torres Gêmeas, coisa que os governos brasileiros jamais fizeram.

Por que uma regulamentação do setor aéreo é importante? Pense no seguinte: será que podemos deixar para a competição entre empresas decisões sobre manutenção de aviões que transportam pessoas a 9 mil metros de altura? É óbvio que não. Os aviões precisam estar com a manutenção em dia, a tripulação tem que estar treinada e precisa ter uma carga de trabalho adequada, a gasolina de aviação tem que ter boa qualidade, a alimentação a bordo tem que ser fresca e de qualidade. Todas essas coisas exigem certos padrões de qualidade, têm custos e são fatalmente relegadas a segundo plano quando as empresas aéreas se metem em guerras de preços como as praticadas por gente como Canhedo, Constantino, Moura e Folegatti, com as consequências que já conhecemos no Brasil.

Observando o comportamento usual do Governo Lula da Silva, só uma explicação parece fazer sentido para o fato de que o governo se recusou a regulamentar o setor, algo que não temos ainda hoje. Mercados regulados, com regras claras e limpas, têm pouco espaço para práticas ilegais e, por isso, evitar a regulação é fundamental quando se quer manter o fluxo de dinheiro ilícito. Não é exatamente esta a discussão que o mundo faz em relação aos bancos? Muitos querem regular as atividades financeiras, mas há os que alegam que isso inibiria o "livre mercado". Como resultado temos crises financeiras que destroem emprego e valor no mundo todo. No caso do setor aéreo brasileiro já sabemos o que significou o "livre mercado": corrupção, negociatas, destruição de valor, acidentes, mortes, desemprego e comprometimento das aposentadorias dos trabalhadores.

Assim, manter o mercado de aviação da forma em que está interessa no sentido de aprisionar as companhias aéreas a um círculo de poder, interesses e corrupção que, como afirmou Ozires Silva, fará outras vítimas certamente. Em 2007 Ozires Silva acreditava que a TAM seria a próxima a falir. Ele quase acertou, pois para não falir ela terminou incorporada pela Lan Chile. Manter as coisas como estão provoca a subserviência das companhias aéreas ao Governo Federal, algo que significa favores, benesses e compromissos, financiamentos de campanhas, passagens gratuitas e, certamente, o transporte da mala diplomática.

Os Governos Sarney, Collor e FHC – Muito já se falou sobre a tragédia que foram para o Brasil os governos Sarney, Collor e FHC e, como vimos, todos eles causaram prejuízos assombrosos à Varig, prejuízos que nunca ressarciram e nunca serão chamados a ressarcir. David Zylbersztajn assinalou que "todas as outras empresas sobreviveram ao congelamento, ao confisco e à crise cambial, menos a Varig". Essa afirmação é absolutamente falsa, para não dizer escandalosamente mentirosa, e menospreza a inteligência de qualquer um que lê jornal, pois, como estamos cansados de saber, o Brasil passou décadas com crescimento econômico pífio, um fenômeno que só se explica pelo fato de que muitas empresas estavam sendo destruídas nesses períodos de experimentações econômicas, acarretando desemprego, destruição de valor e, como consequência, baixas taxas de crescimento.

É cinismo dizer o contrário.

Congelamento de tarifas que ignorava a formação dos custos de companhias como a Varig, com despesas em dólar para combustível, leasing, tarifas aeroportuárias e custos de manutenção de equipes e aviões no exterior; abertura de mercado aéreo de modo irracional e irresponsável, feita para beneficiar acólitos como Wagner Canhedo; explosão do câmbio, que triplicou a dívida da Varig, boa parte dela em moeda estrangeira em função da aquisição de aviões no exterior.

Quantas empresas, com baixas margens de ganho, passariam incólumes por esta carnificina?

A maior falácia, no entanto, foi a de que os "administradores profissionais" da Varig, alocados no Conselho de Administração, quase todos eles credores, teriam salvo a empresa se a Fundação Ruben Berta os tivesse deixado em paz. Nós vimos como se comportavam os representantes da GE, Unibanco e do Governo Federal (de FHC a Lula), muitos dos quais tinham que ser escorraçados da Varig para não provocarem mais danos.

A "justiça" brasileira - A história da destruição da Varig revela uma "justiça" brasileira profundamente comprometida, que se move em função de pressões do Poder Executivo ou de dinheiro, com as exceções de praxe. Conhecida internacionalmente por desfazer rapidamente o que faz, em função do fato de que juízes mudam decisões de outras instâncias do dia para a noite, a "justiça" brasileira é outra responsável direta pela destruição da Varig.

O caso Varig revela, ainda, que a "justiça" brasileira mudou pouco em relação àquela do período militar, onde muitos juízes eram intimados a se pronunciar de acordo com os interesses do Governo Federal, com o agravante de que, se naquela época era compreensível um juiz acatar uma ordem dada por um governo autoritário, que assassinava opositores, hoje esse comportamento só se explica em função de covardia, ganância, corrupção ou tudo isto junto.

A "justiça" brasileira leva décadas para decidir sobre questões cruciais para as empresas como, por exemplo, a reparação por perdas decorrentes de planos econômicos desastrosos, evidenciando, assim, dois fatos: o Governo Federal controla a "justiça" e, segundo, por consequência disso, nunca é responsabilizado por seus erros. Essa protelação costuma ser justificada com argumentos como o desaparelhamento da justiça, a falta de pessoal ou qualificação precária, ou uma legislação malfeita, que dá margem a muitas e variadas interpretações, mas todos esses argumentos são pífios, pois não explicam o fato de uma juíza do STF ter pedido vistas do processo da Varig por vários anos sem se pronunciar. O que pode ser mais importante do que uma ação que envolve a sobrevivência de milhares de aposentados? O mensalão? Libertar Daniel Dantas? Dar um habeas corpus ao médico Roger Abdelmasshih? A Satyagraha?

Vejam a nota publicada pelo Sindicato Nacional dos Aeronautas no dia 07/12/2007 sobre este assunto:

O SNA voltou à Brasília na última quarta-feira (4/12) para audiência no Supremo Tribunal Federal (STF) com a relatora do processo de ação de defasagem tarifária da Varig, ministra Cármen Lúcia. Como já havia ocorrido com a presidente do STF, ministra Ellen Grace (SIC)[135], no início de novembro, a relatora também se mostrou sensibilizada e preocupada com a situação dos aposentados e afirmou já ter recebido centenas de e-mails com apelos para que os ministros do STF julguem a ação ainda este ano. Nesse momento, Cármen Lúcia estuda o processo. Ela reafirmou que o assunto já tem precedente naquele tribunal (ação da Transbrasil), não afastou a possibilidade de inclusão dessa votação ainda na pauta deste ano, mas lembrou que a agenda do Supremo até o dia 19 de dezembro é bastante extensa.[136]

"A relatora, Ministra Cármen Lúcia, se mostrou sensibilizada", diz o SNA, ligado à CUT e ao PT, justamente estas duas entidades que, na era FHC, seriam capazes de incendiar os aeroportos caso o STF protelasse demais a decisão. E a Ministra Cármen Lúcia, que lembrou que já havia jurisprudência para isso no STF, não explicou porque estava sentada em cima da ação já por dois anos. Mas, a despeito desta nota submissa, típica dos sindicatos pelegos da triste Era Getúlio Vargas, a ação seguiu parada, sendo definida apenas em março de 2014.

A "justiça" brasileira entende que causas trabalhistas devem ser decididas em tribunais empresariais; decide que certas assembleias são ilegais, mas nada faz quando sua decisão é desrespeitada por instâncias inferiores; alega independência, mas obedece ordens de sindicalistas que falam em nome do Governo Federal, mostrando que vivemos uma perigosa era de "vale tudo judicial", uma característica de Estado Fascista ou Bolivariano, o que vem a ser rigorosamente a mesma coisa.

O que esta pesquisa evidenciou é que a "venda" da Varig em um leilão de mentira, para um fundo estrangeiro que não podia comprá-la, é uma farsa jurídica monumental. Promovida por um juiz teleguiado pelo Governo Federal, esta farsa visava, ao final, impedir que os compradores da Varig tivessem que arcar com a sucessão das dívidas

---

[135] O nome correto da ministra do STF é Ellen Gracie
[136] Nota publicada no site do SNA, em 07/12/2007, acessado no endereço http://www.aeronautas.org.br/express/07_12_07_relat_rec_sna.html, em novembro de 2008.

trabalhistas, como prevê a lei. Assim, o que este caso Varig nos revela é o profundo grau de comprometimento da "justiça" brasileira, o que é um indicativo claro de país subdesenvolvido, onde a corrupção é a marca das relações sociais e econômicas.

O que explica o fato da "justiça" brasileira ainda não ter conseguido fazer com com vários governos estaduais devolvam à Varig cerca de R$ 2 bilhões que cobraram indevidamente da empresa, muito embora já exista sentença nesse sentido?

O que explica um juiz afirmar à imprensa que não aceitou pressões políticas para promover a venda ilegal da Varig quando vários sindicalistas presenciaram ligações onde ele foi intimado pelos representantes do Governo Federal e do fundo abutre Matlin Patterson a fazer exatamente isso?

O que explica o fato do Superior Tribunal de Justiça entregar a uma vara empresarial a decisão sobre reparação de dívidas trabalhistas quando temos no país uma Justiça do Trabalho? E o que explica o fato dessa mesma Justiça do Trabalho aceitar essa decisão sem nenhum tipo de protesto ou questionamento?

O profundo comprometimento da "justiça" brasileira, que não é poder independente, é uma das causas para a enorme destruição de valor que vemos na economia real, com a morte de dezenas, centenas de empresas que levaram décadas para se estruturar e tinham grandes contingentes de trabalhadores, a maioria deles literalmente abandonada.

A reforma do Judiciário, algo que seria urgente a empreender no País, esbarra justamente nessa estratosférica máquina de corrupção, que precisa manter as coisas como estão para continuar a gerar lucros e dividendos, ainda que isso signifique destruir a Varig, a Panair, a Transbrasil, a VASP e, logo mais, a GOL e a TAM.

Mas e o Conselho Nacional de Justiça? Não foi uma conquista? Há certamente um lugar para o CNJ na galeria de órgãos inúteis, onde já figuram as fotografias pomposas da CVM, do CADE e da ANAC.

Os governos estaduais – Pouco se fala sobre este assunto na imprensa, mas, acredite, ele é importante. Em dado momento, vários governos estaduais decidiram, de maneira organizada, cobrar ICMS das companhias aéreas, como se transporte de passageiros fosse transporte de mercadorias. Embora extensivo a todas as companhias, este ato atingiu duramente a Varig, a única empresa com ampla operação nacional, ao contrário de concorrentes como TAM e Gol. Segundo estimativas do Sindicato Nacional dos Aeronautas e da Varig, bem como do DIEESE, os governos estaduais de São Paulo, Rio de Janeiro, Rio Grande do Sul, entre outros, cobraram indevidamente da companhia aérea algo entre R$ 1,5 bilhão e R$ 2 bilhões de ICMS. R$ 2 bilhões! Esse é o valor do rombo do fundo de pensão dos trabalhadores da Varig.

Por falar nisso, vamos refletir juntos sobre a expressão "cobrar indevidamente".

Como poderíamos traduzi-la para o português do mundo cotidiano?

Os sujeitos que me assaltaram no ônibus cobraram, por assim dizer, um pedágio indevido? Destes governos todos, apenas o do Rio de Janeiro, comandado por Anthony Garotinho, devolveu o que devia sem juros e sem correção, algo ao redor de R$ 150 milhões, e fez isso apenas por razões políticas.

A Varig entrou com ações para reaver estes valores e, passada mais de uma década, a "justiça" brasileira ainda se omite, da mesma forma que se omite em relação à questão da defasagem tarifária. Segundo Castagna Maia, advogado do SNA, a protelação conseguida pelos governos estaduais junto a uma "justiça" subserviente visava apenas um único objetivo: a falência da Varig, o que levaria à liquidação da dívida.

Este fato nos remete à questão da regulamentação do setor aéreo brasileiro e como a sua inexistência serve de pano de fundo a todo tipo de ilegalidade contra as empresas, ilegalidades que vão atingir de modo mais dramático justamente aquelas que mais investem em segurança e qualidade. É a falta de uma regulamentação que leva governos estaduais, muitos deles também corrompidos, a promoverem cobranças de tributos ilegais, que seguem sem nenhum tipo de compensação, a despeito do fato de que milhares de aposentados da Varig ficaram sem receber suas pensões e muitos morreram por causa disso.

Os executivos que traíram a empresa – Aos poucos, ao longo de toda a pesquisa, notei a existência de um grupo que tramou contra a Varig nas sombras e que atuava dentro da organização.

Quem são eles?

Pelas entrevistas surgem nitidamente figuras como Alberto Fajerman, Rubel Thomas e George Ermakoff, entre muitos outros. Como jornalista, tenho mais de 30 anos de relacionamento com o mundo corporativo. Em todos esses anos jamais ouvi relatos de caso semelhante ao do treinamento daquele que viria a ser o segundo homem na hierarquia da TAM, Luiz Eduardo Falco[137], pela Varig, por determinação do presidente da empresa à época, Rubel Thomas.

Jamais.

Ainda que César Curi entenda que este fato não tenha envolvido, necessariamente, algum tipo de corrupção, e se deveu apenas à arrogância de Thomas, que julgava a TAM inexpressiva, os fatos subsequentes colocam essa afirmação em dúvida, pois Thomas foi servir na TAM, estruturando toda a área de voos internacionais dessa companhia.

"Você treinaria um diretor de seu concorrente apenas porque o presidente da empresa concorrente ligou para você e pediu um "favor"?

Fiz esta pergunta a dezenas de presidentes de empresas com os quais conversei por outras razões ao longo desta pesquisa e todos me responderam a mesma coisa:

"Você está brincando, não está?"

Também, em meus 30 anos de carreira, nunca ouvi falar de uma empresa cujo diretor operacional aceitasse a "missão" do concorrente de promover a fusão entre as empresas contra a vontade da direção da organização onde atuava.

Mais um exemplo?

Alberto Fajerman, ex-Vice Presidente da Varig.

Fajerman articulou o plano de compartilhamento de voos com a TAM e o fez com o objetivo de promover a fusão entre as companhias aéreas, mesmo contra a vontade da

---

[137] Ex-presidente da Oi e hoje presidente da CVC.

direção da Varig e de seus milhares de funcionários. Foi alertado de que aquele gesto era uma traição e respondeu que a Varig estava morta e que, naquele momento, o único que ele podia fazer era arrumar um modo de se transferir para a TAM a tempo de se salvar da destruição que se avizinhava e que ele mesmo acelerara.

Hoje ele não atua mais na TAM, mas se transferiu para a Gol, uma empresa "melhor relacionada" com o Governo Federal como, aliás, declaram seus próprios representantes. Ainda assim, ficou na TAM tempo suficiente para ser responsabilizado pela queda do avião que matou 199 pessoas em São Paulo, em julho de 2007, uma vez que era Vice-Presidente de Operações da companhia e, portanto, responsável pela manutenção (ou falta de manutenção) dos aviões.

Como vimos, alguns destes funcionários da Varig atuaram em estreita parceria com integrantes do Conselho de Administração, onde estavam alocados os credores. Sua ação deletéria fragilizou o comando da Varig, abriu espaço para os concorrentes, levou à venda de ativos por preço aviltado e impediu a organização de se articular contra a crise que a soterrou.

Os sindicatos e associações – A crise e a decadência da Varig me deram uma outra visão dos sindicatos e associações de trabalhadores no Brasil de hoje. Pois, quanto mais analiso o papel destas instituições que, em tese, existem para defender os empregados, mais percebo que, no caso da Varig, fizeram exatamente o oposto. Trata-se de uma mudança de perfil, algo que implica elevados riscos para quem trabalha e precisa de representação sindical.

Por que?

Com mais de seis décadas de existência, o Sindicato Nacional dos Aeronautas (SNA), com sede no Rio de Janeiro, já teve um passado glorioso. Hoje, ligado à CUT e ao PT, está devastado por uma administração egocentrada, mercantilizada e corrompida, que nos últimos anos, no auge da crise que vitimou empresas como VASP, Transbrasil e a própria Varig, comportou-se exatamente como se comportavam os "sindicatos pelegos" que o PT tanto criticava no passado: como linha auxiliar não só do governo de plantão, mas, pior, dos "comerciantes" com os quais o governo de plantão negociava, em detrimento dos trabalhadores que a entidade deveria defender. Leia as atas das reuniões de diretoria do SNA durante a crise da Varig e você verá que não sou eu quem diz estas coisas, mas dirigentes do próprio sindicato como João Pedro Passos de Souza Leite.

O Sindicato Nacional dos Aeronautas e praticamente todos os sindicatos de aeroviários, com raríssimas exceções, abandonaram a representação dos trabalhadores e passaram a atuar como agentes de negócios, defendendo, antes, interesses que tanto podiam ser das empresas que vinham para comprar a Varig, como do Governo Federal, que visava destruir a companhia, criando uma super empresa área a partir da reunião entre Varig e TAM com controle estatal.

Como vimos, não podemos responsabilizar todos os dirigentes do SNA por esse comportamento e, nesse sentido, volto a recomendar à imprensa que releia as atas das reuniões da diretoria executiva do SNA, que são reveladoras de um profundo processo de desestruturação sindical. Mas o fato é que o SNA, a despeito da oposição de alguns dirigentes, traiu profundamente os interesses da categoria que dizia representar, principalmente quando se sentou à mesa com o fundo abutre Matlin Patterson e o advogado Roberto Teixeira e apoiou a reformulação de documentos para evitar que os trabalhadores pudessem conseguir a sucessão dos direitos trabalhistas por meio de ações judiciais.

Profundamente esvaziados, estes sindicatos, hoje, tornaram-se "associações de aposentados". Me lembro de uma assembleia para definição de pauta salarial que presenciei, em uma de minhas visitas à entidade, onde estavam presentes apenas 17 pessoas, incluindo aí os dirigentes do sindicato. Isso em meio a categorias profissionais que reúnem mais de 50.000 pessoas. O próprio SNA tem menos de 700 sócios que ainda estão na ativa e milhares e milhares de outros aposentados. Mas têm direito a receitas obrigatórias que são cobradas de todos os trabalhadores, gente que segue abandonada e sem representação de nenhum tipo. Têm razão os jovens aeronautas que fazem fila para não contribuir com estas entidades. Os sindicatos de hoje tem um fim em si mesmo e na manutenção de elites sindicais que vivem do trabalho alheio.

Em dado momento, como vimos, os sindicatos, unidos, defendiam a intervenção do Governo Lula da Silva na Varig. Mais do que isso: a própria APVAR e TGV defendiam a mesma coisa, o que criava as bases para uma ação amplamente referendada. No entanto, o Governo Lula da Silva decidiu que era "ilegal" intervir na Varig, preferindo optar por uma "solução de mercado", uma solução feita sob medida para Roberto Teixeira e o fundo Matlin Patterson, sabe-se lá a que preço.

Mas ainda que defendessem outra alternativa, os sindicatos e a própria federação dos trabalhadores no setor de transporte aéreo, quase todos controlados pela CUT e pelo PT, alinharam-se às decisões do Governo Federal, promovendo um espetáculo deplorável de traição dos interesses dos trabalhadores, como o PT tanto criticava no passado quando se referia a gente como Joaquim Andrade, o arqui pelego do Sindicato dos Metalúrgicos de São Paulo.

Podemos notar o mesmo fenômeno de mercantilização na APVAR, AMVVAR e ACVAR, associações que reúnem pilotos, comissários e mecânicos da Varig. Igualmente esvaziadas, estas entidades são controladas por grupos ligados a consultorias empresariais, cuja principal premissa para a "salvação" da Varig era a de transformar o fundo de pensão dos trabalhadores em investimento direto na Varig. Pouca gente se dá conta de que esta proposta iria provocar o mesmo efeito da liquidação do fundo, ou seja, os aposentados deixariam, da mesma forma, de receber suas pensões, pois seus recursos estariam sendo usados para capitalizar uma empresa que outros comandariam em seu nome.

Assim, as "associações de trabalhadores" também aderiram ao "business", tornaram-se "agências de negócios", esqueceram sua missão primordial que era, justamente, a de defender os interesses dos trabalhadores, não apenas de um grupo, da TGV ou da NV Participações, mas de todos os pilotos, comissários e mecânicos, inclusive os aposentados.

Assim que deu o lance vitorioso pela Varig, Márcio Marsilac, um dos representantes da TGV, respondeu assim a um jornalista que queria saber se a TGV, que representava os trabalhadores da Varig, iria promover alguma demissão: "Não vamos demitir ninguém, nós só vamos contratar".

Tanto a pergunta do jornalista quanto a resposta de Marsilac evidenciam o despreparo da imprensa brasileira em lidar com a questão da decadência da Varig. Em primeiro lugar porque revela o primarismo de um jornalista que achava que a TGV representava os trabalhadores da Varig apenas porque o grupo se chamava "Trabalhadores do Grupo Varig". Em segundo lugar porque o jornalista não questionou o que Marsilac queria dizer com aquela estranha afirmação, pois o que ele queria dizer, de fato, era o seguinte: dado o fato de que as dívidas e os trabalhadores da Varig haviam ficado na "velha Varig", gerida por Miguel Dau, a "nova Varig" não teria que demitir mesmo ninguém, pois graças à "magia" do Juiz Ayoub a empresa começara sem dívidas, sem trabalhadores e, portanto, só podia mesmo contratar.

Para que serve uma imprensa tão despreparada?

No entanto, esta afirmação, vinda de alguém que dizia representar a Associação dos Pilotos da Varig, revela mesmo a parcialidade dessa instituição, que em seus tempos áureos tinha mais de 1.500 filiados e nos últimos dias da Varig não conseguia reunir mais de 50. A APVAR não estava pensando nos trabalhadores da Varig. Pensava em si mesma, em seu grupo e nas consultorias que lhe davam sustentação.

Este fenômeno, ou seja, a transformação dos sindicatos e associações em "agências de negócios", está em pleno desenvolvimento no Brasil, com consequências que ainda são difíceis de avaliar, mas certamente serão desastrosas para os trabalhadores, pois na ocorrência de um conflito estas organizações deixam de representar a quem deveriam representar de fato. Isso torna evidente a necessidade de reforma do sindicalismo brasileiro, retirando-se dessas entidades o direito ao imposto sindical obrigatório e fazendo com que elas passem a se justificar pela sua ação em prol dos trabalhadores.

Os sindicatos e as associações de empregados aceleraram o processo de decadência e morte da Varig, pois agiram em defesa de interesses particulares, grupais, políticos, interesses que, em muitos sentidos, conflitavam com os interesses da empresa e dos próprios trabalhadores, os principais prejudicados.

Os concorrentes da Varig- O que esta pesquisa evidenciou foi um tipo especial e diferente de concorrente. Não aquele que compete por meio da inovação e do ajuste da qualidade, dos preços ou do tipo de produto que oferece, mas, também, via articulações políticas junto ao Governo Federal para destruir seus concorrentes ou, pior, via a cooptação de dirigentes de seus competidores com promessas de cargos ou dinheiro.

Vimos, claramente, como as empresas aéreas articulam sua sobrevivência através de estreitas e nem sempre lícitas relações com o Governo Federal, impondo aos concorrentes prejuízos que terminam por gerar endividamento e morte. Erick de Carvalho fez isso pela Varig junto aos militares, assim como Rolim Amaro Moura o fez pela TAM junto a FHC e Lula da Silva.

Entre as práticas de concorrência mais destrutivas estava (e está) a "guerra de preços", ou seja, quando uma companhia aérea começa a vender passagens com prejuízos apenas para fragilizar os concorrentes mais combalidos. Esta "guerra de preços" segue sendo largamente usada como "estratégia de marketing", como denunciou em 2009 o presidente da Azul Linhas Aéreas, David Neeleman, sem ser ouvido. A estratégia, adotada também por homens como Luiz Eduardo Falco durante sua passagem pela Oi, evidencia mais do que nunca a necessidade de uma regulamentação do setor. Vimos, lá atrás, como José Viegas tentou mudar esta realidade, mas foi impedido de seguir adiante pelos militares, com as consequências que conhecemos.

E a ANAC? Bem, a ANAC... é melhor mudarmos de assunto.

No entanto, todas estas entrevistas me mostraram uma faceta desconhecida do Comandante Rolim Amaro de Moura, reverenciado pela imprensa e pelo setor empresarial como "um grande empresário" e um "visionário".

A imagem que me surgiu dele é a de um homem com uma ética rala, capaz de qualquer coisa para atingir seus objetivos, seja lá a que preço for, pois é evidente o processo de cooptação de diretores da Varig que ele empreendeu ao longo de anos, não só enviando cartas de elogios e congratulações, como, também, fazendo consultas informais, nomeando "porta-vozes" e oferecendo recompensas por gestos de boa vontade como, por exemplo, o treinamento de seu mais importante auxiliar pela área operacional da Varig. Parece evidente que entre os muitos "gestos de boa vontade" dos diretores cooptados, um deles foi decisivo e mortal para a Varig: o "code sharing", uma operação profundamente lesiva à empresa e empreendida por ninguém menos do que o

Vice-Presidente da companhia, que já havia acertado sua transferência para a concorrente como afirmaram os Caravajal e muitos outros.

Moura jogava um jogo perigosíssimo que, se não era evidente para a sociedade, que o via como um homem de grandes "ideias", era perfeitamente visível para muitos daqueles que viviam o dia a dia do mercado aéreo no Brasil. Um jogo atrevido e irresponsável, cujo ponto emblemático é o momento em que ele liga para a Fundação Ruben Berta, em 1995, pedindo fotos pois estava preparando uma publicação sobre os 50 anos da FRB, ele, presidente de uma empresa concorrente.

Por essas razões, em função da voracidade do jogo de Moura, comecei a achar que o "acidente" onde ele morreu carecia de melhor explicação. Lendo as matérias da época, constatei que o Centro Tecnológico Aeroespacial (CTA) fora incumbido de produzir um relatório sobre as causas do acidente. Após vários e-mails e contatos telefônicos, a área de comunicação do CTA me diz o seguinte:

"Nós não podemos divulgar o resultado do inquérito, pois normalmente o fazemos para uma terceira parte e é essa parte quem deve se pronunciar", me disse a assessora de comunicação.

"Que parte?"

"Tente o Centro de Investigação de Prevenção a Acidentes Aéreos, o CENIPA", recomenda.

"Então existe um relatório, mas ele não foi divulgado?", pergunto.

"Eu não disse isso: eu disse que se existir um relatório, ele foi feito pelo CTA para o CENIPA, daí que você deve pedir o relatório final a eles", responde a mulher que diz ser jornalista do CTA.

Ligo para o CENIPA e sou transferido para a área de Comunicação Social, onde sou atendido pela Major Elaine Vitor. Major? Na área de comunicação? Peço para falar com um jornalista, por favor, pelo amor de Deus, e ela me diz que é jornalista e então eu fico em silêncio por um momento, pois meu cérebro se recusa a processar aquela informação.

Major jornalista? Jornalista major? Será que o sargento-repórter bate continência para ela? É a pergunta que assalta meu cérebro no momento e luto para não rir. Explico a ela o que estou buscando e recebo a resposta padrão do Código de Comunicação Social das Forças Armadas, Capítulo 127, Parágrafo 14, Artigo 17, Alínea B, Item 2, Ressalva 29[138]:

"Mande tudo isso que você me disse por e-mail está bem? Vou ver se a área responsável tem alguma informação para te dar sobre este caso".

Mando "tudo isso" por e-mail e ligo uma dezena de vezes até descobrir que não terei resposta alguma. Isso era antes da aprovação da Lei de Acesso. Será que a realidade mudou?

Quando falei com Alexandre Silva, da GE, disse a ele que, segundo algumas entrevistas, Moura não planejava uma fusão com a Varig de fato, mas buscava destruir a empresa para conquistá-la gratuitamente, como um "presente do Governo Federal". Silva rebateu essa tese. Disse que acreditava que Moura queria muito a Varig, pois era um homem apegado a símbolos e controlar a empresa criada por Ruben Berta era o prêmio máximo que ele podia aspirar na vida:

"O Rolim teria entrado de cabeça nesse negócio, mas a família dele pensava de modo bem diferente, daí porque eles se afastaram da Varig quando ele morreu", disse Silva.

Entendo.

Você entende?

A Fundação Ruben Berta e os funcionários da Varig - Relendo as anotações que fiz vejo que, de fato, a Fundação Ruben Berta foi considerada como o "grande Satã" da crise da Varig por quase todos os demais e atacá-la fazia mesmo parte da estratégia de credores, representantes de credores, Governo Lula da Silva e até governos regionais, sindicatos e associações, juízes, deputados e senadores, inclusive deputados estaduais, na Alerj, e até estranhos com quem eu conversava de vez em quando sobre a Varig e que me diziam, a todo o momento, que a Fundação Ruben Berta era a causadora de toda a desgraça que se abatera sobre a empresa.

---
[138] Não tente procurar isso no código, se é que existe tal código, pois se trata apenas de ironia.

É fato que existia corrupção na Varig e, provavelmente, em larga escala. Relatos dão conta de comida embarcada em excesso, contrabando de produtos e até drogas, negociatas envolvendo hotéis que abrigavam as tripulações no exterior, entre muitas e muitas outras. Em uma das muitas entrevistas, alguém me contou que, certa vez, um incêndio destruiu um galpão da Varig em Porto Alegre, onde estava estocado um trem de pouso que custava algo como US$ 1 milhão. Assim que o incêndio foi controlado e a empresa teve acesso ao local, o trem de pouso havia sumido, o que revela que as chamas foram um artifício para encobrir o roubo do material pelo simples fato de que trens de pouso não viram cinzas.

E a corrupção grassa em uma empresa quando há nítida falta de controle, quando as pessoas percebem que administram seus feudos sem precisar prestar contas a ninguém, quando a empresa se torna um imenso playground. Mas, além dessa constatação, segundo vários interlocutores da Fundação Ruben Berta, como Imagawa, Zanata, Gonçalves e Curi, a falta de talentos foi também uma das causas da morte da empresa, revelando como a formação de talentos pode ser crucial no que diz respeito à sobrevivência de uma companhia. Mas, espere um momento: a falta de talentos não é algo que possamos comparar à falta de papel higiênico, por exemplo, pois talentos não se compram prontos, mas se formam, especialmente no caso de empresas como a Varig, que atuam em mercados especializados. E por que a Varig não formava talentos administrativos se, ao longo de muitas décadas, formou os melhores pilotos do país?

A resposta me parece óbvia: o modelo piramidal de poder na Varig, estruturado em um Colégio Deliberante esdrúxulo, criado por um homem inculto, religioso e espertalhão, como Ruben Berta, seguramente foi o maior entrave para a formação de talentos, pois, como vimos, não eram os talentos que ascendiam profissionalmente, mas apenas aqueles homens que conseguiam galgar postos no Colégio Deliberante e, a partir daí, qualificar-se para gerir áreas ou negócios estratégicos da empresa, mesmo que não tivessem preparo algum para a tarefa. E esta não é uma constatação minha, mas de representantes da própria Fundação Ruben Berta, aliás, a única destas forças a fazer alguma autocrítica.

Assim, podemos atribuir à Fundação Ruben Berta a culpa da "cegueira", pois a instituição não viu que o cenário externo havia mudado de forma radical e perigosa, continuando a agir como se nada estivesse acontecendo. No entanto, organizações, empresas, não existem como uma entidade à parte, pois elas dependem dos seres humanos que atuam em seu interior. Nesse sentido, é evidente que os homens da Fundação Ruben Berta enxergaram tarde demais a necessidade de mudança e quando quiseram fazê-la o inimigo já estava dentro de casa, instalado no Conselho de Administração que a companhia foi obrigada a criar por pressão da GE e outros credores.

Mas nunca é demais lembrar que até mesmo a mudança proposta pelo comando da organização, como vimos na palestra de Thomas aos funcionários da empresa em Porto Alegre, era um grande equívoco, pois insistia na manutenção de uma estratégia de diferenciação pela qualidade que ia se revelando cada vez mais irreal, dado o fato de que novas companhias surgiam e cresciam consideravelmente por meio de estratégias baseadas em preços reduzidos. Um professor da FGV, certa vez, me disse o seguinte: "Quando vou viajar a serviço, com as despesas pagas pelo cliente, escolho a Varig, pois é uma ótima empresa. Mas quando sou eu quem tem que pagar, aí vou de TAM, porque é mais barato".

O problema é que com o recrudescimento da crise, as empresas começaram a perceber que não podiam deixar para seus consultores escolher a companhia pela qual viajariam e começaram, elas também, a escolher TAM e depois a Gol. E sem um Governo Federal que regule o setor e impeça a guerra de preços movida, principalmente, pela diminuição dos aspectos de segurança, o que fazer?

Morgan, em seu extraordinário estudo,[139] propõe uma análise das organizações através de metáforas. Entre as diversas metáforas que ele analisa, há uma que parece ter sido escrita para a Varig: "Organizações como Sistemas Políticos". Através de vasta pesquisa bibliográfica, ele desvenda as teorias que explicam organizações com este perfil e como elas operam. E o que este modelo evidencia é que "organizações como sistemas políticos" têm profundas dificuldades em mudar, pois a mudança precisa ser consenso entre todos os grupos de poder, o que é algo quase impossível de alcançar. Enquanto organizações com este modelo funcionam bem em situações onde há fartura de recursos, no momento em que uma crise reduz o faturamento da empresa a luta pelos poucos

---
[139] Morgan, Gareth. Imagens da Organização. São Paulo: Editora Atlas, 1996.

recursos que se segue costuma ser atroz e destrutiva.

A visão de Morgan explica de modo contundente como a coalização que governava a Varig até a gestão de Rubel Thomas esgotou-se porque simplesmente não encontrava mais respostas para crise que assolava a empresa e foi substituída por outra, que incluía os credores da companhia em seu conselho de administração, um grupo que estava ali não para salvar a empresa, mas para liquidá-la em nome de outros interesses.

Morgan assinala que organizações com viés político tendem a se contentar com soluções apenas satisfatórias quando poderiam ter o ótimo, uma vez que a negociação se torna mais importante do que a racionalidade técnica. É interessante notar isso no depoimento de Tanure, quando ele diz que o "mundo estava em chamas e a direção da Varig discutia, discutia e discutia sem chegar a conclusão alguma".

Afirmar que o Colégio Deliberante era um "Colégio Concordante" é, sem dúvida, um grande equívoco, pois o caráter político da organização revela que há uma estrutura de poder que precisa ser considerada antes que as decisões sejam tomadas. Prova disso é que o próprio Ruben Berta sofreu pressões e teve que ceder, assim como Erik de Carvalho e, mais tarde, Hélio Smidt e Rubel Thomas. Todos tiveram que negociar intensamente com as bases do poder na organização e, quando tentaram se impor, foram afastados.

Morgan assinala que os "maquiáveis" na organização, que sistematicamente trilham os seus caminhos barganhando e pressionando, simplesmente ilustram a mais extrema e desenvolvida forma deste modelo. Assim, é comum acontecer que estes "maquiáveis", quando não encontram mais a satisfação de suas necessidades e objetivos internamente, articulam contra a organização por meio de alianças com inimigos externos. É impressionante perceber como Morgan conhecia Fajerman antes mesmo que Fajerman pensasse em trair a Varig.

Burocracias, como assinala Morgan, citando Max Weber, atuam com o claro objetivo de preservar padrões e procedimentos, ainda que o mundo inteiro ao redor demande mudanças. A burocratização do comando da Fundação Ruben Berta levou a uma perigosa acomodação. Pior: levou à proliferação de um determinado tipo de liderança que visava, acima de tudo, preservar um passado de glória mesmo quando era evidente que era preciso encarar um futuro de escassez.

Esta postura conservadora, tacanha, pequena, acomodada a uma realidade conhecida, antiga e já distante do mundo real, levou a Varig a uma crise de escassez de recursos que se deteriorou em um conflito aberto entre as suas lideranças. Assim, o círculo se fecha e voltamos ao início, pois é justamente esta postura conservadora da Fundação Ruben Berta, avessa a mudanças, presa a modelos políticos do passado, alheia ao fato de não ter mais respaldo junto ao Governo Federal, que levou à crise e à necessidade de abrir as portas a grupos de interesse que destruiriam a empresa.

Há um momento emblemático para isso que, a meu ver, nunca foi lembrado ou questionado. O enclausuramento de uma elite na Varig, que passou a ditar o modo como as coisas deveriam ser feitas, acontece, simbolicamente, em 1966, quando os sucessores de Ruben Berta, que morrera de infarto, decidem "homenageá-lo" mudando o nome da instituição que ele criara de Fundação dos Funcionários da Varig para Fundação Ruben Berta.

Este momento é rico em simbolismo, pois é aqui que a fundação perde a conexão com o mundo real, com os funcionários da Varig, e passa para o reino fantasmagórico do imaterial, representando não mais pessoas, trabalhadores, comissários, pilotos, mecânicos, pessoal de terra, mas um homem que não existia mais, um fantasma, uma lenda e, também, uma mentira.

Muitos aeronautas que conheci achavam, de fato, que a Varig era dos funcionários, que competia a eles defender a empresa, mas nenhum deles pensava o mesmo sobre a Fundação Ruben Berta, que administrava a companhia para o bem ou para o mal. Mas o fato é que era a Fundação Ruben Berta que pertencia aos funcionários e isto ninguém se lembrou de admitir.

E é justamente este distanciamento da fundação que pertencia aos funcionários da Varig que leva os trabalhadores a se omitirem em relação ao futuro da empresa. Preferiram responsabilizar a Fundação Ruben Berta pelos erros cometidos, evitando assim encarar a difícil verdade de que eles também, por serem os reais interessados em uma fundação que levava seu nome, agiram de modo irresponsável e submisso, permitindo candidamente que as coisas se encaminhassem para a tragédia que, afinal, os consumiu. Neste ponto, volta a minha mente a conversa com Zanata e a história que ele me contou sobre o piloto da Rio Sul que foi até ele pedir equiparação salarial com os pilotos da Varig no exato momento em que a própria Varig estava a um passo da ruína.

A estrela brasileira não brilha mais.

Foi eclipsada pelas asas de muitos abutres que tomaram os céus em uma revoada que parece não ter fim. Nada mais resta da Varig e, logo, ela será apenas uma lembrança distante na memória daqueles que ajudaram a construí-la e a vivenciaram até o fim de seus dias. A história da destruição da Varig é uma história de desonra, cinismo e corrupção, assim como a da Panair, e nos revela que o Brasil segue sendo o mesmo país de décadas e décadas passadas, onde os interesses de grupos sempre prevalecem sobre os interesses da sociedade.

Até quando?

Armando Levy

Mestre em Teoria e Pesquisa em Comunicação Social pela ECA-USP, Armando Levy é jornalista e professor de comunicação e cultura organizacional pela Universidade de São Paulo, Universidade Metodista de São Paulo e Centros Universitários da Fundação Santo André, FEI e Senac.

Formado em Comunicação Social, com especialização em Jornalismo, pela Fundação Armando Álvares Penteado, Levy tem, ainda, pós-graduação em Gestão de Comunicação também pela ECA-USP e pós-graduação em Tecnologia da Informação Aplicada à Nova Economia pela Fundação Getúlio Vargas (FGV). O mestrado, construído paralelamente à pesquisa sobre a Varig, chama-se: "Censura em Rede: a Internet no Trabalho" e analisa o modo como as empresas regulamentam o uso de Internet por parte dos empregados.

É autor de diversos artigos e do livro "Propaganda, a arte de gerar descrédito", lançado pela Editora da Fundação Getúlio Vargas em 2003, onde analisa os efeitos negativos da propaganda de massa na Credicard SA.

Atuou como repórter e redator de publicações como jornal O Globo, Agência Folhas, Jornal da República e Revista Quatro Rodas, tendo sido gerente de comunicação corporativa e de Internet de empresas como Credicard, Vésper e Banco 1, do grupo Unibanco.

Foto da capa de Armando Levy: Credores no leilão da Varig em 20/06/2006, no aeroporto Santos Dumont. Chegava ao fim da história da maior companhia aérea brasileira de todos os tempos.

Minha gratidão a Selene Medeiros.

www.ingramcontent.com/pod-product-compliance
Lightning Source LLC
Chambersburg PA
CBHW071356170526
45165CB00001B/71